Le bébé
et les ruptures

Le bébé *et les ruptures*

Séparation et exclusion

sous la direction de Caroline Eliacheff
et Myriam Szejer
avec la collaboration de Louise L. Lambrichs

Albin Michel

Collection « La Cause des bébés »

22, rue Huyghens, 75014 Paris
www.albin-michel.fr
ISBN : 2-226-13844-7

Sommaire

Présentation

par Louise L. Lambrichs

Séparation et exclusion, les deux thèmes vont de pair, une réalité entraînant souvent l'autre. C'est pourquoi il nous a paru intéressant de rassembler en un volume plusieurs contributions apportées à l'origine à deux colloques organisés par La Cause des Bébés : le premier, « Le bébé et l'exclusion », eut lieu à Roubaix du 25 au 27 mars 1999 sous la direction de Maurice Titran et de Caroline Eliacheff ; le second, « Le bébé et la séparation », se tint à Montrouge les 6-7 octobre 2001 sous la direction de Myriam Szejer.

Dans l'un et l'autre cas, la question centrale est celle d'un lien menacé, mis en danger, malmené par l'histoire, un lien vital pour l'adulte en devenir qu'est le bébé ; un lien qui commence avec les premières perceptions fœtales, qui se construit plus tard dans le langage, avec la mère, la parentèle et l'entourage, puis qui vient trouver son inscription plus large dans la société.

Si ce lien originel et les aléas qu'il rencontre dans sa constitution caractérisent l'aventure humaine depuis toujours, il n'est pas perçu ni pris en compte de la même façon à toutes les époques. C'est en quoi l'éclairage historique de Didier Lett nous a paru précieux pour introduire et mettre en perspective l'ensemble des contributions rassemblées ici : non seulement parce qu'il s'inscrit en faux contre certaines idées toutes faites concernant la petite enfance au Moyen Age, mais parce qu'il indique d'emblée à quel point la façon dont pourra se construire ce lien — sensitif, affectif, social — dépend des représentations de la société dans laquelle naît l'enfant.

Françoise Dolto contribua à modifier en profondeur la représentation que notre société se faisait du bébé, et même du fœtus. En le regardant non plus comme un tube digestif insensible à la douleur mais comme un être de désir, très tôt réceptif aux sensations voire aux ressentis de sa mère, en le considérant d'emblée comme un humain héritier d'une histoire transgénérationnelle, elle a ouvert, avec d'autres, la voie au travail dont se réclament les professionnels de toutes disciplines témoignant ici de leurs pratiques respectives : non seulement pédopsychiatres et psychanalystes, mais pédiatres, gynécologues-accoucheurs, sages-femmes, urgentistes, juristes, éducateurs, assistantes sociales, sociologues, voire responsables politiques.

La logique de ce volume est celle de la vie même : partant avec Catherine Dolto des expériences sensorielles fœtales, qui déterminent un premier tissage de ce lien mère/enfant, on passe ensuite à ce qui, dès la naissance, va permettre de le prolonger et d'inscrire ce nouveau-né dans le monde et dans la société : à savoir le langage. Qu'est-ce qui, dès ces âges précoces, peut menacer ce lien ? Les cliniciens ici nous éclairent : si la séparation est, à un moment donné, un processus nécessaire pour que l'enfant devienne un individu autonome, encore faut-il que les étapes de son développement aient pu être respectées et se succéder d'une façon qui ne soit pas traumatique ou destructrice. Que dit l'enfant ? Quelle valeur accorder à ses paroles ? Comment le rejoindre quand il est en difficulté et que sa langue maternelle n'est pas celle de son pays d'accueil ? Toutes sortes de situations sont ici évoquées, qui témoignent de la difficulté où sont parfois les adultes d'accorder à la parole et au discours de l'enfant le poids qu'ils méritent. Pourtant, nier qu'il y ait là du sens — même si ce sens est parfois à décrypter —, c'est déjà entamer le lien et exclure l'enfant de la communauté des hommes parlants et, par là, entraver son développement.

Trouver la bonne mesure, le juste regard, celui qui respectera le sujet sans lui faire plus de violence que ne lui en fait déjà la réalité, ne concerne pas seulement les liens construits dans le langage : c'est aussi le souci des professionnels en maternité, confrontés à des situations pathologiques imposant parfois de séparer la mère de l'enfant, et dont ils témoignent dans la deuxième partie. Si pédiatres, sages-femmes et autres soignants sont conscients aujourd'hui de la nécessité vitale, pour le bébé, de maintenir le lien avec la mère, face à certaines situations pourtant, ce principe est difficile, voire impossible à mettre en œuvre. Face à l'urgence, où situer la frontière ? Comment agir — lorsque l'enfant exige des soins intensifs par exemple — sans ajouter à la violence des traitements une épreuve supplémentaire ? Ce sont ces réflexions et ces questionnements que font ici partager les différents auteurs, soucieux d'adapter leurs pratiques aux nécessités tant médicales qu'humaines auxquelles ils sont quotidiennement confrontés. Ces réflexions sont encore enrichies par les recherches les plus avancées en matière de comportement animal, qui mettent en lumière tant les besoins vitaux du tout-petit (qui, s'ils varient suivant les espèces, connaissent tous une « période sensible » au cours de laquelle les séparations ont des effets à long terme parfois incalculables) que la souplesse du vivant et les capacités d'adaptation dont on peut penser que, chez le petit d'homme, elles sont plus importantes encore.

Sorti de la maternité, le bébé entre dans le monde ; dans sa famille, qui va faire son éducation, mais aussi dans la société, où cette famille est plus ou moins bien inscrite, avec une histoire plus ou moins chaotique. Ce sont ces aspects éducatifs et sociaux qui sont regroupés dans la dernière partie. Dans ce domaine, séparation et exclusion se relaient souvent, parfois même se potentialisent. Dans ces contextes difficiles, les professionnels et les institutions apparaissent comme des tiers essentiels, artisans possibles d'une réparation relative de ces liens malmenés par la vie, par les séparations répétées, par l'exclusion sociale, par l'exil. Comment restaurer du lien là où, sur deux ou parfois trois générations, il a été entamé, détruit, nié ?

Que la naissance d'un enfant fait ressurgir, chez ses parents, l'expérience vécue de leur propre enfance est une réalité que personne ne conteste plus ; et l'on sait que cette expérience déterminera l'accueil fait au bébé par sa mère, son père, sa famille. Comment, quand ces expériences sont marquées par des ruptures à répétition, parvenir à offrir à ces enfants des contextes de vie plus favorables, qui leur permettront d'échapper au moins en partie à ce mécanisme de répétition dramatique sans pour autant les séparer des leurs ni les couper de leurs racines ? Comment offrir aux jeunes parents l'espace psychique nécessaire, suffisamment sûr, pour nouer avec leurs enfants ce lien si nécessaire pour leur ouvrir un avenir moins précaire ? Médecins, psychanalystes, travailleurs sociaux, politiques témoignent ici des réflexions multidisciplinaires qu'imposent ces situations difficiles. Au-delà, ils nous amènent à prendre conscience que toute la société est concernée par l'accueil de ces enfants.

L'intégration sociale n'est pas un principe qui s'impose par l'autorité. C'est un lent processus qui commence dès la naissance et ne peut s'accomplir que par l'écoute attentive, dans le respect des personnes, et par la mise en place de structures souples permettant la restauration et le développement de ces liens vitaux qui permettront ensuite à l'enfant puis au jeune adulte de trouver sa place dans la société.

C'est à mesurer la difficulté de cette tâche éminemment humaine que nous invitent tous les spécialistes ayant participé à ce volume. Si le degré d'humanité d'une société se mesure à l'accueil qu'elle réserve aux enfants qui naissent en son sein, si chaque enfant qui naît porte en lui l'histoire des générations qui l'ont précédé — une histoire qui parfois menace de l'écraser — , alors une société humaine doit savoir se montrer ouverte, attentive aux différences culturelles, respectueuse des histoires de chacun, et offrir à ceux que l'existence a particulièrement malmenés des structures ouvertes, adaptées, susceptibles de pallier en partie les effets catastrophiques des ruptures et des séparations traumatiques, qui font le lit de l'exclusion.

En guise d'introduction

Des liens brisés, abîmés, reconstruits

L'*infans* et la séparation au Moyen Âge

par Didier Lett

Longtemps l'enfance médiévale, jugée peu digne d'intérêt à la suite des travaux de Philippe Ariès[1], est restée dans l'ombre. Il a fallu attendre la fin des années 1980 pour que les enfants du Moyen Age soient véritablement étudiés[2]. L'accouchement, la naissance, la puériculture, la toute petite enfance

1. Philippe Ariès publie en 1960 *L'enfant et la vie familiale sous l'Ancien Régime*, Paris, Plon, ouvrage réédité en 1973 aux éditions du Seuil et qui connaît un rapide succès. Rappelons succinctement que si Philippe Ariès (contrairement à ceux qui, par la suite, l'ont mal interprété) reconnaît : « Sans doute a-t-on toujours aimé ses enfants, c'est un sentiment de nature, mais cet amour est devenu moins instinctif et plus particulier » (édition de 1960, p. 481), il dénie l'idée d'un « sentiment de l'enfance » avant le XVIIe siècle, moment où, selon lui, l'enfant commence à être véritablement distingué de l'adulte : « La représentation de l'enfant dans l'art comme "un homme à plus petite échelle" traduit une ignorance de l'enfance » (p. III) et donc : « Avant, les parents étaient incapables de distinguer tel ou tel de leurs enfants : "jadis tous les enfants se ressemblaient" » (p. 481).

2. Il serait trop long de citer l'ensemble des travaux des quinze dernières années tant a été riche la production sur l'enfance médiévale. Nous nous contenterons de citer les ouvrages synthétiques des huit dernières années : D. Alexandre-Bidon et D. Lett, *Les enfants au Moyen Age (V^e^-XVe siècle)*, Paris, Hachette, 1997 ; R. Finucane, *The Rescue of The Innocents : Endangered Children in Medieval Miracles*, New York, St. Martin's Press, 1997 ; L. Haas, *The Renaissance Man and His Children. Childbirth and Early Childhood in Florence, 1300-1600*, New York, St. Martin's Press, 1998 ; B. A. Hanawalt, *Growing up in Medieval London, the Experience of Childhood in History*, New York, 1993 ; D. Lett, *L'enfant des miracles. Enfance et société au Moyen Age (XIIe-XIIIe siècle)*, Paris, Aubier, 1997 ; N. Orme, *Medieval Children*, New Haven et Londres, Yale University Press, 2001 ; J. A. Schultz, *The Knowledge*

ont été parmi les domaines les plus tôt et les mieux éclairés[1]. A cause des conditions démographiques (une mort qui sépare très souvent), socio-économiques (abandon de nouveau-nés) et culturelles (mise en nourrice, don d'enfant), la séparation est une notion très présente dans la société médiévale. Les liens qui se créent avec l'*infans* (étymologiquement, celui qui ne parle pas encore, « *qui fari non potest* ») sont toujours fragiles, susceptibles de se briser, de s'abîmer, de se distendre. Mais, dans une société qui porte sur l'enfance un regard très positif et où la solidarité joue un rôle crucial, de nouveaux liens se reconstruisent entre le bébé et de nouveaux référents.

Des liens brisés in utero

Au Moyen Age, « l'enfant est une personne ». Il y a « de l'enfant » lorsque le fœtus possède âme et forme humaine. Les théories sur l'animation du fœtus sont nombreuses[2]. La position officielle de l'Eglise, fixée par une décrétale de Grégoire IX en 1234, se rallie à la position d'Aristote, en retenant que le

of Childhood in the German Middle Ages 1100-1350, Philadelphie, 1995 ; P. Riché et D. Alexandre-Bidon, *L'enfance au Moyen Age*, Paris, Bibliothèque nationale de France-Seuil, 1994 ; *La petite enfance dans l'Europe médiévale et moderne*, Actes des XVIes Journées internationales d'Histoire de l'abbaye de Flaran, septembre 1994, études réunies par Robert Fossier, colloque de Flaran, Toulouse, Presses universitaires du Mirail, 1997. Pour un bilan bibliographique relativement complet des dix dernières années, pour les quatre périodes de l'histoire, voir V. Dasen, D. Lett, M.-F. Morel et C. Rollet, « Dix ans de travaux sur l'enfance », *Annales de démographie historique*, n° 2, 2001.

1. On peut citer deux ouvrages en français : D. Alexandre-Bidon et M. Closson, *L'enfant à l'ombre des cathédrales*, Lyon, Presses universitaires de Lyon, 1985 (comportant une très riche iconographie) et S. Laurent, *Naître au Moyen Age. De la conception à la naissance : la grossesse et l'accouchement (XIIe-XVe siècle)*, Paris, Le Léopard d'Or, 1989.

2. Pour une mise au point synthétique et récente sur ce problème : Ph. Caspar, *Penser l'embryon d'Hippocrate à nos jours*, Paris, Édition universitaire, Penser la vie, 1991, en particulier le chapitre V.

fœtus mâle s'anime quarante jours après sa conception et le fœtus femelle au quatre-vingtième jour. Il faudra attendre le XVIIe siècle et la découverte de l'ovulation pour que cette théorie de l'animation médiate soit remise en cause, l'Eglise catholique considérant alors qu'il y a simultanéité entre conception et animation.

Pour un homme du Moyen Age, l'enfant animé et qui a pris forme humaine possède donc déjà des capacités sensitives et, bien entendu, des liens forts se créent avec son entourage. Ici, comme souvent, on se réfère à un modèle scripturaire : Jean-Baptiste, encore dans le ventre de sa mère Elisabeth, a perçu la présence du Christ dans le ventre de Marie, lors de la Visitation (Luc 1, 40-44). Dès lors, on comprend que l'avortement soit sévèrement condamné. S'appuyant sur le cinquième commandement, l'Eglise prône le respect de la vie sous toutes ses formes, d'où les réprobations répétées, dans tous les capitulaires et les canons des conciles, des pratiques abortives, preuve sans doute que certaines femmes tentaient par des moyens (peu efficaces bien sûr !) de se séparer de leur enfant in utero. Ces pratiques abortives sont considérées comme des maleficia, des produits de la magie : graines de fougère ou de gingembre, feuilles de saule, d'épidème, de rue, mélanges d'aloès, persil, fenouil, coloquinte ou bains de camomille.

Les textes normatifs du Moyen Age se montrent toujours sévères vis-à-vis de l'avortement. Cependant, deux critères modifient les peines qu'encourent ceux et celles qui se livrent à une interruption volontaire de grossesse : le contexte de la conception et l'âge du fœtus. Le législateur distingue toujours nettement, en effet, la femme qui a agi dans le plus grand dénuement, pour laquelle la condamnation est plus légère, de la fornicatrice cherchant à celer son crime, jugée plus sévèrement. Le législateur tient également compte du temps présumé de la grossesse, c'est-à-dire si la mort a été donnée avant ou après l'animation du fœtus. On peut lire, par exemple, dans le pénitentiel attribué à Bède (VIIe siècle) : « La mère qui tue l'enfant qu'elle porte dans son sein avant le quarantième jour après la conception jeûnera pendant un an, et après le quarantième jour, pendant trois ans[1]. » C'est-à-dire une durée presque aussi longue que pour l'homicide d'un laïc (quatre ans). Il convient cependant de nuancer ces textes normatifs car il est clair que personne n'est capable à l'époque de déceler une grossesse si précocement, limitant du même coup l'efficacité des méthodes abortives. Il est également fréquent que les liens se brisent de manière tout à fait involontaire (une fausse couche) et que des femmes soient accusées à tort.

De rares cas d'infanticide

Face à l'absence de procédés de contraception et d'avortement efficaces, on a pu soutenir que l'infanticide était répandu à l'époque médiévale, un moyen de contrôler les naissances et une des preuves les plus assurées du manque d'amour des parents pour leurs enfants. Il n'en est rien ! D'une part, il s'agit d'une pratique condamnée sévèrement dès le haut Moyen Age. D'autre part, nos connaissances sur le sujet sont bien maigres. De l'époque romaine à la fin du Moyen Age, nous trouvons la répétition de l'interdiction de coucher le petit enfant

1. *Pénitentiel du Pseudo Bède*, II, 4, *Patrologie latine*, éd. Migne, Paris, 1844-1855, t. 94, col. 571.

avec soi. Les statuts synodaux de Bordeaux (XIIIe siècle), par exemple, demandent que les parents ou les nourrices ne mettent pas leurs petits enfants (*parvuli*) dans leur lit mais dans des berceaux (*in cunabulis*). Ceux de Cambrai mettent au rang des péchés mortels, aux côtés du vol, homicide, péché contre nature, défloraison de femmes vierges, inceste, simonie, adultère, hérésie, coups contre les parents, « l'oppression contre les petits et la négligence des parents qui perdent leurs nouveau-nés dans le feu ou dans l'eau ». Les statuts synodaux anglais de la même période multiplient également de telles interdictions. Un juriste du milieu du XIIIe siècle, Pierre de Fontaine, explique que les juges ne peuvent condamner pour un tel crime sans avoir des preuves irréfutables. Il explique que l'amour des parents est si grand que la mort du nouveau-né est plutôt la conséquence d'un accident que d'un acte volontaire : « Nus n'oseroit dire par droit que li peres qui son enfant ocist, eust perdu responz car la grant amor que nature met de pere a fils, torne plus l'occision sor cas d'aventure, par quoi on ne pert pas respons que sor œuvre volentaire. »

On peut donc affirmer qu'au Moyen Age les cas d'infanticide sont exceptionnels. Les liens ne se brisent que très rarement par cette pratique. L'infanticide, plus encore que l'avortement, à cause de la nature même de l'infans, est un crime contre le sacré et représente donc un grave péché. Les condamnations infligées pour un tel acte sont toujours très lourdes, ce qui rend compte de la valeur accordée à l'infans dans la société médiévale, peines d'autant plus sévères que l'enfant a été tué avant d'être baptisé.

Naissance et séparation

Le temps de la naissance représente un moment où jamais « bébé et séparation » ne sont aussi intimement liés. Tous les documents qui décrivent l'accouchement insistent sur les terribles souffrances de la parturiente. Les proverbes médiévaux le rappellent également : « Mal de dent et mal d'enfant sont les plus grans qui soyent. » Deux, trois, cinq, dix voire quinze jours de terribles douleurs ne sont pas rares dans les récits hagiographiques (récits de miracles qui visent à prouver la sainteté d'une personne ou à obtenir sa canonisation par la papauté). Les explications concrètes existent parfois : l'enfant se présente par un bras, la mère ne sent plus de mouvements dans son ventre depuis deux mois, etc.

Dans les récits de miracles, il n'y a pas d'accouchements qui se déroulent bien. L'hagiographe ne présente que ceux pour lesquels les difficultés sont telles que l'intervention du saint est nécessaire. Une femme « arriva à son terme mais elle n'avait pas la force d'accoucher. En travail pendant trois jours et trois nuits sans pouvoir accoucher et souffrant de plus en plus, elle approchait de la mort ». Une autre parturiente souffre pendant quinze jours. « Elle perdit l'esprit à cause des risques de l'accouchement ; on craignait qu'elle ne tourne contre elle-même sa fureur et ne fasse mourir son enfant (*partus*). » L'insistance récurrente sur les souffrances dans les textes (écrits par des clercs) a pour fonction première de rappeler une parole scripturaire (« Tu accoucheras dans la douleur »), conséquence de la faute originelle. Au XIIe siècle, l'hagiographe des Miracles de Notre-Dame de Rocamadour le dit plus clairement que les autres, à propos d'un cas tout à fait extraordinaire. Une femme est enceinte depuis trente mois. Chaque jour elle est prise des douleurs de l'enfantement mais ne peut se délivrer. L'auteur écrit : « En cette misérable, s'accomplissait trop bien cette parole qui fut dite à la femme aux premiers jours : “Tu enfanteras dans la douleur.” » Pour les scripteurs, il s'agit aussi, au-delà de la réalité d'accouchements sans doute difficiles et pénibles pour la femme, de montrer la nécessité et la fonction purificatrice des souffrances de la parturition. Toutes ces femmes en couches qui se tordent de douleur contrastent avec l'accouchement de Marie qui s'est déroulé « sans douleur et sans corruption ».

Lorsque l'enfant paraît, un ensemble de rituels accompagne sa séparation d'avec la mère. Le cordon ombilical devra être coupé rapidement car, pense-t-on, le sang qui passait par lui doit vite remonter aux mamelles de la mère, se transformer en lait pour continuer à nourrir l'enfant (procédé de déalbation). Il doit être coupé à quatre doigts pour permettre de faire un double nœud. La partie sectionnée doit être conservée précieusement car elle est censée conjurer le mauvais sort. A Montaillou, au début du XIVe siècle, la cathare Béatrice de Planissoles, en prévision de ses procès à venir, serre ce talisman contre elle pour se porter bonheur.

La séparation de la naissance, pour brutale qu'elle soit, débouche sur la vie. Mais parfois, la mort de la parturiente se dresse au bout de cette terrible souffrance. Au moment de l'accouchement, on voit souvent les femmes se confesser, prendre des talismans ou prier un saint. Comme le rappelle l'hagiographe des Miracles de Notre-Dame de Rocamadour : « Toute femme arrivée au moment des couches a la mort à sa porte. » Mais les risques les plus grands sont pour le bébé dont le décès est fréquent. Quelques chiffres, résultats de fouilles archéologiques, permettent de mesurer l'ampleur de cette mortalité périnatale : sur 364 sépultures examinées en Suède datant de 1100 à 1350 environ, 183 (50 %) concernent des enfants de moins de sept ans ; 113 sur 183 (62 %) sont âgés de moins d'un an.

Lorsque c'est l'enfant qui meurt, les adultes doivent apprendre à se séparer du bébé : de son corps et de son âme, d'où la nécessité d'une forte ritualisation.

Se séparer du corps de l'enfant : le cimetière

Longtemps, on ne s'est sans doute pas séparé du corps du bébé mort. Dans de très nombreuses nécropoles du début du haut Moyen Age, il y a une sous-représentation anormale des tout-petits. Il y a quarante ans on pouvait penser que, par manque d'attachement, on ne prenait pas le temps de les mettre avec les autres défunts adultes. Mais aujourd'hui on ne pense plus cela. S'ils ne sont pas dans l'espace traditionnellement réservé aux morts, c'est qu'ils ont été inhumés ailleurs, souvent dans les lieux domestiques. Plus que les autres corps, ils restent dans la maison, comme si on n'arrivait pas à s'en séparer.

Lorsque les sépultures d'enfants se rencontrent dans des proportions conformes à ce que l'on peut savoir de la démographie (à partir de l'époque carolingienne, au moment où le cimetière paroissial commence véritablement à être une terre consacrée), on constate souvent de fortes concentrations de tombes de nourrissons et de périnataux, soit à la périphérie du cimetière, soit accolées à l'édifice religieux, sous la gouttière (*sub stillicidio*) pour bénéficier du bienfait des eaux lustrales qui ont coulé sur le toit de l'édifice. Dans le village de Saint-Martin-de-Trainecourt, à Mondeville dans le Calvados, on a retrouvé 413 sépultures dont 106 destinées à des enfants, souvent très jeunes, situées dans la zone nord et nord-est du cimetière, en particulier le long de la clôture à la limite de l'espace funéraire. On note également que les sépultures des enfants sont réalisées avec autant de soin que celles des adultes. Les fosses sont creusées à leurs dimensions, entourées parfois d'un coffrage de pierres ou recouvertes de dalles. Le corps puéril est souvent positionné la tête vers l'ouest et allongé sur le dos, les avant-bras pliés et les mains posées sur le pubis. Au début du Moyen Age, les objets et les vêtements trouvés dans les tombes des bébés témoignent d'une réelle volonté parentale ou sociale de rendre hommage au petit mort, traduisent sans doute des gestes d'affection et nous informent sur la difficulté éprouvée par les parents à se séparer de l'enfant.

Se séparer de l'âme de l'enfant : le limbe

Pour mieux se séparer des morts, le christianisme a inventé des lieux dans l'au-delà, deux au départ : enfer et paradis. Puis, à partir de la fin du XIIe siècle, on assiste à un profond bouleversement de la géographie de l'au-delà, plus complexe, où l'on rencontre désormais trois lieux supplémentaires : purgatoire[1], limbe de Pères et limbe des enfants. Ce dernier espace accueille les enfants morts sans baptême (qui, avant la fin du XIIe siècle, selon la conception augustinienne, allaient en enfer) qui échappent désormais aux peines infernales (aux châtiments

1. Voir J. Le Goff, *La naissance du purgatoire*, Paris, Gallimard, 1981.

corporels) mais sont privés à jamais (même après le Jugement dernier) de la Vision béatifique. Ce n'est pas un lieu d'attente comme le purgatoire mais un lieu de destination définitive.

L'invention de ce lieu a permis aux parents de mieux se séparer, de faire le deuil de l'enfant mort sans baptême. Avoir « un lieu à penser » dans lequel son enfant ne souffre pas déculpabilise et permet de continuer à vivre avec cette mort. « Faire son deuil n'est pas oublier, ce n'est pas renoncer à ce que cet enfant ait existé, mais au contraire se donner la possibilité de le retrouver à l'intérieur de soi, à un autre niveau, tout en sachant qu'il ne sera jamais à côté, là, à l'extérieur[1]. » Autrement dit, l'existence du *limbus puerorum* permet de « tourner la page du roman familial », d'accepter que la séquence qui suit, celle de la naissance d'un autre enfant qui va vivre, soit mieux vécue et qu'ainsi l'enfant à venir ne soit pas un enfant refait, un enfant de remplacement. Ce lieu de repos de l'enfant qui s'en va, créé par les adultes, est d'abord un lieu de repos pour l'âme des parents qui restent. Ce nouvel état de l'âme de l'enfant n'est que le reflet des états d'âme de ses parents.

Lorsque l'enfant (non baptisé la plupart du temps) est mort dans des conditions où les rituels chrétiens n'ont pas été accomplis ou mal réalisés, il revient hanter les vivants, leur demander des suffrages[2]. L'enfant-revenant, c'est celui dont on n'arrive jamais vraiment à se séparer.

---

1. M. Dehan et R. Gilly (coordinateurs), *La mort subite du nourrisson*, Paris, Ellipses, 1989, p. 287.
2. Sur les revenants, voir J.-Cl. Schmitt, *Les revenants. Les vivants et les morts dans la société médiévale*, Paris, Gallimard, 1994.

Une séparation nécessaire : le baptême

Dans les derniers siècles médiévaux, un, deux, trois jours maximum après la naissance, l'enfant est baptisé car il en va de son salut. Lors d'une cérémonie très ritualisée, il reçoit des parents spirituels (selon les préceptes ecclésiastiques, un parrain et deux marraines si c'est une fille et deux parrains et une marraine si c'est un garçon). Dès le haut Moyen Age, les parents naturels de l'enfant sont exclus du parrainage. Comme l'exprime Walafrid Strabo vers 840 : « Un père et une mère ne doivent pas parrainer leurs propres enfants parce qu'on doit faire une distinction entre génération charnelle et génération spirituelle. » Ayant engendré l'enfant, responsables de la souillure qui, par le baptême, va être lavée, le père et la mère du bébé ne peuvent devenir le parrain et la marraine, ne sont pas autorisés à participer à sa régénération spirituelle. Et surtout, ils sont absents le jour de la cérémonie : ils sont remplacés par les parents spirituels. Le baptême se présente donc comme une seconde naissance puisqu'il fait naître une nouvelle famille qui repose sur l'« atome de parenté spirituel » : père-mère, enfant, parrain.

Pour provisoire et de courte durée qu'elle soit, cette séparation est symboliquement importante. Elle signifie clairement que la parenté d'un enfant au Moyen Age est toujours une « parenté partagée[1] » et surtout que les parents doivent vivre avec l'idée qu'ils sont originellement un obstacle au salut de leur enfant et qu'ils doivent donc s'en séparer (à un moment

1. Sur ce concept, voir J. Baschet, *Le sein du père. Abraham et la paternité médiévale au Moyen Age*, Paris, Gallimard, 2000.

fondamental pour le bébé qui est son intégration à l'Eglise, au corps du Christ) pour lui assurer une vraie vie dans l'au-delà.

Une douloureuse séparation : l'abandon

L'abandon au Moyen Age a-t-il été aussi massif qu'on a bien voulu le dire ou l'écrire[1] ? Sans prétendre répondre à cette question, on peut dire qu'il s'agit, dans les périodes difficiles du Moyen Age (surtout jusqu'au xe siècle et au bas Moyen Age), de la solution la plus chrétienne de se séparer d'un enfant que l'on ne peut élever. Motivés par le puissant respect de la vie, en cas de grande paupérisation, certains couples ont sans doute été contraints d'abandonner leur progéniture. Les Pères de l'Eglise et les législateurs postérieurs légitiment l'abandon pratiqué par les plus démunis et encouragent vivement les parents qui ne peuvent faire autrement à se dessaisir d'un de leurs enfants en venant le déposer dans des lieux publics afin qu'il soit trouvé plus sûrement : « Nous conseillons à tous les prêtres d'annoncer publiquement à leurs paroissiens que, si une femme devait concevoir et enfanter à la suite d'une union clandestine, elle ne doit point tuer son fils ou sa fille (...) mais plutôt apporter le bébé aux portes de l'église et l'y déposer, en sorte que l'on puisse l'amener au prêtre dans la matinée et que l'un des fidèles puisse le recueillir et l'élever[2]. »

On le voit, il ne s'agit pas d'un abandon pour se débarrasser de l'enfant mais d'un acte réalisé avec l'espoir que le bébé vivra.

---

1. J. Boswell, *Au bon cœur des inconnus. Les enfants abandonnés de l'Antiquité à la Renaissance*, Paris, Gallimard, 1993 (trad. éd. anglaise, 1988).
2. Reginon de Prum, *Libri duo de synodalibus causes et disciplinis ecclesiasticis*, éd. F. Wasserschleben, Leipzig, 1840, 68.

Les petits mots accompagnant les enfants abandonnés aux portes ou aux tours des églises ou auprès des fondations hospitalières de la fin du Moyen Age prouvent l'attachement et la difficulté de cette rupture et, parfois, l'espérance que d'autres liens se créeront.

Une séparation encore peu fréquente : la mise en nourrice

Contrairement à une idée encore admise aujourd'hui, au Moyen Age l'allaitement maternel est préféré à l'allaitement mercenaire. Si la très grande majorité des mères aiment mieux donner elles-mêmes le sein à leur enfant, c'est d'abord que cette pratique renvoie encore et toujours à un modèle, celui de Marie. Il représente (comme les souffrances de l'accouchement) un moyen, pour une mère biologique, de se « racheter » en imitant certains traits mariaux. Mais c'est aussi que les hommes et les femmes du Moyen Age sont fermement persuadés que le lait transmet, de manière héréditaire, les vertus de la mère à l'enfant. Depuis Hippocrate et Galien, en effet, domine l'idée selon laquelle le lait est de même nature que le sang dont l'enfant s'est nourri dans l'utérus. Par le procédé de déalbation, au moment de l'accouchement, le sang se blanchit et devient du lait. Selon cette théorie, il est tout à fait cohérent qu'une mère qui a porté et nourri son enfant pevndant neuf mois continue à l'alimenter de la même substance en l'allaitant. Dans la Légende dorée (XIIIe siècle), Jacques de Voragine rapporte, par exemple, que la mère de saint Bernard, Aaleth, « refusa toujours de faire nourrir ses enfants (six garçons et une fille) du lait d'une étrangère, comme si, avec le lait maternel, elle dût leur fournir tout ce qui pouvait se trouver de bon en elle ».

Mais, malgré cette très grande valorisation théorique de l'allaitement maternel et sa pratique très largement répandue, le recours aux nourrices est un phénomène indéniable. Entre 1150 et le début du XIVe siècle, il semble concerner avant tout une population aristocratique ainsi que les classes aisées et moyennes des grands centres urbains (soit, au total, une faible proportion de familles). Cette autre séparation se réalise, là encore, avec de multiples précautions. La théorie d'une transmission de valeurs par le lait explique que les parents qui optent, malgré tout, pour un allaitement mercenaire soient particulièrement vigilants lorsqu'ils doivent choisir une nourrice. Les conseils abondent dans les traités de pédagogie ou de médecine. Il faut, écrivent certains médecins, que la nourrice ressemble physiquement à la mère, qu'elle soit de même « complexion », qu'elle ne soit pas trop bavarde (pour éviter que l'enfant ne le devienne), qu'elle soit âgée de 25 à 35 ans, qu'elle ait de bonnes habitudes, que ses seins ne soient ni gros ni maigres, ni durs ni mous et même, pour éviter qu'elle ne corrompe le lait, qu'elle s'abstienne de relations charnelles tant qu'elle allaite.

Cette séparation peut durer un ou deux ans, parfois plus, car, à part certains milieux très privilégiés (comme la grande bourgeoisie toscane de la fin du Moyen Age qui peut prendre des nourrices à domicile), la grande majorité de ceux qui optent pour l'allaitement mercenaire choisit d'envoyer le nourrisson à la campagne. Si la mort épargne le tout-petit, l'enfant retrouve sa famille de naissance.

Quitter le sein : le sevrage

Le sevrage représente une autre séparation. Il se réalise vers l'âge de deux ans (sans doute plus tard pour les garçons que pour les filles). Mais bien avant que leur enfant ne délaisse définitivement le sein, les parents lui ont déjà donné d'autres aliments que du lait. Tous les médecins prônent un sevrage progressif et demandent donc d'intégrer précocement à l'alimentation lactée une nourriture plus solide. Très tôt, le bébé est nourri de bouillies de farine, puis, petit à petit, il reçoit des aliments semi-liquides, hachés ou prémâchés. Lorsque les premières dents apparaissent, on lui donne du pain mâché, ou du pain trempé dans du lait ou dans du jus de viande ou encore dans de l'eau mélangée à un peu de vin ou de miel.

Le sevrage est donc un événement qui, dans cette longue chaîne de séparation, doit se dérouler progressivement.

Des liens toujours reconstruits

Dans une société très solidaire comme celle de l'époque médiévale, les liens détruits, altérés, abîmés, rompus, se reconstruisent. Un bébé qui perd ses parents est rarement laissé à l'abandon mais pris en charge par l'Eglise, par d'autres membres de la famille ou des voisins et ce, d'une manière souvent informelle que l'historien a beaucoup de mal à reconstituer. Ainsi, il est fréquent de voir, lors des remariages (très nombreux à cause de la mort d'un des conjoints), le beau-père ou la belle-mère s'engager à prendre sous leur protection les enfants de leur épouse ou mari décédé, enfants parfois très jeunes. Des documents notariés gantois, par exemple, nous informent qu'en 1379, lorsque les cinq enfants de Pascharis de

Borchgrave deviennent orphelins de père, leur mère se remarie à Jan Rijquaert à l'automne 1381. Ce dernier « promit d'être un bon ami pour ses beaux-enfants ». En février 1383, la mère décède. Les relations entre Jan et les enfants sont suffisamment fortes pour qu'il continue à s'occuper de leurs intérêts financiers alors même qu'ils ont quitté la maison.

A cause d'une plus forte mortalité qu'auparavant et d'une documentation plus abondante, la tutelle, autre moyen de reconstruire des liens entre le petit enfant et l'adulte, apparaît davantage dans les sources de la fin du Moyen Age. A la mort du père ou des parents, des conseils de famille (composés des proches parents) se réunissent autour de l'orphelin pour le confier à un tuteur. A Gand au XIVe siècle, il existe deux orphelinats mais dont la population reste faible. Dans cette cité, si l'un des deux parents meurt, le tuteur (ou la tutrice) est choisi par le clan du parent décédé avec l'approbation du conseil de la ville. Il s'agit souvent du veuf ou de la veuve, mais parfois d'un oncle, ou d'un frère majeur, désigné pour s'occuper du bébé. Dans les milieux modestes (artisans ou paysans) de Saragosse, à la fin du Moyen Age, est attestée une forme juridique originale : la veuve, ne pouvant subvenir seule à ses besoins, est embauchée comme nourrice de ses propres enfants chez un proche parent (plus souvent appartenant à la branche paternelle). Ainsi, en 1422, Blanca Martinez de Almazan, après le décès de son mari Juan de Alcala, est employée par le tuteur de ses trois enfants, Garcia de Alcala, oncle (ou grand-père) des enfants. Ce dernier loue les services de la mère, en échange d'un salaire, pour qu'elle allaite le dernier-né, un fils (Juanico) pendant un an et qu'elle entretienne les deux aînées, deux filles, pendant quatre mois.

Il a même existé au Moyen Age des formes d'adoption. Certes, nous ne sommes plus dans l'Antiquité romaine où les hommes pouvaient manipuler leur parenté grâce au divorce et à l'adoption. Cette dernière était en effet pour l'homme romain (et uniquement pour l'homme) un moyen d'accéder à la *patria potestas* sur un individu. Au Moyen Age, elle devient une pratique réservée aux hommes et aux femmes qui n'ont pas de descendants, un remède, une consolation, un moyen de devenir père ou mère d'un enfant légitime et, partant, un moyen supplémentaire de recréer des liens entre bébé et adultes et de tenter d'oublier les douloureuses séparations passées[1].

Les conditions démographiques, économiques, sociales et culturelles spécifiques à l'époque médiévale entraînent donc de très nombreuses séparations dans la vie d'un bébé. Les liens qui l'unissent à ses parents et à ses proches sont fragiles et se rompent souvent. Il s'agit très rarement de séparations volontaires. Lorsqu'elles le sont, elles s'avèrent de très courte durée, se réalisent progressivement et s'accompagnent de procédures permettant de rendre cette séparation la moins douloureuse possible. Au Moyen Age, l'amour des adultes pour le petit enfant, la très forte sacralisation de ce dernier dans les mentalités collectives permettent qu'à la suite de ces séparations, les liens se reconstruisent.

1. Sur l'adoption médiévale, voir D. Lett et Ch. Lucken (dir.), *L'adoption : droits et pratiques*, *Médiévales*, 35, automne 1998.

PREMIÈRE PARTIE

LE BÉBÉ EST-IL UN EXCLU ?

Points de vue cliniques

Le fœtus exclu des perceptions

par Catherine Dolto

Dès que, en tant qu'haptothérapeute, on parle du fœtus, on prend le risque d'être perçu comme un idéologue pratiquant l'ayatolisme au nom de l'affectivité, et il me paraît très important de ne pas sous-estimer ce danger. Cela dit, peut-être serai-je moi-même amenée à formuler des idées qui paraîtront ayatolesques à certains... Mais si je me risque à les exposer ici, c'est que je me sens une très grande responsabilité : il se trouve en effet que le carrefour clinique où je me tiens, où se rencontrent la pratique de l'haptonomie et l'expérience, le partage clinique au fil des ans et la lecture du travail de Françoise Dolto, m'a permis d'acquérir une expérience particulière des rencontres avec les enfants avant leur naissance, des nouveau-nés bien et mal portants. De ce fait, je me sens un peu comme le porte-parole de ces enfants pas encore nés. C'est une lourde responsabilité parce que actuellement, bien qu'on sache sur eux beaucoup de choses, ils restent effectivement exclus de la sensation dans la mesure où, si l'on veut bien à la limite admettre qu'ils ont des perceptions, ce qui n'est pas la même chose qu'une sensation, on n'est pas encore prêt à penser qu'à partir de cette perception, ils vont éprouver une sensation avec du bien-être, du mal-être, de la sécurité ou de l'insécurité, un sentiment de complétude ou d'incomplétude.

Je commencerai cet exposé par un texte de Jean Babilée. Danseur célèbre, très grand homme de théâtre, il a repris la danse vers soixante-quinze ans après sept ans d'arrêt. Dans sa biographie, il rapporte ce dialogue avec une personne qui l'interroge sur ses sensations précoces :

« Quand on n'exigeait rien de moi, je ne demandais rien à personne. J'ai toujours eu des activités solitaires, la plus solitaire étant certainement aussi mon souvenir le plus ancien puisque ma première sensation, je l'ai ressentie avant ma naissance, mon pouce et mon index se touchant. Là où j'étais je dormais beaucoup mais quand je me réveillais j'avais cette sensation et j'étais émerveillé.

— Comment sais-tu que c'était avant ta naissance ?

— Parce qu'il n'y avait rien autour, il n'y avait que ça, mon pouce et mon index flottant l'un contre l'autre, doucement, avant de sortir.

— Et tu en avais conscience ?

— Je n'avais pas conscience d'en avoir conscience mais j'étais en plein dedans. Cela me faisait un éveil dans le cerveau, une sensation, la même que maintenant si je fais ce même geste, seulement maintenant je connais cette sensation, là c'était une première et c'était tellement plus fragile. »

J'aime beaucoup ce texte car il est poétique et aussi parce que, d'une certaine façon, tout y est dit. Il dit en substance : « c'est un temps où on ne vous demande rien », et c'est assez vrai, sauf qu'on nous demande maintenant plus souvent qu'autrefois de subir certains examens médicaux et de supporter l'angoisse des parents qui en découle. C'est un temps où il y a ce mélange de sommeil profond, de sommeil moins profond, d'éveil, c'est un temps où l'on flotte, et c'est un temps autour duquel se pose, sous forme d'énigme, la question de la conscience. « Qu'est-ce que la conscience de ce que l'on ressent ? Qu'est-ce qu'être conscient sans être conscient de l'être ? » Et puis, il y a cette extraordinaire sensation d'éveil qui active le cerveau et qui ouvre toute la question de la mémoire et donc de l'amnésie. Sans vous faire un cours d'embryologie fœtale — il y a suffisamment de livres sur la question —, je vous parlerai de ce que je perçois dans mon travail et vous dirai vers quels thèmes de réflexion, concernant la trajectoire humaine, cette expérience m'oriente.

Le travail quotidien de l'haptonomie pré- et postnatale, c'est l'accompagnement des couples et des enfants. L'haptonomie a été découverte par Frans Veldman lors de la Seconde Guerre mondiale, à la suite des événements tragiques qu'il a vécus lors de sa déportation. Il y avait des événements tragiques mais il y avait aussi des événements et des rencontres magnifiques, et de cette collusion entre le pire et le meilleur de l'humain, il est sorti riche d'expériences d'échanges extrêmement clairs, extrêmement forts, sans aucune parole échangée, et il s'est dit que cette communication non parlée, il fallait absolument la développer. Cela ne signifie pas que l'haptonomie exclut la parole au profit du contact psychotactile, au contraire elle les unit dans un dialogue où le geste, le contact et la parole se tressent ensemble. L'haptonomie se définit comme la science — science humaine, bien sûr — de l'affectivité et du contact psychotactile. Contrairement à ce que beaucoup imaginent, nous ne travaillons pas avec le toucher, et l'haptonomie n'est pas à ranger parmi les thérapies corporelles. Nous ne souhaitons pas évoquer le tact en relation avec le sens du toucher, car envisagé de cette façon, il évoque quelque chose de beaucoup plus restreint que le contact psychotactile. Les médecins et tous les professionnels de santé touchent leurs patients, mais on leur apprend à le faire en leur faisant croire que le tact n'a pas cette particularité extraordinaire d'être le seul de tous nos sens qui soit toujours réciproque. Il n'est pas possible de toucher quelqu'un sans qu'il vous touche, pour s'en défendre on touche les autres comme s'ils étaient des objets, ce qui est une fausse bonne solution car elle induit des modifications importantes chez les patients et fausse le contact ou même le simple examen clinique ; chez les nouveau-nés, par exemple, c'est d'une très grande importance. C'est pourquoi nous préférons parler de contact psychotactile.

Au cours de notre travail nous parlons beaucoup avec nos patients, mais nous parlons en portant une attention très aiguë à ce qui se passe dans le contact, dans la présence et sous nos mains en termes de modifications même infimes du tonus musculaire. Nous avons une assez bonne connaissance de ce qui se passe dans le système nerveux, dans les muscles, dans les tendons, dans les articulations, dans les hormones, dans le psychisme, dans l'affectivité, chez l'approchant et chez l'approché à chaque instant de la rencontre. Cette connaissance que nous apporte la phénoménalité haptonomique est beaucoup plus précise qu'autrefois, mais elle peut encore progresser et l'état des travaux en la matière nous permet d'espérer en savoir davantage encore dans les années qui viennent. Ce que nous savons déjà nous permet d'avoir une réelle approche globale de nos patients.

Dans le cadre de l'accompagnement haptonomique pré- et postnatal, je rencontre des parents quelquefois très tôt lors d'une grossesse dite normale (si tant est que cela existe vraiment, dans la mesure où rien n'est jamais banal et simple dans une grossesse, même quand elle se passe très bien). Ils veulent simplement vivre cette aventure affective et développer un bien-être pour eux et pour leur enfant, afin que celui-ci développe un sentiment de sécurité de base. Nous nous voyons tout au long de la grossesse et une lente maturation s'opère dans la triade parents-enfant (triade susceptible d'extension, s'il s'agit d'une grossesse multiple). Je rencontre aussi quelquefois des parents dans l'urgence, tôt ou tard pendant la grossesse, parce que ces gens traversent un drame. Un des trois, le père, la mère ou l'enfant, le plus souvent c'est l'enfant, est confronté à quelque chose qui met en question ou en danger son existence actuelle, son existence future, et qui l'affecte profondément ainsi que chaque membre de la triade. A ce moment-là le travail est différent, mais c'est toujours un travail de rencontre affective. C'est grâce à ces familles-là que j'ai découvert que, pour l'enfant, une seule rencontre entraînant une modification de la relation avec ses parents était déterminante. On constate que ce saut qualitatif suffit à modifier son évolution et son comportement après la naissance.

A travers ce travail clinique pour lequel j'ai maintenant vingt ans d'expérience, tout se passe comme si je disposais d'une grosse loupe placée sur cette époque de la construction de l'individu, tout en étant moi-même toujours impliquée dans ce qui se passe, bien sûr. Sans détailler ce que sont les perceptions, il est important de dire qu'en haptonomie, lorsqu'on parle de perception, de sensation, elles sont toujours liées à l'affectivité. Il faut aussi savoir qu'à peu près 20 % seulement de nos perceptions parviennent à notre conscience. Je suis sûre que si l'on s'amusait ici, tous, maintenant, à être très attentifs à ce qui se passe dans nos chaussures, entre nos chaussettes et nos chaussures, ou bien entre notre chaise et nos fesses par exemple, nous aurions des tas de perceptions que pour l'instant nous annulons car elles ne nous sont pas utiles. Cette sélection ne se fait pas consciemment mais subconsciemment ou préconsciemment, voire inconsciemment. Heureusement, car si nous sentions à chaque instant nos vêtements bouger, nos boucles d'oreilles et nos bagues, nous ne pourrions pas travailler, nous ne pourrions pas être présents parce qu'on serait tout le temps occupé de ces perceptions. Il y a donc un tri permanent de ce que nous laissons parvenir à notre conscience. Pourtant, toutes ces perceptions non conscientes ou subconscientes ont une très grande influence sur notre vie sans que nous y pensions. Cela se passe à notre insu, mais de nos perceptions latérales dépendent parfois des enjeux de vie ou de mort. Ainsi, elles nous permettent de nous éloigner brusquement d'une zone dangereuse, ou encore de nous mettre à l'abri au bon moment. Il est certain que si nous développons une capacité d'être plus consciemment attentifs ou plus sensibles à nos sensations préconscientes, dans une conscience qui du point de vue de l'haptonomie sera toujours une conscience affective, prérationnelle et prélogique, nous serons certainement mieux communicants. Dans la vie des enfants avant leur naissance et des nourrissons, ces perceptions et ces niveaux de conscience sont d'une importance considérable car elles laissent dans toute la corporalité des traces mnésiques qui ne sont pas toujours faciles à détecter mais qui influencent tout le développement ultérieur.

Dans son très beau film intitulé *La pomme*[1], la jeune réalisatrice iranienne Samira Makhmalbaf évoque bien cette question fondamentale des rapports sensoriels que l'on entretient avec le monde environnant. Toute l'intrigue tient au fait que, la mère étant aveugle et ne pouvant de ce fait surveiller ses deux filles, celles-ci sont réduites à une vie très fruste du point de vue des perceptions et des échanges. Elles sont prisonnières, ne voient le monde extérieur qu'à travers la grille de leur porte, et vivent très peu d'expériences de représentations sensorielles et affectives. Elles ne rencontrent personne, savent à peine parler et utilisent leurs membres très maladroitement. J'ai été très émue par ce film et particulièrement interpellée par la scène finale dans laquelle la mère aveugle sort de chez elle, seule, pour la première fois depuis des années, très anxieuse de retrouver ses filles parties jouer hors de son contrôle, situation inouïe pour elles comme pour leur mère. Elles viennent d'être libérées par l'assistante sociale et la mère se retrouve seule dans la rue. Un petit garçon s'amuse à faire tourner, autour de sa tête voilée et cachée, une pomme attachée à un fil. Cette mère dont on ne voit jamais le visage, qui se révèle plutôt comme une forme, une forme humaine puis une voix, est le personnage le plus fascinant du film. C'est très provoquant, cette façon-là d'être au monde sans être dans les échanges. Cette scène finale où le petit garçon la provoque avec sa pomme est extraordinaire parce qu'elle constitue un contrepoint à tout ce qui vient de se dérouler et parle, en creux, de l'importance des perceptions dans ce film. Elle est là, la pomme la touche, elle doit probablement la sentir, on a l'impression

1. Ce film avait été projeté le premier soir du congrès sur l'exclusion.

qu'elle est complètement imperméable à ce qui se passe. Il ne se passe rien d'extraordinaire pourtant dans l'absolu, mais ce que l'on perçoit de son trouble profond l'est. Elle ne vit pas seulement une très grande émotion, mais, à travers ce moment qui serait pour une autre anecdotique, elle vit un affect essentiel. Une émotion a des effets dans toute la corporalité que l'on peut lire en termes de sensations de froid, de chaud, de poils qui se hérissent, de larmes, etc., mais un affect est une émotion dont on sent qu'elle remet en question toute notre vie et toute la conception que nous en avions jusque-là. C'est ce qui se passe pour cette femme qui pour la première fois sort de chez elle, se trouve confrontée à la liberté et à la solitude. A ce moment-là, on se dit que l'on ne sait pas ce qu'elle sent, on est face à elle, et quand elle attrape enfin la pomme on est très soulagé parce que ça devenait terrible de se dire : « Tout ça nous le voyons, nous le sentons, et elle par contre ne sentirait rien, ne verrait rien, ne saisirait rien de ce qui se passe ? » En voyant cette scène, j'ai eu soudain l'impression que je suis un peu, quand je rencontre les parents et les enfants avant leur naissance, comme ce petit garçon, mais sans malice et avec respect. Il y a en commun ce sentiment d'aller à la pêche : « Qu'est-ce qu'il sent celui-là, sans même s'en rendre compte, et est-ce que je pourrais lui faire découvrir quelque chose de nouveau comme de mettre en relation quelque chose qui vous touche, quelque chose que l'on sent, et puis le concept de la pomme qu'on attrape ? » Comme cette femme qui n'a jamais vu une pomme mais ne l'a que sentie, goûtée et touchée et doit faire un chemin énorme pour comprendre que c'est cet objet-là, suspendu dans les airs, qui se cogne à son voile et enfin, s'en saisir.

L'enfant caché dans le giron maternel est bien là, on ne le voit pas, comme cette femme, on ne croit pas forcément qu'il peut sentir des choses et pourtant, peu à peu, on s'aperçoit qu'il découvre ce qui se propose en termes de communication et de dialogue et s'en empare pour devenir à son tour proposant. Aujourd'hui, on voit les enfants avant leur naissance grâce à l'échographie, c'est vrai, mais c'est une vision faussée car celui que nous dévoile l'échographie n'est pas un fœtus tranquille, c'est un fœtus qui est là avec des parents qui écoutent l'oreille tendue et anxieuse ce que l'on pourrait leur annoncer d'inquiétant, et qui essayent de reconnaître leur enfant à travers des tranches de bébé qui correspondent aux coupes que fait l'appareil. De temps en temps, on leur montre tout le bébé ou son profil, c'est plus rassurant, mais est-ce vraiment agréable pour l'enfant comme pour ses parents ? Ces parents sont dans une disposition intellectuelle qui les empêche de vivre un « être ensemble » parents-enfants ou mère-enfant. Il y a aussi la sonde, avec du gel froid sur la peau de la mère, les ultrasons qui chatouillent. En conséquence, ce que l'on observe, c'est un fœtus en train de vivre quelque chose qui est de l'ordre d'un examen médical plus que de la rencontre, autrement dit il y a là un malentendu. Quand on entend son cœur au monitoring, là encore la situation est faussée, parce que le monitoring aussi envoie des ultrasons, la mère souvent écoute les bruits du cœur fœtal mais, à ce moment-là, elle n'est plus à l'écoute de son enfant dans le giron. On peut dire : quel progrès, on le voit, on l'entend ! Et c'est vrai, ce sont des progrès fantastiques du point de vue médical, mais pas forcément en termes d'échanges. On le voit, on l'entend, mais en même temps on apporte une distorsion dans la façon dont on le voit et l'entend.

Le contact quotidien avec les enfants avant leur naissance nous montre à quel point, et je dirais que c'est la chose la plus étonnante, ils discriminent subtilement ce qui se passe, ils sont sensibles à la moindre variation dans leur environnement. Dans l'embryon, il y a trois feuillets ; l'un des trois est à l'origine du système nerveux dans son ensemble et de la peau. Cela fait de la peau un organe beaucoup plus noble qu'on ne le croit et un outil de communication beaucoup plus intense que l'on n'est habitué à le penser. D'habitude on lui donne le statut d'enveloppe et, même si l'on veut bien admettre que cette enveloppe porte toutes les traces de l'affectivité et des conflits, on ne lui donne pas pour autant le statut d'organe de communication à part entière. On n'ose pas toujours aller aussi loin et pourtant, dans l'univers fœtal, tout est vibratoire. S'ils réagissent à la voix extrêmement tôt, bien avant d'avoir une oreille, c'est parce que la voix fait vibrer l'eau et procure sur la peau des petites sensations qui peuvent être agréables ou désagréables. C'est pour cela que la voix grave des pères, qui passe si bien les barrières, est si bien reconnue. Quand j'ai appris que les anciens obstétriciens disaient que la peau du fœtus est une grande oreille, je me suis dit que, vraiment, nous n'inventions rien.

Les enfants avant leur naissance réagissent dès que la mère est en contact avec eux, et Marie-Claire Busnel dans ses travaux[1] nous a montré que tout de suite le cœur de l'enfant modifie son rythme, il se calme ou se stabilise, ou les deux. Quand la mère se sent bien accueillie, qu'elle est bien installée et que

1. Voir *infra*, p. 359, références bibliographiques.

l'on a parlé de ce qui s'était passé depuis la dernière séance, on arrive au moment où tous, nous nous centrons affectivement sur l'enfant qui répond par une légère ondulation de toute la colonne vertébrale qui ne manque jamais. C'est le moment où l'on entre vraiment dans le jeu de contact avec lui, et tout de suite on s'aperçoit que l'enfant discrimine, le tonus du giron change, s'adoucit, et l'enfant fait ce petit geste très discret, un geste que l'on peut très bien ne pas percevoir lorsqu'on n'est pas habitué à sentir, mais un geste qui est toujours là. Je l'interprète comme une réponse. Comme une façon de dire : « Ah, vous êtes là maintenant ! » C'est cette capacité de dialoguer, de proposer qu'on ne prête pas souvent à l'enfant. Les gens sont prêts à dire : « Il bouge, il réagit », mais peu de gens sont prêts à lui prêter la capacité de discriminer si finement ce qui se passe autour de lui et de sa mère, et pourtant, c'est toujours cela que l'on observe. Le fœtus est extraordinairement sensible aux variations du tonus et à ce qui se passe dans l'affectivité des trois personnes qui sont là. Il faut savoir que, lorsqu'un enfant est dans un bon contact, il suffit que la mère, le père ou l'accompagnant se mette à penser à autre chose, qu'il ne soit plus présent de la même manière pour que, tout de suite, l'enfant dans le giron bouge autrement. C'est lui qui va ainsi nous signifier qu'il y a quelque chose qui n'est plus pareil, effectivement il y a toujours quelque chose et c'est très souvent fort intéressant. En effet, c'est souvent dans ces moments d'intimité que l'un des parents ose dire ses ambivalences, ses angoisses ou ses peurs.

L'enfant in utero discrimine aussi certainement les goûts et les odeurs, vous savez que les hormones ont un goût et une odeur. Une mère anxieuse, une mère paisible n'ont pas le même goût. On peut penser aussi que l'arrivée du père, avec ce qu'il apporte de paix ou d'anxiété chez sa compagne, modifie le goût du liquide ainsi que le tonus musculaire dans tout le giron maternel. Il y a donc pour l'enfant beaucoup d'informations sensorielles à la fois, qui traduisent les variations subtiles et complexes des émotions de sa mère et de ses relations avec son entourage. Il discrimine aussi les modulations du souffle de la mère, je ne parle pas de la respiration parce que la respiration contrôlée, c'est-à-dire le souffle capturé par la rationalité, modifie tout. Dès qu'une femme s'occupe de sa respiration, elle n'est plus avec son enfant. Je parle du souffle, c'est-à-dire de ce qui fait que nous sommes vivants. L'enfant vit la grossesse entre deux diaphragmes qui sont en interaction permanente et dont la tension modifie celle des parois utérines : le diaphragme thoracique et le périnée. Toute modification du souffle modifie leur tonus, mais toute modification de leur tonus (et elles sont là dès qu'une émotion survient) se traduit par une altération du souffle. La moindre modification du souffle de la mère, ou la moindre tension dans un de ces deux groupes de muscles, modifie la souplesse et le jeu entre ces deux diaphragmes, ce qui a des effets considérables sur le sentiment de sécurité éprouvé ou non par la mère et par l'enfant. L'enfant tout de suite le perçoit, ses réactions nous le révèlent. Il cesse de bouger, il arrête sa danse ou, au contraire, il se déploie et s'engage dans un jeu qu'il propose dès que tout devient souple. C'est pour cela que l'on doit se poser des questions sur ce que l'on fait lorsqu'on fait travailler les mères sur leur respiration.

L'enfant bien avant sa naissance est donc plongé dans un univers riche de perceptions sonores, olfactives, gustatives, tactiles, vibratoires, et il nous donne toutes les raisons de penser qu'il sent combien la manière d'être de sa mère varie en corrélation avec ses perceptions. Il est très sensible aussi à la présence de son père, c'est-à-dire pour lui, à cette époque, de l'homme qui se tient aux côtés de sa mère et compte pour elle, qu'il soit son géniteur ou pas. Les réactions de l'enfant aux dires ou aux actes de ses parents nous amènent aussi à penser qu'il discrimine très bien la manière dont perceptions et émotions sont intriquées, ce qui lui permet, grâce à la mémorisation précoce dont il témoigne, de passer de la perception à la sensation.

Les enfants pas encore nés ne sont pas qu'une suite de perceptions puisqu'ils mémorisent et associent une réaction déjà produite, dans une situation donnée, quand elle se reproduit. Françoise Dolto avait trouvé une jolie façon de dire cela en parlant de la « mêmeté d'être » pour évoquer cette continuité qui constitue un des fondements du futur sentiment d'identité. Les enfants enregistrent, mémorisent, engramment bien avant leur naissance. Un engramme est comme une trace dans la cire, les engrammes très archaïques et très profonds sont d'une force très puissante, ils peuvent donner une inflexion à toute la trajectoire de vie, de la conception à la mort. Heureusement, grâce à la plasticité qui caractérise le développement humain, cette inflexion est modifiable à partir du moment où on en prend conscience. Cette influence peut passer tout à fait inaperçue, surtout si l'on n'a pas de récit sur l'histoire d'un patient, mais elle jouera pourtant un rôle capital. Frans Veldman affirme que les engrammes de la première période de la vie postnatale, jusqu'au quatorzième jour, sont particulièrement importants. Souvent des adultes ou des adolescents dont les thérapies piétinaient ont vu leur travail redémarrer et s'éclairer d'une manière toute nouvelle et riche après qu'ils eurent trouvé des éléments d'information sur ce qu'ils avaient vécu précocement, quand ils ont pu en saisir les traces toujours actuelles dans leur vie et comprendre comment la réalité vécue autrefois est restée vivante en eux à travers leurs symptômes et leurs actes.

Pour éclairer tout cela, je vous en dirai un peu plus sur la pratique de l'accompagnement haptonomique pré- et postnatal.

Les enfants avant leur naissance aiment danser. Lorsqu'on est bien avec eux, très vite, pratiquement tous les bébés proposent un petit balancement latéral, et si à ce moment-là on les accompagne, ils augmentent leur balancement. Ils en choisissent la durée, le rythme et l'amplitude. On peut aussi leur faire découvrir que le balancement peut se pratiquer également vers le haut et vers le bas, ou devenir enroulement autour de leur axe. Dès que les mains des adultes deviennent lourdes ou qu'ils ne sont plus assez présents pour lui, l'enfant arrête et attend que tout s'allège et redevienne de la qualité qui lui convient ; alors il reprend son mouvement. Lorsqu'ils ont vécu cela une fois, ils deviennent très « proposants » et révèlent quelque chose de leur personnalité à travers leur manière de choisir entre les différentes possibilités offertes. Certains choisissent toujours le même balancement et ne veulent pas des autres. Ils le proposent d'emblée ou passent par tout leur répertoire pour ensuite s'en tenir à un seul balancement, celui qu'ils préfèrent, pendant toute la séance. D'autres aiment passer de l'un à l'autre toutes les quinze à vingt secondes. Ces jeux de balancement sont extrêmement subtils. Quand les parents connaissent leur enfant et sa manière d'agir, ils sentent et anticipent ce qu'il va faire et il y a une complicité amusée dans les regards au moment où l'enfant exprime son choix ou le modifie. Cette complicité vécue dans toute la globalité corporelle constitue ce que nous appelons une confirmation affective des parents et de l'enfant. Elle sort l'enfant de sa passivité par rapport au monde extérieur et lui fait découvrir un registre nouveau, celui du mouvement doté de sens, produit comme un moyen de dialogue, ce qui est très différent du mouvement sans autre but que le mouvement lui-même. Il devient actif et trouve des schémas de mouvement qui font sens pour l'autre, qu'il peut ainsi inviter à la rencontre.

Françoise Dolto faisait une distinction entre les registres du substantiel et du subtil. Le subtil, c'est l'univers du désir, des échanges, qu'on pourrait dire gratuits, des échanges pour le bonheur d'échanger, par opposition au substantiel qui est le registre des besoins. Les échanges donnent sens à la vie, la satisfaction des besoins maintient la survie. Chez l'enfant après la naissance, il y a un aller-retour permanent entre ces deux catégories, mais dans la vie intra-utérine, quand tout se déroule normalement, on n'a jamais faim, on n'a jamais mal au ventre, on n'a jamais besoin d'être changé, on est entièrement disponible pour le subtil, c'est la seule fois de notre vie, et c'est une période fondatrice ! En même temps on cherche, on mémorise, on anticipe, on associe des perceptions, des sensations à des jeux ou à des peurs. La participation active des enfants à la vie et aux émotions de leurs parents bien avant qu'ils soient nés et même viables est une des surprises les plus fortes que m'a apportées la pratique de l'haptonomie. Souvent on m'a demandé comment je résumerais ma façon de percevoir ces enfants pas encore nés mais déjà si présents. Je réponds que dans l'ensemble, sauf ceux qui ont des problèmes de santé in utero, ils me donnent l'impression de guetter tout ce qui fait signe, je pourrais dire que ce sont des guetteurs, et j'ajouterais joyeux à cause de la manière dont ils s'emparent de toute proposition de dialogue dès qu'ils l'ont repérée comme telle. C'est une formulation dont je perçois bien ce qu'elle peut avoir de ridicule, mais j'ai lu dans un article de Marie-Claire Busnel qu'il avait été prouvé scientifiquement (c'est une jolie époque que la nôtre où l'on nous prouve scientifiquement des choses que certains disaient il y a cinquante ans en faisant rigoler tout le monde !) par Diana Mastropieri qu'un bébé de deux jours peut discriminer, reconnaître des sensations différentes, des sentiments — et que les bébés préfèrent la joie, alors je me suis dit que j'avais le droit d'évoquer « scientifiquement » les guetteurs joyeux.

Dans la vie intra-utérine, encore plus qu'avec le bébé nouveau-né, on est dans ce que j'appelle l'indémaillable mère-enfant ; tout ce que vit l'un, l'autre le vit, mais pas dans la symbiose, c'est pourquoi je pourrais affirmer avec certitude qu'il ne faut pas en conclure que toutes les angoisses de la mère, toutes ses productions imaginaires anxieuses à propos de son bébé sont pathogènes pour l'enfant qu'elle porte. Il est très fréquent que les enfants nous montrent qu'ils vont bien alors que leurs parents vivent des moments difficiles. Hier, des parents sont arrivés dans mon bureau très tendus parce qu'ils venaient d'apprendre le sexe de l'enfant, la mère ne souhaitait pas le savoir, le père l'avait souhaité et le lui avait imposé. Il s'était persuadé qu'ils attendaient une fille, ce qu'il espérait, et voilà que c'était un fils. La mère était mortifiée parce que le père avait montré qu'il était malheureux à la révélation du sexe, ils sont donc arrivés sortant de l'échographie directement dans mon bureau. Malgré ces tensions nous avons quand même établi le contact avec l'enfant. Tout de suite il s'est mis à se balancer et donc à bercer ses parents, avec beaucoup d'entrain, je dois dire avec un entrain relativement rare dans ma pratique. Chaque fois que l'on arrêtait, pour jouer, en faisant peser nos mains un peu plus lourdement, puis en allégeant la pression avant de revenir, tout de suite il reprenait l'initiative et les berçait. Cet exemple montre de quelle façon un enfant peut venir chercher ses parents, les rassurer et les confirmer affectivement en leur signifiant — pour moi il est vraiment clair que c'est cela, même si je suis prête à ce que l'on me dise que je me trompe — qu'ils peuvent y aller dans leurs tensions, dans leurs remue-ménage imaginaires sur ce que ça leur fait qu'il soit d'un sexe ou d'un autre, que cela ne l'empêche pas, lui, en tant que spécimen de l'espèce, de se sentir assez bien pour être dans un jeu, un jeu qui est forcément du côté du plaisir et qui développe quelque chose dans son système nerveux. Et en effet, au bout d'une dizaine de minutes, les parents n'ont pas pu s'empêcher de se détendre et de rire devant l'obstination de cet enfant qui les obligeait à considérer la réalité d'une autre manière. L'enfant redonnait du sens à la génération, au-delà de la question du sexe. En leur rappelant qu'ils étaient trois pour faire face à cette révélation, j'oserais dire qu'il les plaçait dans le symbolique. La pulsion thérapeutique du bébé s'exerce peut-être déjà avant sa naissance.

On ne peut en aucune façon considérer un tel balancement comme un équivalent de balancement autistique parce qu'il ne peut se poursuivre que dans un « être ensemble » conscient de la part des accompagnants. Le lien que je ferais avec le balancement autistique est tout autre, et voici mon hypothèse. Tous les enfants avant de naître se balancent sur le souffle de la mère et si celle-ci les accompagne subconsciemment, prélogiquement, avec sa « conscience affective », ils vivent ainsi des moments très agréables, même si la mère ne perçoit pas consciemment ce qui se passe. Il y a là des engrammes d'un bon vécu ensemble, pseudo-symbiotiquement. La différence dans l'accompagnement prénatal haptonomique, c'est la façon dont l'enfant grâce aux adultes peut développer le jeu, le mémoriser, le prolonger et le proposer. Je pense donc que les autistes cherchent, avec leur corps d'enfant né, à revivre du pseudo-symbiotique, de l'être ensemble très archaïque, dans un échange prélangagier mais globalement éprouvé dans toute la corporalité lors de leur vie intra-utérine. De ce point de vue, il y a une relation claire entre ces deux balancements.

Pendant sa vie intra-utérine, un enfant peut bouder. Il y a des bébés qui boudent après une échographie un peu rude, ils restent « dans leur coin » et ne veulent rien entendre, ils ne veulent pas entrer en communication avant d'avoir été très rassurés et j'oserais dire réconfortés. Parfois, ils sont coincés parce que la mère est trop tendue, ils n'arrivent pas à dialoguer, ils doivent répondre malgré leur mère et, pour oser ces déplacements laborieux vers la main de celui qui appelle de l'extérieur, avec l'accord de la mère, il faut qu'ils aient déjà vécu l'expérience de ces jeux de tendresse et qu'ils les reconnaissent.

Ils dansent comme nous l'avons vu, mais ils trépignent aussi lorsqu'ils ne sont pas contents. Quand on a des jumeaux et que l'on oblige un jumeau un peu dominant à faire la place à l'autre, il trépigne parfois fortement.

On voit donc à travers toutes ces connaissances cliniques et scientifiques que je viens d'évoquer se profiler un enfant qui bien avant sa naissance se manifeste comme un humain qui veut participer à la vie des échanges et cherche à y trouver du plaisir. Pourtant, on continue à parler devant lui, c'est-à-dire à parler à ses parents, à agir avec eux comme s'il n'était pas là, comme si ce que l'on dit à ses parents n'agissait pas sur lui ; lors des échographies il y a parfois des choses extraordinaires qui sont dites, comme si cela n'avait pas d'effets. On le soigne, on l'opère parfois sans anesthésie. Il y a encore peu de temps, je crois, il existait des services où l'on intervenait sur les fœtus en se contentant de les curariser pour qu'ils ne bougent pas, mais sans les anesthésier. Quand on sait tout ce que nous évoquons ici, on peut imaginer ce que cela représente comme torture pour l'enfant, pour des parents qui font cela « pour le bien de leur enfant », et pour des médecins qui sont là au service de la santé de l'enfant. On ne se préoccupe pas du tout des tensions dans le giron maternel alors que, pour l'enfant, c'est tout simplement la différence entre passer d'une chambre en béton à une chambre en molleton, ce n'est quand même pas tout à fait la même chose. Dans un registre plus banal et quotidien à défaut d'être anodin, on ne s'occupe pas non plus du tout de l'effet que cela fait à la mère d'avoir attendu deux heures avant d'être reçue cinq minutes sans même qu'on lui demande : « Comment allez-vous ? »

Lorsqu'on a conscience de tout ce que ressentent enfants et parents, ces constats deviennent douloureux. Lorsqu'on travaille à l'hôpital, c'est forcément un peu compliqué de détenir un savoir comme ça et puis d'être bien obligé, quand il y a urgence, de faire ce que l'on a à faire, de faire des gestes qui peuvent être agressants, à défaut d'être agressifs parce que cela dépend de la manière dont on les fait. Quand un enfant arrête de grandir avant de naître, quand il y a une menace d'accouchement prématuré, il est quelquefois plus facile de se dire : « Il ne sent rien, il n'éprouve rien », et en même temps on ne peut plus vraiment faire comme avant, d'autant que nous avons maintenant des travaux qui prouvent que ce n'est pas vrai. Il se passe la même chose en matière d'éducation depuis les travaux d'Alice Miller et d'autres, comme l'a montré Caroline Eliacheff[1].

Je me demande souvent pourquoi, malgré tout ce que nous savons, les pratiques cliniques des uns et des autres ne s'infléchissent pas davantage, comme si l'on tentait, malgré tout, de produire de la pathologie dans un des rares domaines où l'on pourrait agir de manière prophylactique, avec des dispositifs peu onéreux. Comment se fait-il que les travaux de Marie-Claire Busnel et de bien d'autres ne soient pas plus connus des professionnels ? Cela me fait méditer sur le pourquoi de cette exclusion, d'autant qu'en outre il ne faut pas oublier que beaucoup de civilisations avant la nôtre ont dit et ont montré leur souci d'accueillir le fœtus et le nouveau-né en fonction de sa sensibilité particulière. Je crois qu'il s'agit d'une résistance probablement très grande chez nous à donner cette place de véritable « autre » à l'enfant, cette place d'étrange étranger si proche et si lointain en même temps qui est là, marqué par ce qu'il

1. *A corps et à cris. Etre psychanalyste avec les tout-petits*, Paris, Odile Jacob, 1993.

vit, mais qui pourtant ne nous dira probablement jamais ce que nous lui avons fait vivre. On ne veut pas savoir et pourtant nous sommes bien obligés de sentir, de reconnaître, que c'est un sujet désirant, et surtout qu'il est déjà sujet de son histoire puisque nous savons maintenant que la question de l'amnésie infantile est à repenser, que les questions de plaisir, de déplaisir, de trauma in utero reviennent dans les thérapies d'adultes et que la mémoire est active et réactivée, de la conception à la mort.

Ce passage de l'éprouvé au sentiment, du ressenti au ressentiment est déjà là, prénatalement. C'est d'autant plus important que certains chercheurs disent depuis longtemps maintenant et très clairement que chaque étape du développement de l'énorme câblage que constitue un système nerveux, dans lequel il y a des microcircuits et des macrocircuits, est d'une complexité extrême. Chaque étape de la formation de ce câblage se fait en fonction des interactions avec le monde extérieur. Tout le monde s'accorde aussi pour dire qu'il est pour l'instant absolument impossible de faire la part entre ce qui vient du pur câblage et des sécrétions hormonales : il s'agit d'une interaction constante entre les deux, qui se fait dans un climat affectif dont la qualité est déterminante.

On sait aussi toute l'importance de ce ressenti vibratoire ; on sait que les perceptions venant du monde environnant produisent chez l'enfant (ils ne l'ont pas dit concernant le fœtus, c'est moi qui extrapole un peu et j'exagère peut-être mais ce n'est pas grave, je le saurai dans vingt ou trente ans et c'est pour le moment une hypothèse) des images peut-être déjà visuelles, même pour un enfant qui vit dans l'ombre — à la fin de la grossesse, un fœtus s'approche d'une importante source de lumière placée près du ventre de la mère — mais déjà somatosensorielles. Les images somatosensorielles sont ces images perceptives variées que vous éprouvez souvent sans les nommer ainsi quand, par exemple, vous vous êtes coincé trop longtemps le pied ou si vous avez mal dans un muscle. Il y a des images perceptives qui se forment, des images auditives, des images olfactives, et ces images vont provoquer un développement des aires sensorielles. Autrement dit, ce qui est éprouvé amène à se développer ce qui sert à décoder l'éprouvé.

A la base du développement d'un humain, il y a un donné génétique soumis à des influences épigénétiques. Le passé du sujet se constitue dès sa vie intra-utérine, cela s'inscrit dans sa mémoire même si cela n'est pas conscient. Il y a aussi la mémoire de toute l'espèce depuis des siècles et des siècles, cette mémoire qu'on appelle phylogénétique : on ne sait pas exactement par où elle passe mais elle est là. Un enfant esquimau ne naît pas avec la même mémoire phylogénétique qu'un enfant africain. Il y a des choses qui restent engrammées dans toute une suite de générations. On sait qu'avec ces données-là un humain, de sa conception à sa mort, va tout le temps être au travail sur son système nerveux qu'il va faire évoluer et modifier sans cesse en fonction de ce qu'il vit, découvre et apprend. Mais il n'y a pas de système nerveux sans affectivité. L'être humain se forme lui-même. En prenant une métaphore « couturière », on pourrait dire que le destin nous donne un tissu, le donné génétique, tissu que tout au long de notre existence nous modifions, taillons, recoupons en fonction de ce que nous vivons et des échanges. Et cela jusqu'à notre mort. L'être humain, et c'est le seul dans ce cas parmi tous les mammifères, peut encore trois secondes avant de mourir, à quatre-vingt-dix ans ou plus, se métamorphoser, ça c'est le miracle de la parole et de l'imagination.

Si je pousse plus loin ma métaphore, je me dis que, dans le fond, les chicanes névrotiques par lesquelles on fait passer un enfant seraient comme des effets de mode qui laisseraient des traces sur le vêtement. De ce point de vue, la question du poids du destin peut être regardée tout autrement. Je crois que c'est salvateur, car chaque fois que l'on se retrouve face à quelqu'un qui traverse une détresse ou une épreuve et qu'on le plaint, et que l'on a en soi ne serait-ce qu'un instant la pensée « Forcément, le pauvre petit ! », on est maltraitant. On pose sur les épaules de celui sur lequel on s'attendrit, quel que soit son âge, un poids de plomb qui va l'empêcher d'endosser son histoire, si douloureuse soit-elle.

Nous ne sommes pas là pour plaindre, il y a d'autres gens pour ça. Nous, thérapeutes ou travailleurs sociaux, chacun depuis nos places respectives, nous sommes là pour faire confiance à ce qui est mobilisable, et quand on peut se dire que nous pouvons mobiliser notre cerveau de notre conception à notre mort, c'est quand même plutôt réjouissant.

On sait aussi, par exemple, que la force des connexions synaptiques qui se créent dépend du contexte affectif et émotionnel dans lequel elles s'effectuent. C'est une idée réjouissante car elle nous permet de penser que pendant la vie prénatale, et c'est peut-être la seule période de ce genre, on pourrait échapper totalement aux problèmes de classes puisque, que je sache, la tendresse et l'amour ne sont pas l'apanage et le privilège des nantis. Si c'est le cas, à chaque enfant avant de naître, s'offrent a priori toutes les chances, et elles sont imprescriptibles.

Tout cela est articulé au geste, tous les gens qui travaillent avec des enfants en difficulté savent bien que le geste et la parole vont ensemble, parce que dans le développement du cerveau ça va ensemble. Un enfant qui bouge in utero, c'est une chose, mais un enfant qui répond et se mobilise pour répondre dans un contact affectif est tout autre chose. Le geste fait par hasard ou intentionnellement n'a pas la même valeur. J'ai vécu un drame au début de ma pratique parce que je n'ai pas osé expliquer assez cette différence à un obstétricien à propos d'un enfant dont la passivité m'inquiétait, alors que ses parents étaient bien avec lui. « Mais oui il bouge, mais il ne répond pas », disais-je ; et lui me disait : « Mais puisqu'il bouge, il va bien ! » Et je répondais : « Non, pour moi, aller bien ce n'est pas ça » ; mais j'étais trop peu expérimentée pour tenir bon face à un professionnel chevronné. Cet enfant est mort à la naissance, il était infecté.

Avant de terminer, je voudrais dire qu'il ne faut pas décréter que tout le monde doit pratiquer l'haptonomie. On ne peut pas le faire si l'on n'en a pas envie, et on n'a pas le droit d'imposer une rencontre affective à qui que ce soit. Il est essentiel de respecter profondément ceux qui ne le souhaitent pas. Il serait pervers de dire que l'« idéologie haptonomique » doit maintenant envahir toutes les maternités, car l'haptonomie n'est pas une idéologie.

Pour ne pas conclure sur cette mise en garde, je pourrais résumer ce que j'ai tenté de transmettre ici en quelques mots :

lorsqu'on rencontre affectivement un enfant, on sollicite, on éveille ce que j'aime appeler l'« appareil communicatif dans son ensemble ». Et l'appareil communicatif dans son ensemble, eh bien c'est nous, c'est nous dans notre entier. C'est soi-même.

Le bébé exclu de la vie

par Frédérique Authier-Roux

Un bébé exclu de la vie. Un bébé qui ne vivra qu'une vie in utero. Un bébé qui passera du ventre de sa mère, lieu de vie, à une naissance, synonyme de mort. Ou encore, à la suite d'un diagnostic anténatal de malformation létale par exemple, un bébé dont la vie s'achèvera lors d'une interruption médicale de grossesse. Un bébé que la médecine ne sait pas soigner, or il ne peut devenir patient de cette médecine que s'il est traitable. En revanche, s'il échappe à toute visée thérapeutique, il n'est plus envisagé comme patient mais plutôt comme « ratage » de la vie et de la médecine. L'interruption médicale de grossesse rappelle du côté des médecins, de l'équipe médicale, mais aussi du côté des parents, les limites du pouvoir médical et notre impuissance devant certaines pathologies. Dans le cadre du diagnostic anténatal, le corps médical est pris dans une contradiction entre son désir de considérer de plus en plus le fœtus comme un patient et l'obligation, dans un certain nombre de cas, d'éliminer le fœtus par une décision de mort. En effet, c'est en répondant par un choix de mort de ce bébé que l'équipe médicale manifeste son renoncement et avoue son impuissance.

Il n'est pas question pour moi de remettre en cause le bien-fondé du principe de l'interruption de grossesse, mais de souligner combien la complexité de ce qui se joue dans cet acte n'est pas toujours pleinement prise en compte. Et c'est dans cette complexité que je voudrais marquer quelques repères.

C'est l'histoire d'un couple, d'un homme et d'une femme, dans l'attente d'un bébé, qui seront amenés à se séparer de cet enfant rêvé, pensé, imaginé, au cours d'une interruption médicale de grossesse. Il s'agit d'une histoire de vie, d'une histoire bien réelle, dans un lieu bien concret — la « maternité » —, partie prenante de l'univers hospitalier ; histoire associant un homme et une femme en attente d'un bébé et une équipe médicale, histoire dont l'issue sera la décision de mettre un terme à cette attente.

A partir de mon expérience professionnelle, j'essaierai de penser quelques éléments de cette situation : expérience d'une part dans le cadre de l'équipe du diagnostic anténatal, avec les médecins, les sages-femmes, les infirmières, du travail qui consiste à les écouter, dans leur pratique, mais aussi dans les difficultés qu'ils éprouvent face aux interruptions médicales de grossesse ; d'autre part, l'écoute individuelle de femmes ou de couples demandant à me rencontrer après la perte de leur bébé par « arrêt thérapeutique » ou après l'annonce du diagnostic envisageant un tel arrêt.

La maternité, lieu d'accouchement, de la naissance, « lieu de vie » par excellence, est rarement associée aux drames que vivent ces couples, à ces bébés qui meurent dans le lieu dit « maternité ». La maternité est un lieu dont le fonctionnement et les représentations qui l'accompagnent sont foncièrement tournés vers la vie.

On a l'impression d'avoir affaire à une double censure : sur la mort « normale », indissociable de toute naissance, car donner la vie à un être vivant, c'est en même temps l'inscrire dans le temps, vers la mort, et pour le bébé, naître peut aussi être envisagé comme « première émergence de l'expérience de la mort » ; et a fortiori sur la mort que rencontrent ces « femmes pas comme les autres », comme elles se nomment elle-mêmes, qui, perdant leur bébé par interruption médicale de grossesse (IMG), avant l'accouchement, ne seront donc pas mères à l'issue de leur grossesse, mais seulement, comme disent certains parents, de « fugitifs père et mère » pour qui la « maternité » — l'état et le lieu — sera, temporairement au moins, synonyme de mort.

Pourtant, nous ne l'ignorons pas, dans un lieu où il y a la vie, il y a aussi, inévitablement, la mort. Ces deux réalités sont étroitement liées. J'ai parlé de bébé exclu de la vie. A l'article « Exclusion », le dictionnaire *Robert* dit : « Action d'exclure quelqu'un en le chassant d'un endroit où il avait précédemment sa place, ou en le privant de certains droits. Voir aussi Elimination, Expulsion, Radiation. »

Dans cette définition, nous retrouvons certains aspects présents lors d'une interruption médicale de grossesse, en particulier si l'équipe n'est pas vigilante quant au respect du temps nécessaire à tout couple confronté à cette expérience dramatique.

Je veux dire par là qu'il est indispensable, pour ce couple, d'inscrire dans son histoire cet acte que représente l'IMG ; mais surtout, d'avoir accès à cette inscription. Il est primordial pour ces parents qu'on leur permette de penser l'impensable, de se représenter l'irreprésentable, la mort de leur enfant. Cette idée est bien illustrée par l'expression favorite du service dans lequel je travaille : « Evitons le pas de charge pour les interruptions. »

Ne pouvons-nous pas dire que ce bébé est chassé du ventre de sa mère ? chassé par le geste médical qui le contraint à naître ? Toutefois, si ce geste de naissance-mort respecte le statut d'être humain en devenir de ce bébé, si ce geste s'accomplit sans que s'y inscrive aucun désir d'élimination, de radiation, alors sa violence en sera atténuée.

En annulant le temps d'élaboration que la violence inhérente à toute IMG rend nécessaire, ne prenons-nous pas, en quelque sorte, le risque de priver ce bébé, ce couple de ses droits ? Droit pour ce bébé d'être reconnu comme petite personne n'ayant pu vivre, et droit pour cet homme et cette femme d'être reconnus comme parents.

Françoise Dolto disait que « lorsque deux parents désiraient un enfant, il fallait que ceux-ci sachent que, quand il naît, c'est lui qui les rend parents ». A partir de là, disait-elle : « Ce n'est plus un bébé. Ils avaient pensé à un bébé, et c'est un être humain garçon ou fille. »

Derrière cette expérience de rendre parents, c'est-à-dire de « faire devenir », ce que souligne Françoise Dolto, c'est que c'est la naissance qui change un couple en parents.

Qu'en est-il de ces futurs parents quittant la maternité sans enfant ?

La mort de ces bébés, décidée et mise en œuvre par la médecine, interdirait-elle à cet homme et à cette femme de devenir parents ? Qu'en est-il de ces couples non reconnus comme parents, radiés de leur statut de père, de mère ? Y a-t-il eu seulement un « non-devenir parents » ? Y a-t-il eu, simplement, quelque chose qui ne s'est pas accompli, et qui aurait eu lieu dans le cadre d'une naissance « normale » ? Ce passage d'une rare violence d'un état à un autre, de l'attente d'un enfant synonyme de vie, à la mort de ce même enfant qu'est la naissance d'un bébé mort, serait-il, relativement à la parentalité, de l'ordre du « non-événement » ?

Je crois que, contrairement à la tendance profonde de l'institution médicale à verser cet événement au compte du ratage, du déchet, du non-advenu, attitude qui peut faire écho au déni des parents en proie à une angoisse inélaborable devant ce qui leur arrive, il est capital pour le devenir de ces parents, mais aussi pour l'équipe, de dépasser le choix d'éliminer rapidement ce bébé, choix très souvent lié aux peurs, aux craintes mêlées des uns et des autres.

Je pense qu'il faut prendre en compte la complexité extrême de ce qui se joue, dans cet événement, du point de vue de la parentalité : la naissance-perte de cet être humain potentiel qui aurait dû leur succéder. Ainsi, on demandera à ces femmes d'« accoucher », de donner naissance : lorsqu'on se penche un tant soit peu sur la définition des mots utilisés, on s'aperçoit que, dans ces expressions consacrées à la maternité, il y a toujours une idée de vie.

La plainte de ces femmes à ce sujet est immense car tout, autour d'elles — lieu, mots —, renvoie au projet de vie — annulé — qu'elles avaient construit avec leur conjoint autour de l'arrivée de cet enfant, les plaçant dans une radicale négation, sans mots, de ce qu'elles sont effectivement en train de vivre.

Plaintes difficiles à entendre pour les médecins lorsque les patientes protestent, reprennent les mots qui leur sont adressés pour les infléchir en tentant de faire entendre quelque chose de ce qu'elles vivent : « Oui, accoucher, donner naissance à un bébé, mais à un bébé mort, je vais tout vivre mais sans rien au bout. Nous deviendrons parents, le temps d'accoucher et de s'en séparer pour toujours, nous rentrerons à la maison sans lui. Vide, avec rien. »

Pour ces parents il y a une rupture, une fracture violente qui se crée dans leur psychisme. « Mon bébé est mort, il n'a pas eu le temps de vivre en dehors de moi. »

La douleur des parents, quand elle parvient à se dire, est celle d'un temps où l'enchaînement d'étapes même douloureuses est comme « court-circuité ». A cet homme, à cette femme qui attendaient ce bébé qui n'a pas pris le temps ou à qui on ne laisse pas le temps « de vivre, de vieillir, de mourir », laissons le temps de franchir les étapes successives qui leur permettront de devenir « parents en deuil ».

Il ne faut pas perdre de vue que ces parents avaient un projet de vie avec ce bébé-là, et que brutalement on leur demande de se séparer de leur enfant. Il ne s'agit pas, dans cette décision d'arrêt de la grossesse, de la séparation vers l'autonomie et la vie, comme l'est une naissance, mais vers la mort. Pour une mère, cet enfant ne sera plus en elle, ni à côté d'elle. Le processus « normal » d'inscription dans une lignée, une histoire familiale, de toute personne créée à deux et qui, dès sa conception, est souvent vécue comme un sujet, investi par ses géniteurs, va devoir trouver une forme, ici aussi, dans le cas de ce bébé mort avant de naître.

Une naissance est une double reconnaissance : celle qu'accomplissent les parents regardant leur bébé comme leur enfant, et celle du bébé permettant aux parents de se constituer comme parents. Qu'est-ce qui peut être reconnu, parlé, intégré par les parents privés de la naissance attendue ? Il est indispensable d'entendre le double deuil que vivent ces parents : le deuil induit par la séparation de la naissance ; ce deuil vécu par tous les couples est celui du renoncement au bébé fantasmé devant l'enfant réel, avec lequel on va vivre son rôle de parents ; pour les parents confrontés à une IMG, il s'agit d'un deuil plus radical, celui de la mort, qui vient redoubler le « deuil de passage » vers la vie, inhérent à toute naissance.

Ces parents devront assister dans le même temps à la fois à la naissance et à la mort de leur enfant, ils devront intégrer sur le plan psychique cette double pensée ; les couples dont le bébé est mort évoquent tous l'absence, le vide, les projets annulés, et conjuguent le verbe manquer à tous les temps de leur souffrance.

Ils ont été séparés de leur objet d'amour et violentés dans leur désir d'être mère et père. La douleur de l'absence est très vive, rendue plus difficile encore de ce qu'ils n'ont qu'une image fugace de leur bébé, qu'ils n'ont connu que mort. D'où l'importance de voir ce bébé afin que le souvenir permette de mieux effectuer la séparation. Comment oublier — au sens de se souvenir sans être empêché de vivre par une présence d'autant plus insistante qu'elle n'a pas été reconnue — lorsqu'on n'a pas vu, regardé et reconnu ce bébé mort pour « son » bébé mort ?

Mon travail auprès d'eux a pour objectif de les soutenir, de leur permettre d'élaborer leur pensée sans jamais l'orienter ni l'infléchir, de leur permettre d'intégrer cette souffrance à l'histoire de la famille. Ce que Françoise Dolto soulignait à propos des dangers psychiques liés au non-dit sur les bébés décédés précocement : « Ceux qui naîtront après, ça leur appartient, car ce mort qui a vécu fait partie de la richesse vivante, symbolique de la famille, et il ne s'agit pas de le laisser comme un petit parce que son corps était petit. »

En effet, paradoxalement, il faut permettre aux parents de donner toute sa place à cet enfant qu'ils vont perdre, en l'inscrivant dans une histoire au sein d'une famille, d'une fratrie, et par là de jouer leur rôle de parents en deuil. D'où l'importance des traces du passage de ce bébé qui créent pour ces parents un maillage où s'affirme la parentalité pour les uns, la filiation pour le bébé. Comment s'inscrire parents sans les processus de reconnaissance, d'inscription dans une filiation, comme traces du passage de cet enfant ?

Par le pouvoir des mots, je tente d'aider ces couples en quête de traces leur permettant d'accéder à leur parentalité, mais aussi d'inscrire leur enfant à sa place dans leur histoire d'homme et de femme les conduisant à s'identifier comme parents — d'un enfant mort, certes, mais néanmoins parents —, et à se construire leur histoire de parents avec cet enfant-là. Parler cet enfant, nommer cet enfant, penser l'accompagnement vers la mort de leur enfant, exprimer leur ressenti face à ce dramatique événement trouve tout son sens dans le travail de deuil qu'ils accomplissent.

En effet, « nommer un enfant », c'est lui reconnaître le statut d'être humain et lui donner le droit de mourir. Un être humain ne vit que nommé, le nommer, le reconnaître permet à ses parents de ne pas « l'exclure de la communauté des êtres parlants ».

Je me souviens d'une femme à qui l'on avait annoncé une malformation létale de son bébé, et qui a demandé au moment de l'interruption de grossesse préconisée par la médecine de repousser la date parce qu'elle « ne se sentait pas prête à se séparer de son bébé ». Cette femme a choisi de s'accorder quatre mois, quatre mois qui peuvent nous paraître longs, qui ont été pour elle consacrés à élaborer ce processus de deuil. Quatre mois où elle a tenu à porter son bébé, où elle a parlé de lui, pensé la mort de son enfant, où elle s'est réapproprié sa grossesse en exigeant un suivi régulier, où elle a pu entrer en relation avec son bébé grâce à l'haptonomie. Elle est arrivée un jour à une consultation en disant qu'elle était prête à se séparer de son bébé. « Oui, je suis prête à accoucher, à me séparer de lui, vers la mort, prête à l'inviter à naître, à tout vivre. Je suis prête et résignée. Mais aussi, je veux le reconnaître comme mon fils. » Elle avait décidé en accord avec l'équipe de la date du déclenchement et m'avait demandé d'être là, en salle de naissance. Lorsque son bébé est né et mort presque aussitôt, elle s'est adressée à lui, l'a bercé dans ses bras comme le ferait une mère avec son bébé vivant. Elle disait : « Je lui dis tout ce que j'aurais aimé lui raconter s'il avait vécu, tout ce que nous aurions pu faire ensemble, vivre, mais tu n'as pas pu vivre. »

Pour permettre à ces parents d'être parents, il me semble important de ne pas mettre un voile de silence sur l'histoire qu'ils ont à vivre ou qu'ils ont vécue. Nous savons tous que nous mourrons parce que nous vivons et que tout ce qui vit meurt.

Lorsque, à la demande de l'équipe ou du couple, j'interviens en salle de naissance, cela suppose pour moi de permettre à ces parents d'écouter leurs angoisses, leurs questions, de les aider à accueillir leur enfant mort, de leur fournir une énergie immense pour qu'ils trouvent en eux la force, à ce moment intensément éprouvant, de ne pas renoncer à donner une place à cet enfant « dans la communauté des êtres parlants ». Cela suppose aussi d'être capable de prendre des risques, risques de « rencontre » au plus près, de regards ou de mots avec la mère « accouchante », mais aussitôt de se replacer dans la distance de sa fonction.

« Un petit d'homme n'est ni une poupée vivante ni un animal », disait Françoise Dolto. Il ne faut en aucun cas perdre de vue cette idée. De par ma pratique je sais que ce bébé, que l'équipe et moi accompagnons vers la mort avec ses parents, crée des parents, mais aussi que cet homme et cette femme peuvent se créer comme parents avec l'histoire de cet enfant.

Travaillant avec l'équipe du diagnostic anténatal, je crois que ces bébés, s'ils ne deviennent pas nos patients, requièrent cependant de ne pas perdre de vue qu'au départ ce sont des êtres faits par et pour la parole, et que c'est par cette même parole que nous pouvons leur donner leur place dans l'histoire de leur famille.

Je me rappelle cette femme, en salle de naissance : alors que toute la technique médicale était mise en branle sans succès pour qu'elle parvienne à accoucher de son bébé mort, elle paraissait y résister et les médecins, ne comprenant pas à quel obstacle se heurtait leur technique, maugréaient : « Alors, elle va nous le donner, son bébé ? » Epuisée, elle m'avait regardée et avait prononcé ces paroles : « Dites-leur, vous, que je ne suis pas prête à m'en séparer, à être mère, mère de mon bébé mort, à le faire naître mort ; il faut au moins l'accueillir dans le respect que nous lui devons. Je voudrais trouver la force de lui dire ce que j'aurais aimé lui dire s'il avait été vivant. Laissez-moi encore du temps. »

Il faut mesurer aussi à quel point, pour l'équipe, l'IMG constitue une agression requérant un véritable travail d'élaboration. La formation de sage-femme, de gynécologue-accoucheur, apprend à donner la vie et non la mort. Je conçois également la difficulté d'annoncer l'arrêt de la grossesse, la difficulté d'exécuter cette décision et l'aveu d'impuissance que cela peut représenter pour les professionnels ainsi que l'angoisse que cela peut réactiver et le rappel indéniable de leurs limites. Or, comment soutenir les parents dans leur épreuve lorsque celle-ci n'éveille chez soi que du refus renvoyant à l'incapacité de renoncer, c'est-à-dire d'accepter son impuissance ? La technicité permet à la fois une avancée non négligeable pour la médecine et une avancée croissante dans une forme de déshumanisation. Il ne faut pas oublier qu'il s'agit toujours, pour les parents, de choix de mort concernant leur bébé et non un fœtus. Ce sont les médecins qui utilisent ce terme.

A l'abri derrière leur savoir technique, les médecins ont trop souvent tendance à se dérober en se bornant aux termes diagnostic, pronostic, fœtus. Fœtus que les parents n'appelleront jamais ainsi, mais bébé. Bébé pour lequel on leur demande d'assumer, eux, le choix d'arrêt de la grossesse. Je me rappelle ce père répondant au gynécologue qui lui demandait : « Que pensez-vous de ce choix ? — Croyez-vous, docteur, que l'on choisisse de tuer son bébé ? » Face à cette réponse, on peut vraiment se demander si dans les IMG on peut parler de choix, de choisir. En revanche, je pense que les médecins devraient assumer davantage la dimension de leur acte fœticide en amorçant un partage de cette réalité avec les parents.

Je respecte et connais bien le stress, le malaise des équipes face aux IMG, leurs peurs devant le corps des bébés morts. Je n'ignore pas les angoisses que peut réveiller ou révéler la mort d'un enfant, mais je suis certaine également qu'il faut éviter de projeter sur ces parents ses propres angoisses et ses expériences personnelles. Autrement dit, il ne faut jamais perdre de vue le pouvoir destructeur que les mots — à côté de leur pouvoir réparateur — peuvent aussi avoir.

De même, penser l'IMG en termes de réparation par la médecine à l'annonce d'un diagnostic catastrophique concernant un bébé me paraît une forme de déni, qui demande à être élaboré par les équipes.

Laisser le temps au temps en apprenant à écouter ces parents, à respecter leur temps, reste un moyen précieux de leur permettre de devenir ou d'être père, mère, parents. Mettre des mots sur la mort sans les « surchauffer », écouter leur souffrance face à l'absence de leur bébé, mettre des mots sur la mort de leur enfant, les écouter et ne rien dire ; par ma pratique, j'ai pu vérifier après coup auprès de ces parents qu'on pouvait ainsi donner sa place à la mort, c'est-à-dire la rendre humaine et la réintégrer dans ce qui fait la vie.

Le bébé exclu de la parole

par Myriam Szejer

Depuis une dizaine d'années, j'écoute les nourrissons et leurs parents en maternité. Cette pratique si particulière ne cesse de me surprendre. J'ai du mal, parfois, à accepter sa réalité. Pourtant, il ne s'agit pas, comme certains le disent, d'une question de croyance, voire de magie. Dans les images inédites projetées de l'interview de Françoise Dolto par Jean-Pierre Winter au congrès de l'Unesco en janvier 1999, elle concluait, avec un petit sourire « à bon entendeur salut », que ses collègues, c'étaient les bébés, et que c'était d'eux qu'elle avait le plus appris. J'ai soudain réalisé que ces paroles, je pouvais les identifier comme ce par quoi il fallait en passer pour écouter un bébé : accepter de recevoir et d'apprendre de lui, en particulier à propos de l'inconscient.

J'ai déjà raconté et publié des histoires de nouveau-nés en souffrance que ma pratique m'a permis de rencontrer. C'est pourquoi, aujourd'hui, c'est à une petite fille légèrement plus grande que je vais demander de l'aide, afin d'essayer de vous parler de l'exclusion de la parole pour l'humain.

Au travers des générations, les non-dits peuvent charrier le déplacement des affects, voire des affections, celles du corps soumis à l'insistance de l'inscription du signifiant, comme disent les psychanalystes. En m'appuyant sur l'observation d'Agnès, je vais tenter de travailler sur la complexité de cette transmission chez le nouveau-né et sur sa spécificité chez celui né d'un accouchement anonyme dans le cadre des naissances au secret.

Agnès, cette petite fille de dix-huit mois, savait compter ! En effet, elle comptait le temps qui, depuis sa naissance, lui permettrait d'arriver au moment où le symptôme lui ferait planter la bougie d'anniversaire.

Lorsque je l'ai rencontrée, elle ne faisait plus ses nuits depuis environ l'âge d'un an, ce qui épuisait ses parents et avait motivé la consultation. Le manque de sommeil d'Agnès, sa mère ne l'avait pas attendu pour être perturbée car elle souffrait elle-même de violents cauchemars, associés à de redoutables crises de somnambulisme qui la terrorisaient depuis sa tendre enfance. Elle en avait d'ailleurs fait un cauchemar si violent, lorsque Agnès avait trois jours, qu'elle avait envoyé son bébé valser à l'autre bout de la pièce en bousculant le berceau à côté de son lit. L'enfant avait roulé, ne s'était pas blessée, et n'avait même pas réussi à réveiller sa mère.

En interrogeant Aude, j'apprends qu'elle a souffert, à la naissance de sa fille, d'un violent baby-blues dont le thème était centré sur la peur qu'on lui prenne son bébé. « Pour une fois j'avais quelque chose à moi, ma mère a toujours été si envahissante ! » me dit-elle. Ce baby-blues a fait place à une authentique dépression du post-partum qui a duré deux ou trois mois, au cours desquels elle a refusé de voir sa famille. Elle ne pouvait supporter de voir que, selon ses propres paroles,

« ceux qui ont une pudeur vis-à-vis des bébés, ceux qui ne les piquent pas ».

Voilà pour les symptômes, mais il me restait à chercher en quoi ils pouvaient fonctionner comme signes transgénérationnels, et là je ne fus pas déçue.

Il fallait, en fait, remonter à la grand-mère maternelle d'Aude, c'est-à-dire à l'arrière-grand-mère d'Agnès, une forte personnalité qui était décédée quelques mois plus tôt. En mourant, elle avait permis d'éclairer certaines zones d'ombre de l'histoire familiale, mais avait tout de même emporté dans sa tombe un élément identifiant fondateur : le nom du père de sa fille. Ce secret trop bien gardé avait formé un trou que chacun des membres de cette famille tentait de combler à sa façon. L'hypothétique récit, que m'a rapporté Aude, consiste à penser que son grand-père devait être un Allemand, pendant la guerre, et qu'avec la complicité d'un médecin, l'enfant issue de cette liaison — sa mère — aurait été placée dans un orphelinat. Par la suite, sa grand-mère s'est mariée à un riche Français avec lequel elle ne serait pas parvenue à faire d'enfant. Ils ont donc décidé d'adopter un garçon et une fille. Leur fille, tout en ayant toujours su qu'au même titre que son frère elle était adoptée, n'apprit qu'à la mort de sa mère, alors qu'Aude était enceinte d'Agnès, qu'elle était en fait l'enfant biologique de sa mère adoptive. Celle-ci, sous couvert du secret, avait en cachette abandonné puis, un an plus tard, adopté son propre bébé. Elle jouissait d'une belle fortune qui lui avait donné un pouvoir sur les siens, l'aidant à couper court à toute question jugée par elle importune.

Que les secrets de famille appellent à la répétition, jusque-là rien de très nouveau. Mais l'insistance du marquage du temps par la question du nom du père forclos sur plusieurs générations, voilà ce qui peut laisser incrédule tant ça ressemble à un roman ; par exemple ceux de Louise Lambrichs, notre secrétaire à La Cause des bébés. Que ce soit en lisant *Journal d'Hannah* ou *A ton image*, on peut toujours gérer son incrédulité en se retranchant derrière la structure fictive du récit. Mais lorsque c'est une petite fille qui vous apporte ce matériel sur un plateau, on n'en croit pas ses oreilles — jolie expression, soit dit en passant, pour un psychanalyste — surtout lorsque je vous aurai raconté la suite de l'affaire.

Donc Aude, la mère d'Agnès, me raconte cette histoire que je décide de répéter à mon tour à l'enfant en lui disant :

« Agnès, lorsque ta grand-mère est née, sa mère l'a abandonnée. Ta mère pense que c'est parce que son père, ton arrière-grand-père de naissance, était allemand, et qu'à cette époque les Allemands étaient en guerre avec les Français. Faire un bébé avec un ennemi, même si on l'aimait beaucoup, c'était très mal vu. Ton arrière-grand-mère, celle qui est morte quand tu étais dans le ventre de ta mère, s'est débrouillée d'une façon très habile pour y parvenir. Elle a abandonné sa fille puis épousé un Français. Ensuite, ils ont adopté ta grand-mère qui avait alors un an. Mais sa mère a dit à tout le monde, y compris à sa propre fille, qu'elle était l'enfant biologique d'une autre femme. C'est à ce prix qu'elle a pu l'élever. Ta grand-mère n'a appris la vérité sur sa naissance qu'à la mort de sa mère, qui ne lui a jamais dit qui était son père.

« Or, toi, depuis l'âge d'un an, âge qu'avait ta grand-mère quand elle a été reprise par sa mère, tu ne dors plus la nuit et tu cries, tes parents ne comprennent pas pourquoi. Ta mère, après ta naissance, avait peur que sa mère ou d'autres ne te prennent à elle, comme ta grand-mère bébé avait été prise par le médecin qui l'avait mise à l'orphelinat. On ne saura jamais le nom de ton arrière-grand-père, car seule ton arrière-grand-mère le connaissait et elle est morte. Ce n'est plus la peine de continuer de poser la question. Mais maintenant que tu sais pourquoi, cela ne devrait plus t'empêcher de dormir. »

En entendant ma version des faits, Aude associe sur sa propre histoire périnatale. Elle fut un nourrisson anorexique et insomniaque, et son état était si grave, disait-on, que « pour la sauver », elle fut confiée à ses grands-parents paternels d'où elle repartit à l'âge d'un an. Eh oui, encore !

En me fondant sur mon expérience clinique avec les bébés abandonnés en maternité, j'ai pu travailler avec Agnès. Après avoir suivi leur mère pendant sa grossesse, avec leur accord et selon leurs directives, il m'est souvent arrivé d'aller dire à ces enfants, très vite après leur naissance, pourquoi ils étaient abandonnés, où ils se trouvaient et ce qui allait leur arriver, en d'autres termes, le sens de leur vie. Dans le cas de l'accouchement au secret, ces bébés sont non seulement en disjonction de toutes leurs perceptions anténatales, mais également définitivement coupés de leur origine. En entendant les adultes adoptés nés dans ces conditions, on constate que la plupart font état d'une souffrance liée à une blessure incicatrisable. Il m'apparaît aujourd'hui qu'il faut aller dans le sens d'une réforme de cette loi afin de ne plus pouvoir définitivement effacer l'origine d'un être humain. Cependant, en attendant, il semble utile qu'un accompagnement de ces naissances par la parole orale et écrite permette que soit au minimum transmis à l'enfant un certain nombre d'éléments qui donnent le sens de l'abandon puis celui de l'adoption dans l'histoire du sujet.

Faisons un détour par la biologie et tentons de résumer très grossièrement les travaux du neurobiologiste Jean-Pol Tassin, chercheur au Collège de France. Toutes les informations sont emmagasinées par le cerveau du fœtus puis du nouveau-né sous forme analogique, c'est-à-dire un traitement rapide de l'information, le seul permettant de la mémoriser, de la stocker. Pendant le sommeil, c'est aussi ce type de traitement qui est en œuvre. La mémorisation se fait sous la forme du stockage des éléments saillants de l'information dans des bassins d'attracteurs que le sommeil stabilise. Une partie de ce stock va constituer l'inconscient freudien. Au cours de la croissance apparaît progressivement un autre traitement, le traitement lent, cognitif. Pendant la veille s'opère le ralentissement du traitement par l'intermédiaire de la mise en route des neuromodulateurs : adrénaline, noradrénaline, sérotonine. Ce traitement lent, dit cognitif, conscient, permettra la critique du contenu des bassins et leur modification. Il y aura chez le sujet éveillé une alternance entre les deux modes : analogique et cognitif. Pendant le sommeil, on fonctionne exclusivement en analogique.

Selon Tassin, on rêve parce qu'on est réveillé. Le sujet endormi, lorsqu'il se réveille, doit changer brutalement de mode de traitement à l'arrivée de la conscience et réaliser une rapide mise en cohérence des contenus des bassins d'attracteurs en formant une histoire : c'est le rêve. Tous les neuromodulateurs dorment avec nous. Au réveil, tout se met en route très vite, en particulier pendant les phases de microéveils qui interviennent après le sommeil paradoxal ou pendant le sommeil lent. Comme cela a tendance à aller trop vite car le sommeil permettait de stabiliser les informations emmagasinées pendant la veille en leur donnant un sens qui ne coïncide pas forcément avec les perceptions de l'éveil, cela fabrique des histoires parfois franchement incohérentes et parfois également extrêmement pénibles lorsqu'il s'agit de cauchemars.

A la lumière de ces travaux, ne peut-on pas penser qu'une perturbation archaïque des processus, néo-, voire anténataux, due à notre histoire, pourrait expliquer des cauchemars répétitifs ou des crises de somnambulisme ? Si les contenus des bassins d'attracteurs ne peuvent pas être retraités à la lumière de la cohérence cognitive de l'information en raison d'un secret par exemple, l'inconscient pourrait ne pas cesser de se remanifester sous la forme de cauchemars, sorte de question angoissante à laquelle jamais de réponse n'est donnée en raison du trou du non-dit. De plus, normalement, quand on dort, nos muscles ne marchent pas, ils sont inhibés. Cette désorganisation précoce pourrait aussi agir sur cette inhibition motrice qui fait qu'en général on ne part pas, endormi, à la recherche du père. Car les rêves d'Aude racontaient des histoires de pères et d'enfants perdus, pères-dus en deux mots, trous incomblables dans les bassins d'attracteurs.

Le fœtus perçoit et mémorise. Pour lui, l'anticipation de la castration ombilicale postnatale s'inscrit déjà au cours de sa vie fœtale. D'abord par la fabrication et la mise en fonction de son placenta qui interviendra comme lieu tiers entre lui et sa mère, dès le troisième mois de gestation. Également par le jeu de va-et-vient des perceptions qui lui viennent de l'extérieur, lit anténatal du *fort-da* décrit par Freud. Cette voix paternelle qui apparaît puis disparaît et qu'il reconnaît, ces mouvements réalisés par le corps de la mère, bercements de la marche, repos et leurs alternances, enfin, tout ce qui lui vient de la vie du corps maternel, rythment son développement. Car ce que vit la mère pendant la grossesse, son fœtus en perçoit quelque chose dont il pourra se souvenir et, après sa naissance, en chercher éventuellement le sens s'il lui manque. C'est probablement ce qui a manqué à la lignée d'Agnès, le sens de toute cette mascarade, de la manœuvre qui a permis à une femme enceinte de l'ennemi de garder son enfant sans être tondue. Son but était de protéger, au plus profond d'elle-même, le nom de celui qui apportait l'opprobre. L'enjeu était pour elle de se séparer du père, mais d'en garder l'enfant par tous les moyens. Sa fille représentait, mais à ses yeux seuls, l'histoire, peut-être l'amour, dont elle entretiendrait ainsi le souvenir vivant. Comme dit Aude : « C'est probablement la bonne version, ma mère est grande, blonde… aryenne en somme. »

Agnès a probablement perçu dans l'utérus de sa mère un certain nombre de signes biologiques et physiques, en particulier au moment du décès de l'aïeule. Elle les a mémorisés, puisqu'on sait maintenant que les fœtus en sont capables. Mais à sa naissance, aucune parole articulée à son adresse ne lui a permis d'en organiser le sens afin de trouver sa propre place au sein des données de l'histoire familiale. Sa mère était bien trop absorbée par la réactualisation de ses propres fantômes inconscients, ceux qui peuplent ses nuits, pour parler à sa fille. Toutes deux se faufilaient au milieu des cadavres sortis des placards de leur roman familial, à la recherche de la parole manquante dont le seul signifiant disponible tournait autour d'un chiffre : le un de un an, scansion d'un temps bégayant, lié au nom d'un père exclu. Ce « un » rythmait les symptômes de ces enfants exclus de la parole, parole vraie portant le sens de la lignée, parole génératrice d'une souffrance à transmettre de mère en fille, faute des mots qui permettraient au corps des femmes de ne plus être le lieu du secret.

Le temps de permettre à sa mère d'énoncer son histoire, à Agnès de l'entendre, soit trois ou quatre séances, et les troubles du sommeil de l'enfant disparurent totalement, opérant ce contraste brutal qui fait dire aux parents de certains bébés insomniaques : « C'était l'enfer, c'est le paradis. »

Pourtant il n'est pas ici question de croyance. La puissance opératoire de l'énonciation de paroles vraies à celui ou ceux qu'elles concernent, dans l'ici et maintenant de l'acte analytique, peut laisser sans voix. Et à propos de voix, j'évoquerai l'hypothèse du psychanalyste Alain Didier-Weill dans son travail sur la pulsion invocante. Je le cite : « La transmission la plus primaire du symbolique à l'enfant se ferait par la musique de la voix maternelle. Nous situons le son de cette voix comme médiation entre ce qui la précède et ce qui lui succède : ce qui la précède renvoie au signifiant du nom du père qui soutient le symbolique, ce qui lui succède, c'est l'inconscient à venir de l'enfant récepteur du son. » Dans le reste de ses développements, Alain Didier-Weill suppose qu'avant d'entendre le sens des mots scandés par la mère, le bébé entendrait le sens des sons, du primat de la voix. Cependant, ce qu'il ne situe pas, c'est à quel moment l'opération se produit.

Si l'on se réfère aux travaux de Marie-Claire Busnel sur l'acoustique fœtale, le fœtus mémorise et, au cours de la dernière partie de la grossesse, entend et discrimine certains phonèmes. Ne se pourrait-il pas que cette transmission se fasse à partir du préalable à la grossesse, à partir duquel l'enfant viendrait réaliser l'incarnation désirante des deux désirs et des deux histoires parentales ? Ensuite le fœtus, par la gestion progressive de ses perceptions sensorielles anténatales, stockerait un certain nombre d'informations. Après sa naissance interviendrait la voix humaine, structurée par les consonnes, les mots, la syntaxe, comme organisateurs, dans le champ du symbolique, des perceptions anténatales emmagasinées par l'enfant, afin d'en accrocher le sens, réalisant ainsi une des voies d'accès au symbolique pour le bébé.

Ce qui spécifie la voix maternelle pour un nourrisson, c'est le nombre d'informations qui y sont liées et qu'il a faites siennes. S'en délier lui sera possible lorsque sa mère, elle-même libérée de sa propre naissance dans ce qui la lie ou la soumet à sa propre mère, permettra à son enfant d'accéder à la castration ombilicale. Au moment du baby-blues, qui est pour moi le véritable moment de cette castration ombilicale, la mère se déprime afin d'autoriser son bébé à se sentir « un » autre, en le reconnaissant comme un sujet séparé bien qu'encore bien dépendant. Dès lors, humanisé, l'enfant peut entendre les voix des autres, celles qui véhiculent plus ou moins à leur insu les données de son histoire, dans cette dimension inconsciente qui nous précède et nous traverse, nous conduisant parfois dans les impasses des non-dits et des arriérés des générations antérieures.

Pour cela l'enfant a à s'individualiser, à se « décorporaliser » de la composante charnelle de la voix maternelle, afin de reconnaître le son de sa propre voix, support de son cri, de ses pleurs. Peu à peu, à partir des paroles proposées puis intégrées par lui, en rapport avec leur adéquation à ses perceptions sensorielles internes et externes, il accédera à la pensée, à l'expression verbale progressive, au langage parlé. On sait que les enfants comprennent bien avant de parler et que ce processus très sophistiqué est déjà en route pendant la vie anténatale. Pour y parvenir, il lui faudra renoncer à être sa mère, renoncer progressivement à cette partie de son sentiment identitaire de « mêmeté d'être » décrit par Françoise Dolto, et si cher au nouveau-né au sortir de l'utérus.

Ce temps fondateur de la castration ombilicale est aussi à reconnaître dans l'expression du nourrisson lorsqu'il est aspiré par la dépression maternelle du baby-blues. Ses pleurs vont participer à la montée de lait qui viendra apaiser partiellement une demande orale et parfois masquer le désir de dire, celui de la pulsion invocante. C'est par cette individuation que l'enfant pourra progressivement, mais jamais tout à fait, renoncer au « j'ai mal à ma mère ». On voit en maternité à quel point les émotions de la mère sont génératrices de réactions chez son bébé, même lorsqu'il est dans son berceau, à l'autre bout de la pièce. Cette disposition s'estompera petit à petit mais, on le sait, jamais complètement. Regardez-nous, à notre âge, avec nos mères ! Cela n'est jamais simple… Aude à sa naissance, par son anorexie, ne tentait-elle pas aussi de demander quelque chose à quoi le lait n'était pas la bonne réponse ?

Je lui avais dit qu'indépendamment des problèmes de sa fille elle pourrait peut-être, pour elle-même, suivre une psychanalyse, en raison de ses propres souffrances. Une fois les symptômes d'Agnès disparus, sous divers prétextes, les séances furent courtoisement décommandées. Un jour, je les ai revues toutes les deux. Tout allait pour le mieux et le retour à la tranquillité nocturne avait permis aux parents de mettre en route un deuxième enfant, ce qui fut parlé avec Agnès.

Quelque temps passe, je contacte Aude afin de lui demander l'autorisation de me servir de son histoire pour cette conférence. Elle accepte, tout en me demandant si je pensais toujours qu'elle devait faire une analyse. Désormais, non seulement Agnès dormait bien, mais elle-même ne souffrait plus d'aucun trouble nocturne. Je lui dis que je resterai bien sûr à leur disposition, tout en réfléchissant à cette parole qui, telle un laser, faisant d'une pierre deux coups, peut traverser deux générations afin d'aboutir à la reconfiguration du signifiant manquant à l'origine du symptôme.

La mort de l'aïeule emportant son secret a déclenché, à l'appel du symptôme exprimé par Agnès, la possibilité de la mise en acte de la demande qui a abouti à l'approche analytique que nous avons faite. Jusque-là, les femmes de la famille étaient prises dans la violence du secret. L'injonction avait été faite à la mère d'Aude d'« oublier » sa naissance, la première année de sa vie et ce qu'il en était de son origine. Ainsi avait été exploité le refoulement lié à l'amnésie infantile, c'est-à-dire l'oubli quasi « physiologique » de la majorité des souvenirs préœdipiens. Sa descendance fut de cette façon assignée à un lien de parole, ou plutôt un lien de silence.

Pour mieux saisir ce dont il est question, je vais me référer aux travaux actuels des psychanalystes Jean Bergès et Gabriel Balbo sur le transitivisme. Il n'est pas question ici de vous exposer en détail leur théorisation, je ne ferai état que d'une partie, celle concernant la contrainte.

Le nourrisson exprime sans cesse à l'endroit de sa mère un grand nombre de choses, disent-ils. Celle-ci, par le décodage qu'elle essaye d'en faire, lui suppose un savoir et un éprouvé sur lequel elle met des mots, des mots articulés, et des gestes qui parlent. C'est à ces mots et à ces gestes, aux émotions et aux intentions maternelles, par exemple : « Oh, comme j'ai faim ! », en d'autres termes, au dire, que l'enfant a à répondre en s'identifiant au discours de sa mère parfois au mépris de son propre discours, de son propre savoir. Elle opère sur lui comme une contrainte, un coup de force l'obligeant à s'identifier à ce qu'elle lui dit ou plutôt à s'identifier CE qu'elle lui dit pour le faire accéder à ce lieu tiers du dire qui n'est autre que le symbolique. Voilà qui est très rapidement résumé, mais cela suffira pour notre propos.

A partir de là il n'y a qu'un pas, que l'aïeule n'a pas hésité à franchir, pour imposer à l'enfant un autre savoir que le sien. Il ne s'agissait plus, à la demande de l'énonciation de sa place au monde, de dire à sa fille un supposé savoir qu'elle lui aurait attribué, mais plutôt de lui imposer une salade nécessaire à sa survie. Quelque chose du genre : « Tu n'es pas ma fille mais peut-être le seras-tu un jour. » Peu de chances cependant, vu l'époque où se déroule le drame, que tous ces éléments aient été dits au bébé abandonné. Ce type de comportement à l'égard des enfants a été pratiqué de façon répétitive au cours des siècles avec les enfants adoptés, inspirant à maintes reprises la littérature. On demandait aux adoptés, prétendument dans leur intérêt, de penser qu'ils étaient les enfants biologiques de leurs parents adoptifs. Mais comme toujours, quelqu'un sait. Ils finissaient tôt ou tard par découvrir le pot aux roses. C'est alors que l'émotion liée à la révélation était interprétée comme la colère d'avoir été le dindon de la farce, le tout lié à la culpabilité de l'avoir été pour son propre bien. En fait l'émotion était là depuis toujours, sous forme d'une souffrance, pouvant prendre diverses formes, et générée par la complexité de toujours avoir eu à vivre dans une histoire qui n'était pas la sienne. Souvent également dans les pantoufles d'un autre, celles de l'enfant biologique, mort ou inconcevable, de la famille adoptive, qu'il se devait de remplacer. Dans ce sens le travail de Françoise Dolto a bouleversé le sort des adoptés. On conseille maintenant aux postulants à l'adoption, au cours de la procédure d'agrément, de dire d'emblée à l'enfant qu'il est adopté et si possible pourquoi. Non seulement on lui dira le sens de l'adoption pour la famille adoptive, une stérilité par exemple, mais aussi, en fonction des éléments laissés par les parents biologiques, les raisons de l'abandon.

Tout discours formulable renferme des énoncés manquants. L'aïeule d'Agnès a demandé à sa fille, afin de forclore le nom du père, de s'identifier à une histoire à dormir debout où il était question qu'elle fasse comme si sa mère n'était pas sa mère tout en étant sa mère. Comment pouvait-elle à son tour engendrer une fille dans le respect des places de chacun ? Car à ce jeu subtil de la définition des places dans la remise en jeu de la filiation au cours d'une naissance, on finit par se demander qui est qui, de quoi être perturbé, voire perdre le sommeil.

Que penser, sans trop jouer sur les mots, de la « collaboration » de ce médecin ? Celui qui a permis tout ça. Les lois de Vichy ont permis d'organiser l'accouchement sous X pour donner un père à un enfant et sauver ainsi l'honneur des prisonniers. Elles ont produit plusieurs générations d'adoptés coupés définitivement de leur origine.

Toute naissance mal déclarée trouble l'ordre humain. Elles font partie des hypocrisies que l'on arrive mal à mettre en ordre socialement. Il en est ainsi des accouchements sous X. Les services sociaux des maternités ont obligation, depuis la loi Mattei, de recueillir quelques éléments, dits « non identifiants », qui seront retransmis à l'Aide sociale à l'enfance. Mais cette disposition reste assez floue. Trois prénoms seront attribués à l'enfant à sa naissance, par sa mère ou par la sage-femme. La famille adoptive pourra les modifier ensuite. Actuellement, telles que les choses sont régies, l'Etat cautionne par la légalité l'effacement de l'origine. A partir de cette conception juridique dogmatique, il opère un escamotage du père, de sa fonction sociale, y compris de sa carence. L'Etat se donne ainsi un rôle de protection de type maternel, à la puissance double. Avec cette loi, il prétend régler le normal au lieu de mettre de l'ordre dans le pathologique.

Les conseils de famille qui ont pour mission de sélectionner, en fonction des contenus du dossier de l'enfant abandonné, la « meilleure » famille adoptante, s'arrogent le droit de choisir, parmi les informations recueillies par les personnels de santé des maternités, celles devant être censurées. Leur but est de produire la meilleure adéquation possible entre l'enfant et sa future famille. De cette façon ils opèrent une réécriture de l'histoire de l'enfant en trafiquant les données produites par les parents de naissance. Ils lui façonnent une histoire tronquée, sous couvert de moralité ou de pédagogie.

Ainsi les institutions créent des liens collectifs de silence. Ces secrets, au profit de la société, créent des orphelins de paroles, et fabriquent des enfants trop adoptables, enfants en dehors des lignées, en dehors de leur propre histoire, enfants de tout le monde et de personne. Il est étrange de constater comment les sociétés peuvent se construire autour d'un meurtre ou d'un mensonge initial. L'horreur, on le sait depuis longtemps et plus encore depuis les camps de concentration, c'est de mourir sans trace, sans inscription. Mourir ou naître sans inscription, cela revient au même.

Les enfants en souffrance de parentalité sont des enfants qui résistent. Pour ces enfants, on n'a pas toujours respecté le fait que, eux aussi, ils doivent être en mesure d'adopter une famille, et que, pour cela, il faut leur en fournir les moyens en leur disant de qui, et pour qui, ils doivent se séparer afin qu'ils aient eux aussi le choix, la liberté d'adopter.

Tant que la loi permettra l'effacement de l'origine, notre société peut se considérer comme une société vétérinaire où n'importe qui peut s'appeler n'importe comment. On ne pose pas de questions du moment que les formes de l'amour sont respectées et assimilées aux formes légales de la société. Mais si une femme qui abandonne son enfant accomplit un acte d'amour, alors c'est peut-être aussi le cas de celle qui bat son enfant, et pas forcément le cas, en revanche, de celle qui le gave.

La question du père se pose dans la mesure où on l'aborde sous une forme de « fonction sociale langagière déclarative », comme le dit le psychanalyste Lucien Kokh. La mère, elle, conçoit l'enfant lorsqu'elle décide d'en accoucher, mais le père déclare l'enfant. Ainsi il lui accorde une existence sociale qui lui permet de passer de l'intimiste maternel au langage humain plus largement communiquant, ouverture à la société, à une forme de symbolique. La différence entre Agnès et l'enfant né d'un accouchement anonyme, c'est que dans le premier cas il aura fallu quatre générations pour renégocier le secret de famille, dans le second, rien ne sera possible, le secret de famille a été transformé en secret d'Etat. On peut éventuellement guérir des ravages dus aux secrets de famille, beaucoup plus difficilement de ceux dus aux secrets d'Etat.

A partir de ce père « bel aryen » pour ne pas dire « bon à rien », et surtout pas à être père, comment la descendance féminine aura-t-elle négocié l'alliance ? Le père adoptif de la mère d'Aude, époux de l'aïeule, finit à l'hôpital psychiatrique. La mère d'Aude divorça de son mari. Quant au père d'Agnès et de l'enfant à venir, après avoir un peu rouspété, il finit par accepter le fait que les séances d'analyse ne sont pas remboursées par la Sécurité sociale et que la restauration de la fonction paternelle dans la lignée de sa femme, d'une certaine façon, ça se paye. Façon d'affirmer qu'il y a du père et qu'il a envie que la famille s'en sorte. On ne peut que l'en féliciter et lui souhaiter bonne chance.

L'enfant exclu de son discours

À propos de l'enfant victime

par Liliane Daligand

Constater que la mère d'un enfant se souvient de l'âge de son petit lors de ses premiers pas ou de l'acquisition de la propreté, surtout si elle a été précoce ou tardive, est d'observation courante. Mais il lui est toujours plus difficile de noter les temps de l'apparition du langage. Quand a-t-il dit ses premiers mots : « maman », « papa », par exemple ? La réponse est plus facile lorsque le narcissisme maternel a été flatté par la désignation de sa personne par le phonème « ma-ma ». Mais même pour cette première manifestation d'adresse à l'autre, le flou est souvent important.

La progression de l'enfant dans le langage est mal suivie, son habileté à désigner les choses est mal perçue, mis à part quelque anecdote ou tels achoppements drôles dans la prononciation d'un mot. L'apparition de la construction syntaxique de la phrase — sujet, verbe, complément — est rarement notée, de même que le surgissement du sujet, du « je », contemporain de l'œdipe. C'est dire que, souvent, une attention très relative est apportée à cette entrée du petit de l'homme dans ce qui est la marque de son humanité.

Alors que la prise de poids, les rougeurs des fesses, les troubles digestifs, auditifs, du carrefour laryngé supérieur sont amplement détaillés, même dans les carnets de santé l'apparition du langage n'est pas toujours notée et rarement avec précision. Plus tard en revanche, on pourra plus facilement parler des troubles de la phonation, bien que l'importance de ceux-ci soit souvent minimisée par le médecin généraliste qui place alors en attente tout processus de normalisation.

Plus généralement l'enfant est réputé, dans ses essais d'entrée dans le langage, être un apprenti maladroit qui dysfonctionne dans la désignation des choses, qui confond les mots. En somme, qui est dans une faiblesse du lien signifiant/signifié. Il n'est pas rare de voir des enfants victimes qui, désignant leur agresseur par « tonton » ou « papi », sont réputés vouloir désigner un autre personnage que leur oncle ou leur grand-père, quand bien même ils y ajoutent des mots décrivant le personnage. Ils sont ainsi suspectés de désigner du même mot tous les hommes qui les approchent.

Les mots désignant l'appareil génital font partie de cet argot sans cesse fluctuant du langage infantile dont on s'amuse et dans lequel bien souvent on cantonne le petit. Ces désignations aux termes fantaisistes sont facilement taxées d'imprécision et suspectées même de vouloir désigner tout autre lieu anatomique que celui du sexe. C'est un argument que développent pour leur défense les agresseurs. C'est parfois aussi celui de l'entourage de l'enfant victime qui ne peut reconnaître dans un proche la figure répulsive du violent qu'a reconnu l'enfant. Mais, moins sans doute que dans un passé encore récent, c'est encore trop souvent l'opinion des enquêteurs, des experts ou des magistrats.

Le langage de l'être humain semble à l'oreille de beaucoup n'être un instrument manié habilement et adéquatement que par l'adolescent, pourtant souvent encore jugé bien défaillant, et donc surtout par l'adulte. Il est très difficile de concevoir qu'une petite boule de chair est devenue un corps de parole, que dans ce corps réside un sujet à égalité avec ses parents ou tout autre adulte qui lui adresse la parole.

Il est certain que ce manque de considération, cette croyance dans l'infirmité langagière de l'enfant donne, entre bien d'autres causes, un motif au violeur ou à tout maltraitant. Il est possible de faire n'importe quoi à cet impotent du langage puisqu'il n'est pas réellement encore un être en possession de lui-même et n'aura pas la possibilité de traduire en mots ce qui lui aura été fait.

Il est stupéfiant pour des auteurs de ces méfaits de penser qu'un enfant de deux ans va par ses mots et ses représentations ludiques ou graphiques traduire avec souvent des détails nuancés les attitudes de son agresseur, les mots prononcés, les actes agressifs accomplis, accompagnés des réactions de son être. D'où surgit une facilité à nier dans l'indignation que l'on puisse croire un enfant à coup sûr incapable.

Le peu de considérations sur l'élaboration de la personne dans les toutes premières années de la vie n'est pas pour rien dans l'incrédulité qui frappe les manifestations langagières de l'enfant. Si l'enfant en bas âge est si souvent victime, on pourrait dire que c'est non seulement parce qu'il est faible, facilement manipulable, tripotable dans sa chair comme on le voit si souvent, mais aussi parce qu'il n'est pas perçu comme étant véritablement une personne humaine à part entière.

Tout enfant victime voit, à divers degrés, la majorité des protagonistes du drame dont il est le centre — et même dont on l'accuse d'être la cause — tenter (au minimum) de l'exclure de son discours. Pas plus qu'avec la rigueur de l'exactitude, l'enfant n'a le droit d'être en lien avec la vérité qui le fonde.

1 – La situation type est celle de l'enfant qui, trop petit pour révéler dans son langage les traces de son agression, les traduit dans son corps.

Les proches et les médecins sont toujours tentés de faire un diagnostic de maladie somatique. Jusqu'à un temps très proche, rarement a été évoquée la maltraitance ou l'agression sexuelle.

De même que l'enfant était réputé ne pas souffrir, il ne pouvait traduire et malgré lui dans son corps que les conséquences des privations ou les coups de son entourage, mais pas les agressions psychiques. Cet entourage d'ailleurs a été longtemps au-dessus de tout soupçon et on a pu lire la stupéfaction des pédiatres devant la découverte du « syndrome de l'enfant secoué » ou encore plus devant celle du « syndrome de Meadow » (ou « Münchhausen par procuration »).

Dans tous ces cas, on peut dire que l'enfant est exclu de son discours parce que celui des géniteurs, qui devrait être le support de l'élaboration du langage de leur enfant, est en fait un acte mensonger utilisant l'« innocence » de leur enfant pour tromper celui dont le métier est de faire un diagnostic, c'est-à-dire repérer ce qui souffre au niveau de toute chair ; et toute souffrance est prise dans le langage. Le mensonge des proches exclut alors l'être de l'enfant du langage.

La mère admirable par son dévouement aux yeux mêmes des soignants exclut son enfant de l'humanité en lui créant une maladie qui fait effet de mensonge, de toute-puissance destructrice et par là de mort. Seule la parole mensongère de la mère est acceptée en vérité puisqu'elle semble traduire le désir de son enfant. Tandis que le corps du petit qui traduit sa souffrance n'est jamais cru comme révélateur du processus destructeur mensonger.

L'enfant peut être exclu de son langage avant d'en avoir la moindre possibilité phonématique.

2 – L'enfant qui manifeste l'agression de sa personne dans des symptômes corporels, dénonce l'agression dans son langage, représente par le dessin ou le modelage ou le jeu les modalités mêmes des souffrances qui lui sont imposées, qui est donc dans une cohérence dans la diversité de ces signes et de ses interlocuteurs, peut être nié dans sa crédibilité même.

Pour l'autre : les parents, l'éducateur, le médecin…, ce qu'il dit n'est pas en lien avec la réalité de son existence. Il est soupçonné ne vivre que dans des histoires qu'il se dit à lui-même et qu'il raconte aux autres. Tout se passe comme si c'était lui l'auteur des fables que les adultes autour de lui ont pu lui dire ou lui lire. Puisqu'il aime le monde des fables, il se crée lui-même des fables. Il est fabulateur. Tout se passe alors curieusement comme si la fable de l'enfant devenait une histoire sans fondement, dépourvue de sens pour celui qui la dit. Les femmes incestées pourtant ont souvent cité depuis « Peau d'âne », une fable qui tout particulièrement les concerne.

Figure 1

Emma, 8 ans, figure dans ce dessin la scène de l'abus sexuel vécue comme une mise à mort : son père a pris la forme d'un serpent et la tue avec une grosse flèche noire qui va jusqu'au cœur, ce qui lui fait dire : « Je pleure et je meurs en même temps. »
Son père la tue également avec son venin qui vient la perfuser. Ceci se passe devant la télévision. Le fantôme à gauche, c'est sa mère qui n'a rien vu, rien entendu et rien dit pendant trop longtemps.

Rarement l'enfant victime orne sa propre histoire des parures de la fable. C'est le plus souvent dans la triste réalité du gris de la pluie et du rouge du sang que se dit la crudité des phases de l'agression. On est surpris par la finesse de la perception et l'abondance de production des détails par un enfant qui, de par son âge attentif au monde, est à l'affût de tout ce qui frappe ses sens. Mais cette abondance même du discours se retourne contre son auteur et permet d'affirmer que c'est bien là une histoire comme savent en raconter les enfants, parfois même que c'est une histoire élaborée à plusieurs ou la reproduction falsifiée d'un autre événement.

Cette mobilisation vitale de l'être de l'enfant qui met en jeu tout ce qui le constitue — l'imaginaire souvent dans sa surabondance, le langage de son agresseur qui le touche en son intime et le renvoie au réel de la vie et de la mort — est réduite à néant par la seule négation de l'autre et surtout par l'accusation de mensonge. Cela alors devient le sévice principal. L'enfant n'est pas entendu puisqu'il n'est pas cru. Il n'a plus de parole, n'est plus lié à la vérité. Il n'existe plus.

C'est parfois dans ce drame de l'annulation mensongère de leur être que ces enfants sont amenés à se récupérer dans un dire poétique ou sous forme de fable. L'histoire est la même mais les personnages, l'agresseur, l'agressé et l'entourage, sont changés. Ce sont parfois des animaux comme dans les fables de La Fontaine, souvent associés à une morale. Nina est une petite fille de trois ans victime de viol avec plaie génitale par son père. Elle dira lors de son placement en famille d'accueil, à l'occasion d'un jeu : « Le lion a mal au ventre. C'est papa qui a fait mal au ventre du lion. Il a plein de sang aux fesses. » Le serpent est l'animal fréquemment cité ou représenté qui a figuration de violation de l'interdit.

Parfois leur discours peut prendre la dimension de poème épique où les choses peuvent se dire sur le mode métaphorique. L'enfant victime, par ce processus de la fable ou du poème, réintègre son discours dont il ne peut plus être chassé

Figure 2

par ses agresseurs qui l'ont accusé de mensonge ou par tous les acteurs sans âme du processus judiciaire.

Ondine est une enfant de cinq ans et demi victime d'abus sexuel par son père dans une grotte, près d'un camping, pendant l'été 1992. Dans ses dessins et ses commentaires apparaîtront tous les thèmes de son histoire, de son trauma et de son élaboration.

Figure 3

Niki de Saint Phalle figure elle aussi un serpent qui enveloppe son secret : son père l'a violée à douze ans, en 1942, l'été des serpents, comme elle en témoigne dans son livre, Mon secret, *publié à La Différence en 1994.*

Dans la grotte il y avait une plante.

La soucoupe volante, elle volait, volait. Elle allait dans l'espace. Elle passait dans le soleil, après elle était morte, la famille Mouron disait : « Oh non, notre amie est morte, c'était notre seule amie. »

Elle allait voir le soleil. C'était un robot. Elle s'est fait brûler.

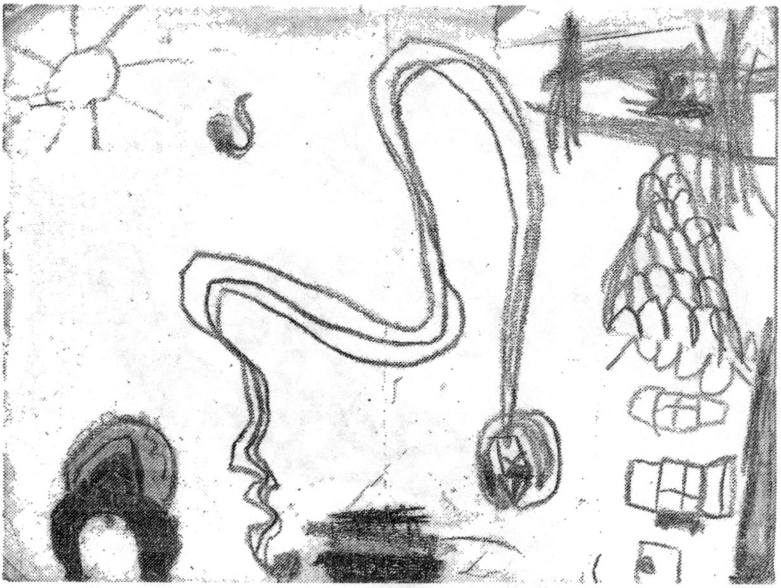

Figure 4

A propos du premier dessin réalisé début novembre 1992, Ondine situe la scène de l'agression : « Une route. Une petite maison. Une grande maison avec une petite étoile. Un petit serpent qu'on a balancé. Le soleil, et une grotte. Un petit brouillard qui s'est fait avec une petite maison. »

Le soleil allait par là, il voulait brûler la plante.

Là, c'était une petite fleur.

Sur un autre dessin : un trait avec du brouillard. Et c'était un coin où il y avait beaucoup de papillons et des bébés papillons.

Là, en bleu, c'était des petites ailes de papillons.

Là, c'était les yeux du papillon.

Là, c'était un arbre rose. Il y avait plein de nuages et deux flèches.

Il y avait une route noire et une bleue.

Le papillon disait 1,2,8,9… Ah non, je me suis trompée.

Je recommence 1, 2, 3, 4, 5 et 6. C'est bien ça, bravo, bravo.

Il y a du brouillard, on voit plus rien.

« Papa, maman, je me suis perdue.

Papa, maman, je me suis perdue. »

3 – Dans cet autre cas, l'enfant s'est clairement exprimé dans son langage. Il a décrit les temps de l'agression, le vécu des sévices infligés, nettement désigné son ou ses agresseurs. Il a pu être reconnu comme victime par les enquêteurs et sa plainte acceptée par le magistrat.

Il en a des bénéfices. Il se remet à mieux fonctionner du point de vue de sa personne, abandonne les symptômes qui ont fait suspecter la maltraitance. Puis quelque temps après il revient sur ce qu'il a dit, s'accuse de mensonge, et retrouve la symptomatologie première.

Que s'est-il passé ? L'entourage, persuadé qu'en effet les propos de l'enfant sont bien exacts, ne peut les supporter car ils portent atteinte à l'honneur familial, par exemple. L'enfant alors, face au groupe indigné, de victime devient accusé. Il est celui par qui le malheur arrive, qui, par exemple, va faire mettre son père en prison et priver le groupe familial de toute ressource financière. Devenu la honte de la famille, il devra subir l'exclusion, être éloigné de ceux qu'il croyait être les siens. L'enfant, qui comme victime est déjà dans la culpabilité et la honte, ne peut subir cette surcharge et préfère, à défaut de pouvoir assumer une telle position, se rétracter, se perdre dans le mensonge.

Parfois l'enfant, perçu comme victime par des tiers, n'a pu, depuis ses commencements, s'arrimer à la vie que par cette sorte de lien fait de l'intérêt brutal que lui manifestait son bourreau. Ainsi il a une position, suscitant l'attention et la satisfaction de son agresseur.

Il avait en quelque sorte une raison d'être même si celle-ci était destructrice. Après l'accusation il y a dislocation de ce couple infernal bourreau/victime et la victime ne pouvant le supporter revient sur ses déclarations, préférant le mensonge et retrouver ses appuis de souffrance.

Dans tous ces cas dramatiques, l'enfant lui-même s'exclut de son discours. Il n'a pas besoin d'être très âgé pour se vouloir être l'objet gratificateur de ses géniteurs.

4 – Des enfants sont tellement pris dans l'imaginaire parental, tellement l'objet consentant du plaisir de leurs parents ou de l'adulte proche censé s'occuper d'eux, qu'ils sont dans une complicité telle que jamais ils ne pourraient entrer dans une parole qui les coupe de la confusion dans laquelle ils sont avec leur bourreau. Non seulement ces enfants-là ne parlent pas des sévices subis mais ils n'ont aucun discours personnel.

Quand il leur est proposé de donner des explications aux traces de coups constatées par l'enseignant à l'école, ils trouvent toujours des causes matérielles accidentelles ou des gestes agressifs dont ils se disent les auteurs. Ils sont inattentifs lors des accidents et agressifs dans les bagarres, prétendent-ils. Ce sont ceux-là que l'on retrouve souvent et agresseurs violents et victimes acceptantes dans leur vie d'adulte.

Souvent ces enfants-là s'excluent pour toujours de leur discours dans lequel ils ne sont jamais véritablement entrés. Le secret est comme une instance originaire. C'est ce qui les fonde. Le secret vient en place du mystère des origines.

5 – La question toujours posée par les enquêteurs, les magistrats, les experts, parfois même les soignants, est celle de la crédibilité des enfants qui se disent victimes.

Peut-on les croire ? Et chacun de ces intervenants va employer sa méthode personnelle ou apprise lors d'auditions, de tests, ou d'expertises pour décider ou non de la véracité des dires.

L'enfant devra répéter à maintes reprises les détails de ses agressions, les périodes de sa maltraitance, les caractéristiques de ses éprouvés, de ses souffrances, les conséquences sur son fonctionnement corporel et psychique. Il ne devra pas varier dans ses dires, dans les dates, dans la précision des lieux, dans les nuances des effets, etc. Chacune des variations est comme un petit signal d'une menterie possible.

L'enfant est exclu de son discours non seulement parce qu'il est suspecté de mensonge, mais surtout parce qu'il est dépossédé de sa parole qui n'est vraie qu'authentifiée par un autre. Non sujet de sa parole, il est réputé ne pas savoir le sens de ce qu'il dit et ne pas pouvoir en porter la responsabilité. Il veut faire l'intéressant et se laisse aller à des effets de langage dont il ne mesure pas la portée. Pire, il n'est peut-être que le haut-parleur innocent de quelque malveillant qui lui fait prononcer des mots qu'il ne veut pas dire lui-même, dans l'espoir que son mensonge passera plus facilement par la bouche d'un petit. Toutes les constructions imaginaires sont possibles quand la parole de l'enfant est suspectée systématiquement de mensonge.

Cette répétition obligée des discours pris dans l'insistante tenaille inquisitoriale des détecteurs de mensonge fait que bientôt l'enfant perd confiance dans le mode d'expression langagier de sa souffrance. Même s'il continue à savoir ce qu'il a éprouvé dans son corps et dans sa tête, il vient à croire qu'il n'a pas de discours propre à lui-même puisqu'il n'en a pas les clés dont seuls les adultes compétents ont la possession et le maniement. Il doit attendre des autres la validation de son discours. Par là il en est proprement dépossédé.

Au sens propre il ne sait plus que dire, il devient progressivement sourd, il s'enfouit dans la mutité comme dans un fading. Il dissocie son intimité personnelle de son mode langagier, ce qui est une grave blessure de l'âme.

6 – Plus grave encore, l'enfant victime de sévices n'a parfois, devant la violence de l'autre, devant l'intolérance à ses moindres manifestations personnelles, que le refuge dans une chair muette. Ce sont des enfants qui verrouillent leur bouche et replient leur chair pour offrir la moindre surface aux coups. L'entourage pourra même affirmer qu'il ne les a jamais entendus crier, ni gémir, ni pleurer, ni protester, qu'il n'a jamais entendu le son de leur voix.

On fait alors le terrible constat que l'enfant victime a renoncé à être homme. Il abandonne ce qui fait humanité en lui pour rester dans une sorte de pseudo-animalité. Il n'a aucune tentation de dénonciation. Il n'est ni dans la vérité ni dans la confiance. Il abandonne ou muselle ce qui parle en lui.

Pire encore, il ne reste que dans la douleur de sa chair et se refuse à l'assomption de la parole, aux mots pour se dire. Ces deux portraits d'Elisa par elle-même illustrent ce refus.

Figures 5 et 6

D'une langue à l'autre[1]

par Marie-Christine Laznik

> « Comment pourrait-il faire de son être l'axe de tant de vies, celui qui ne saurait rien de la dialectique qui l'engage avec ses vies dans un mouvement symbolique. Qu'il connaisse bien la spire où son époque l'entraîne dans l'œuvre continuée de Babel, et qu'il sache la fonction d'interprète dans la discorde des langues. »
>
> Lacan[2]

Il y a une quinzaine d'années, alors que je ne savais rien de la langue turque, j'eus à m'engager dans un étrange travail sur les langues étrangères en acceptant de prendre en cure un enfant âgé d'à peine deux ans, Hallil, avec sa mère. Etant autiste, il ne parlait pas du tout. Et ni sa mère ni son père ne parlaient le français, ou seulement très peu. La famille vint aux premiers entretiens accompagnée d'un parent faisant office de traducteur. Il s'agissait d'une famille musulmane, issue d'une des régions les plus traditionalistes de Turquie. La mère restait confinée à la maison avec ses enfants, tandis que le père, travaillant dans un

1. Ce texte a été publié dans « Cliniques de l'exil », dirigé par Fethi Benslama, in *Intersignes*, n° 14-15, 1999.

2. J. Lacan, « Fonction et champ de la parole et du langage », in *Écrits*, Paris, Seuil, 1966, p. 321.

milieu turc, employait fort peu le français. Qu'est-ce qui a pu me porter à accepter de travailler dans une langue inconnue ?

Une expérience précédente avec un autre enfant autiste d'origine étrangère, enfant qui s'était mis à la parole dans le français de sa cure, m'avait enseigné combien ce lien exclusif à la langue de l'analyste venait le couper des sources vives des signifiants de son environnement familial.

Je décidai d'écouter en turc. Après coup, cette gageure apparemment insensée a eu des effets intéressants.

Hallil est le quatrième enfant de la famille mais le premier né hors de Turquie. L'aînée était une petite fille, décédée à l'âge d'un mois. Ensuite, sa mère avait eu deux garçons, puis Hallil, né en France. Hallil était arrivé à un moment où elle ne souhaitait plus d'enfant ; « c'était un accident », disait-elle, survenu à une période où son mari était dépressif, vivant mal la mort de son propre père resté en Turquie. Le père était manifestement déprimé. La mère se montra longtemps une femme très courageuse, ne se plaignant de rien sinon de la maladie de son fils.

Hallil n'émettait aucun appel, aucun bruit et ne répondait pas non plus, ses yeux étaient toujours baissés, et son regard très oblique ne rencontrait presque jamais personne. Il pouvait rester longtemps allongé par terre dans un coin à contempler ses doigts et ses mains.

C'est surtout le caractère spectaculaire de ses terreurs nocturnes qui avait précocement mobilisé l'entourage. Elles avaient commencé à l'âge de dix mois, juste avant le premier retour de la famille en Turquie, après la mort du grand-père paternel. La fréquence quasi journalière, ainsi que l'intensité de ces crises pendant lesquelles l'enfant s'arc-boutait en opisthotonos, ne reconnaissant rien ni personne, avaient entraîné plusieurs hospitalisations ; les examens neurologiques très complets n'avaient révélé que quelques altérations du tracé encéphalographique, un diagnostic d'autisme avait été posé.

CADRE DE LA CURE

L'interne chargée du cas assistait à deux des trois séances hebdomadaires et notait tout ce qu'elle pouvait au fur et à mesure. C'est donc grâce à elle que nous disposons de la transcription de ce qui se passait et se disait dans la séance — souvent en turc. Je me suis aperçue combien il était difficile de retenir mentalement des énoncés, ou seulement des mots dans une langue inconnue. J'avais besoin d'une trace des signifiants de la mère et de ceux de l'enfant qui, bientôt, se mit à proférer des mots — un, deux, parfois trois dans une séance.

Ne pas comprendre les mots que j'entendais n'était pas seulement un handicap. L'illusion de comprendre, grâce à laquelle on peut se sentir soulagé face à un autiste, était ici impossible. Il fallait procéder à un travail spécial de déchiffrage, de traduction et d'interprétation.

Je devais d'abord écouter ce que la mère disait en turc, et ce que disait éventuellement l'enfant, puis la traduction qu'elle en donnait en français, langue dont elle n'avait à l'époque qu'une connaissance balbutiante.

Bribes des premiers mois du travail clinique

A une séance fin novembre

J'entends Hallil, toujours couché au fond du placard, proférer : *dede*, ce qu'à ma demande la mère traduit par papi. Je pense, très étonnée, au père défunt de son mari. Il est vrai que la mort de ce *dede* est liée au temps de la conception de Hallil, survenue à une époque où son père était dans l'impossibilité de faire un travail de deuil, d'autant qu'il n'avait pu se rendre alors en Turquie pour y accomplir les rites funéraires. J'ai appris plus tard que, pour la mère de Hallil aussi, ce grand-père représentait une figure patriarcale respectée. Quand il était devenu veuf, c'est elle qui avait tenu sa maison en Turquie. Elle y avait élevé ses deux fils aînés ainsi que son plus jeune beau-frère, tandis que son mari travaillait en France. Ce dernier qui semble brisé n'a jamais eu, pour elle, ni l'envergure ni le prestige du grand-père.

Début décembre

Pour tenter d'entrer en contact avec cet enfant si renfermé, la mère de Hallil avait pris l'habitude de le solliciter et de le suivre partout. Mais il y a un coin de la pièce où il se réfugie d'habitude et dans lequel sa mère n'a pas encore fait effraction. Cette fois, elle y pénètre. L'enfant se recroqueville alors dans le coin en s'écriant : *Ata !*

Je sais que *ata* est un mot de la langue turque car la mère l'emploie souvent. Sur le moment, je ne retrouve plus sa signification. De son côté, elle ne réagit pas ; c'est comme si rien n'avait été dit. Mais comme je l'interroge sur la signification de ce mot, elle répond : « Partir, pars. »

Quelques jours plus tard, j'apprendrai grâce à l'aide d'une personne[1] de langue turque qu'en fait *ata* est une forme infantile de l'invite à aller se promener, un « va promener ». La mère l'a bien entendu mais cela semble ne faire aucun sens pour elle, ce n'est pas un message. Il n'y avait pas eu communication. Il faut que je croie que Hallil énonce ce que je tiens pour un message pour que cela fasse, après coup, effet sur elle — un effet ravageant dont la violence les laisse, elle et son fils, effrayés face à ce mot séparateur.

Que la mère n'ait tout d'abord pas réagi est un phénomène habituel au début du travail thérapeutique avec des parents d'autistes. Quand je lui demandais la traduction d'un ou deux phonèmes qui me paraissaient articulés, il lui arrivait de me répondre que ça ne voulait rien dire, que son fils chantait. Il est vrai que la façon dont le mot est énoncé par l'enfant peut désorienter : il n'est adressé à personne, il paraît sortir de la bouche de l'enfant — comme l'émission de bruits — et non en vertu d'un souhait de communiquer. En revanche, que les sons deviennent message, pour un tiers, qui le reçoit en tant que tel, a des effets après coup sur l'enfant lui-même ; qui peut alors se reconnaître comme agent de ce message.

Lacan disait qu'une « parole n'est parole que dans la mesure exacte où quelqu'un y croit[2] ».

1. Nous avons eu en effet la chance de compter sur l'aide de Mme Nora Séni, grâce à qui nous avons pu mieux saisir la structure des énoncés de Hallil, ainsi que les ambiguïtés des traductions de sa mère.

2. J. Lacan, *Le Séminaire,* Livre I, *Les écrits techniques de Freud,* Paris, Seuil, 1975, p. 264.

Mi-décembre

Au milieu de la séance, Hallil prend une petite barrière qu'il jette à plusieurs reprises par terre, puis il en saisit une seconde de forme et de couleur différentes. Il les serre l'une contre l'autre comme s'il voulait les réunir. Sa mère semble deviner son intention car elle intervient, accroche les deux barrières ensemble à angle droit, de telle façon qu'elles ne se trouvent pas confondues. Hallil est alors très content. Il les touche et dit : *bir, biri*. La mère m'explique que cela signifie : l'un et l'autre[1]. Elle se rend compte alors que son fils a dit quelque chose. Elle lui dit : *iki* (ce qui signifie : deux), Hallil ajoute, à notre grand étonnement : *baba* (papa).

Je pense *bir-biri*, l'un, l'autre, cette alternance me rappelle l'interprétation que Lacan donne du jeu du *fort-da*.

Un mois plus tard

Hallil, avec soin et attention, fabrique des bandes de papier. « A la maison il ne faisait que ça », déclare la mère. Nous les comptons en turc : *bir*, *iki*, ce qui veut dire un, deux. Et voici qu'on entend Hallil émettre un : *utch*.

Je me tourne vers la mère et lui demande si cela veut dire quelque chose. C'est trois, me dit-elle.

Trois jours après

Hallil joue à jeter dans toutes les directions le porte-savon piquant à trous. Le ton est jubilatoire et il accompagne chaque fois son geste de l'exclamation : *At* ! A chaque fois, il repart

1. J'apprendrai par la suite que la distinction entre *bir* et *biri* est encore plus subtile ; quelque chose comme : *l'un* et *différent*.

chercher l'objet piquant en disant : *Buldu* !, et ce, évidemment, avec la même insistance répétitive que le petit-fils de Freud avec sa bobine.

Deuxième personne du singulier de l'impératif, ce *at* suppose donc un autre qui ordonne. C'est un allez, tu jettes ! Quant à *buldu*, c'est une forme passée de trouver et sa terminaison est la marque de la troisième personne.

Au Allez, tu jettes !, répond un Il a trouvé !, forme énonciative concernant quelqu'un d'autre. Il s'agit bien d'une variante verbale du *fort-da*, témoignant du travail de la signifiance, mais c'est le discours de l'Autre qui est là repris, sans inversion par celui qui sera peut-être un jour sujet.

Quelques jours après

Il prend le serpent qui est dans le placard et le met en morceaux, tout en s'approchant de sa mère, comme pour le lui montrer.

Sa mère lui dit alors : « Donne, Hallil, donne. »

Je m'entends lui répondre : « Veux-tu le donner à Anne ou préfères-tu qu'elle regarde ? » Il s'agit pour moi d'une interprétation indirecte faite à la mère. J'essaie de lui faire entendre quelque chose comme : « Une mère, ça peut aussi regarder. »

Hallil énonce alors d'une voix forte : *Back* !

Le mot m'est inconnu, j'interroge donc la mère qui me répond : Ça veut dire : « regarde ! »

Mi-février

Il se saisit de son Meccano et devient complètement absent. Il tourne sur lui-même comme une toupie. Je m'approche de lui, l'appelle par son nom en touchant son bras avec mon doigt.

Il revient dans notre monde, l'incantation est finie. Les deux parties du Meccano avec lesquelles il joue se sont du coup séparées[1], il s'en aperçoit et jubile. Il traverse la pièce, va derrière le fauteuil de sa mère et, là, énonce distinctement : *Aldum* !

La mère entend mais ne réagit pas, comme si ce mot n'était pas censé avoir une quelconque signification. Comme je l'interroge, elle m'explique tout en me touchant la poitrine avec l'index que cela veut dire : prends !, prends, toi.

Je lui dis alors que si cela signifie : prends !, qu'elle prenne ! qu'elle lui tende la main, pour une fois qu'il le lui propose ! Elle le fait, Hallil la regarde, ébauche un mouvement comme pour lui donner quelque chose, puis se ravise et rebrousse chemin. La mère se raidit. Je lui dis qu'il est très important qu'il puisse lui dire *aldum*, lui tendre quelque chose et jouer à ne pas le lui donner. La mère paraît sentir qu'il y a quelque chose qui cloche dans la traduction de *aldum*, elle essaye de me l'expliquer de nouveau, mais ne peut que se répéter. Elle finit donc par se prêter au jeu. Il s'ensuit le premier long échange entre eux.

Il passe ensuite devant un miroir qui est trop haut pour qu'il puisse y voir son visage. Il lève néanmoins ses mains de telle sorte qu'il peut contempler l'image des deux parties séparées de son Meccano, qu'il tient dans chaque main.

C'est alors qu'il accède pour la première fois au miroir — accède est à entendre ici au sens propre comme au sens

1. Il s'agit de deux plaques de Meccano reliées par une vis qui ont longtemps représenté pour lui la possibilité de séparation ; la mère nommant le tout, qu'elle reboulonnait consciencieusement à chaque séance, « *beraber* » — ce qui veut dire « ensemble ».

figuré, car il monte sur un petit banc pour s'y voir et voir sa mère qui le regarde. Je me dis qu'il a atteint le stade du miroir.

Le tournoiement sur lui-même constituait un rituel stéréotypé, habituel dans ses replis autistiques. Il ne cédera que plus tard, sans doute à la suite d'une interprétation que je lui fournirai sur les derviches tourneurs, ces mystiques musulmans qui entrent en transe en tournoyant pendant des heures sur eux-mêmes. Je ne sais pas ce qu'il a pu comprendre de cette interprétation, mais sa mère, elle, fut très intéressée. Les derviches tourneurs sont en effet originaires de Konya, ville proche du village natal de la mère, dans lequel ils jouissent d'un grand prestige. Cette femme était très religieuse. A l'âge de onze mois, lors de ses crises de terreur, Hallil fut d'ailleurs montré à un imam. Le thérapeute traditionnel avait conseillé aux parents d'aller aussi consulter à l'hôpital d'Ankara et avait donné à Hallil une amulette qu'il porta pendant des années sous ses vêtements. Il me semble que mon interprétation eut au moins un effet : celui de changer radicalement le regard que la mère pouvait porter sur son fils à ces moments-là. En passant du statut d'insensé à celui de mystique, il pouvait dès lors occuper une place d'idéal aux yeux de sa mère. Cela a vraisemblablement suffi pour qu'elle le réinvestisse libidinalement, rendant dès lors le repli autistique inutile.

Réflexions à propos de la langue maternelle

Mon ignorance de la signification des énoncés entendus a rendu possible une dynamique dans la cure. Cependant, accorder une pareille place au turc dans mon écoute impliquait que, si cet enfant venait un jour à parler, sa langue maternelle serait le turc — ce qui fut le cas. Je me trouvais ainsi confrontée à la question : qu'est-ce qu'une langue maternelle ?

Certains auteurs distinguaient à l'époque deux registres, voire deux ordres de langues. Il y aurait d'un côté une langue de la relation duelle, langue de la mélopée, des vocalises, porteuses du bon vouloir sans loi de la mère. A ce registre aliénant de la langue première viendrait s'opposer celui de la langue maternelle, capable d'opérer la coupure nécessaire pour faire advenir le sujet après une séparation d'avec la mère, d'instaurer une instance tierce et par là même tout l'accès au symbolique.

Selon Charles Melman[1], la langue maternelle serait celle dans laquelle la mère est interdite à l'enfant. Or il n'y a pas de doute que c'est en turc qu'un quelconque interdit concernant la mère de Hallil pouvait se formuler. Le père ne parle presque que cette langue. Les oncles de l'enfant, qui ont un rôle important dans les représentations de la mère, habitent divers pays d'Europe, continuent de parler cette langue, qui est donc la seule commune à cette famille. Je reste encore aujourd'hui sceptique sur la valeur que peut avoir pour la mère la parole du père de Hallil, mais c'est bien en turc que les mères de cette famille sont interdites à leurs fils. Le fait est nettement repérable en ce qui concerne les deux frères aînés de Hallil, nés en Turquie, chez le grand-père paternel.

Charles Melman ajoute une remarque intéressante concernant les problèmes des immigrants. Selon lui, lorsque la mère

1. C. Melman, « Chimneys Weeping », in *Le langage et l'inconscient après les enseignements de Freud et de Lacan*, Bibl. Trim. Psy., publ. Ass. Freudienne, Paris, 1989.

n'est pas incluse dans la langue que parle l'enfant, il y aura deux mères en jeu : une mère symbolique, celle de la langue que l'enfant parle, et qui relègue l'autre à n'être qu'une mère réelle, celle-ci non reconnue comme véritable parent de son enfant. Ce même phénomène peut aussi se produire à l'égard du père. Melman en conclut que parler une langue étrangère implique une véritable dépersonnalisation pour l'enfant, puisqu'il lui faut se trouver un nouveau père et une nouvelle mère.

Même si, pendant les deux premières années du traitement, j'ai souvent repris ce qui se disait en employant moi-même un mot en turc, nous avons de fait travaillé sur l'écart entre les deux langues ; non seulement parce que j'étais souvent obligée de demander la traduction, mais aussi parce que nous avons bientôt eu recours à un dictionnaire qui trônait en tiers entre nous sur la table. Il a peut-être incarné la présence obscure de la personne qui nous aidait pour le turc, Mme Séni, représentant du trésor des signifiants de la langue des parents. Mais il a surtout très vite corporéifié le fait que je croyais que les énoncés de Hallil constituaient un message, même si je n'en saisissais pas le sens et qu'il me fallait le chercher. Le dictionnaire représentait ainsi pour l'enfant ce qui manquait à son analyste ; mais aussi le lieu où les difficultés de traduction, où la polysémie des mots pouvaient apparaître, car parfois aucune des traductions proposées ne nous satisfaisait pleinement, deux langues n'étant pas biunivoques. Le fait même d'isoler un son et de s'interroger sur sa traduction produisait déjà une découpe de possibles significations.

La traduction faisait du mot prononcé un signifiant puisqu'il renvoyait à un autre signifiant. Du moment où le son *aldum* est traduit par tu prends (donc avant même la traduction grammaticalement correcte), le mot acquiert son caractère de signifiant : il représente le sujet pour un autre signifiant. Ce n'est donc que grâce au travail sur les deux langues que ce son acquiert sa valeur signifiante.

Le travail sur les deux langues creuse ainsi un espace, une béance entre les signifiants. Or justement, un des problèmes chez les enfants autistes est qu'il n'y a souvent aucun écart entre les mots[1]. On constate chez beaucoup d'entre eux, même après qu'ils se sont mis à parler, que les césures manquent, que quelque chose reste irrémédiablement collé entre les signifiants. Cela s'exprime cliniquement dans le langage des autistes qui parlent ; parfois de façon caricaturale avec les phénomènes dits d'holophrase, un mot-tout, parfois par l'emploi de mots-signes d'où la dimension de l'équivoque se trouve bannie. Ceux-ci ne fonctionnent pas alors comme signifiants puisqu'ils ne renvoient à aucun autre signifiant et toute possibilité de représenter un sujet leur est par là même ôtée.

LE CAS MOURAD

Mourad a deux ans et demi quand je le reçois. C'est un joli petit garçon au visage figé, un semblant de sourire accroché

1. Cet éclairage concernant ce qui a pu jouer dans ce travail sur les deux langues dans la cure de Hallil m'est venu en écoutant C. Melman, lors de son séminaire sur la « linguisterie » du 21 janvier 1993. Il y disait que ce qui donne de la valeur à une langue et qui provoque notre amour à son endroit est beaucoup moins de l'ordre du sens que de l'accès qu'elle permet à l'équivoque. Il va de soi que, pour « équivoquer » sur le sens, encore faut-il qu'il y ait des sens.

aux coins des lèvres. Sa mère était déjà enceinte de lui à son arrivée en France. Elle semble pourtant n'entretenir aucun lien avec la femme kabyle qu'elle était auparavant ; elle déclare ne parler que français à Mourad, d'autant que le père de l'enfant ne souhaite pas qu'on parle kabyle à son fils. L'enfant paraît être sourd. Il ne répond à rien, n'émet aucun appel. Il devient souvent parfaitement inaccessible : il se balance et émet des sons, catalogués comme bruits autistiques.

D'un mariage antérieur, la mère a eu un premier fils, Amar, qui est resté en Kabylie. Elle ne l'évoque que si je lui en parle, et encore, d'une voix monocorde et désaffectée, comme si cette histoire ne la concernait pas personnellement.

Grâce à la présence d'un observateur, nous disposons d'une transcription de ce qui s'est dit (voici quelques fragments des trois premiers mois).

Au cours d'une des premières séances, je lui dis que, lorsqu'on parle de son frère Amar, il se met par terre, comme s'il se sentait laissé tomber par maman qui pense à l'Algérie. La mère déclare qu'elle pense beaucoup moins à Amar depuis qu'elle a Mourad.

Par deux fois je nomme Mourad Amar. Et comme je fais encore une troisième fois le même lapsus, je commente : « A Amar, je ne pourrais parler en français, s'il était là, il faudrait lui parler en kabyle. »

Mourad se met à tripoter un train. Comme je sais que son père à elle était chef de gare dans leur village, je lui demande comment on dit train en kabyle ; elle me répond mais est incapable de m'écrire le mot. Elle m'explique que l'Algérie est opposée à l'écriture de la langue kabyle, qu'il est interdit de l'enseigner, que le racisme des Arabes contre les Kabyles est virulent. A ce moment, Mourad se met à pleurer et à crier très fort ; est-ce simplement parce que les wagons du train se sont séparés ?

Dans les traitements d'autistes, on s'aperçoit vite si l'on est « à côté de la plaque » : l'intervention tombe dans un vide absolu. En revanche, quand on touche quelque chose de vrai, même seulement dans l'appareil psychique de la mère, l'enfant se montre extrêmement attentif. Un peu comme au jeu de cache-tampon, les réactions de l'enfant permettent de savoir si c'est chaud ou si c'est froid. Lorsque je demanderai au père l'autorisation de parler kabyle à son fils, j'apprendrai qu'il ne voulait lui parler qu'en français pour oublier l'Algérie. Etant lui-même enfant pendant la guerre, le père en avait beaucoup souffert, d'autant plus que, son propre père demeurant en France, la mère était restée avec les enfants, à la charge d'un oncle qui ne semblait pas s'en réjouir. Il avait quitté la Kabylie à l'âge de douze ans, et son arrivée en France lui avait, selon sa propre expression, ouvert une caverne dans son poumon. Il ne devait plus y retourner, sinon pour ses deux mariages successifs, le premier ayant échoué.

A la fin de l'entretien, au moment où nous aménageons les horaires de la rentrée, la mère m'apprend que cette année encore, pendant les vacances, elle n'ira pas en Kabylie. Quant à Amar, il rendra visite à ses grands-parents maternels au village, ajoute-t-elle, comme pour me rassurer à son sujet. Elle ne fait aucun commentaire sur le fait qu'elle ne verra pas son fils aîné, alors qu'il y a plus de trois ans qu'elle ne l'a pas revu. En relisant les notes de cet entretien, je me mets à penser que c'est à moi qu'il revient de porter intérêt à son fils aîné et au kabyle, langue qu'elle a pourtant parlée toute sa vie.

Deuxième séance de septembre

Mourad va chercher une petite voiture. Quand il fait entrer la petite voiture dans une grande, il émet un *ou ou ou* prolongé qu'il fait suivre du bruit d'un baiser, mais à l'adresse de personne. Cette série de voyelles lui est propre, et la mère la considère comme un bruit qui ne veut rien dire. Pourtant, dans le contexte, il me semble entendre le reste d'un message qui aurait perdu son adresse. Je demande alors à la mère comment on dit un baiser en kabyle ? « Azouzena », me répond-elle.

Mourad continue de faire rouler la petite voiture, elle tombe. La mère s'exclame : « Ah oui ! bébé-voiture est tombé ! » A ce moment, Mourad fait un vrai sourire ; le message semble reçu. Je demande à la mère comment on dit bébé en kabyle ; elle m'explique que l'on dit souvent *ami*, un mot qui serait comme un mon petit. Tout à coup, elle demande à son fils de chanter les petites marionnettes avec elle. Tandis qu'elle chante, il exécute les gestes mécaniquement. Puis elle lui chante une chanson en kabyle, Mourad jubile, ce que je fais remarquer à la mère. Alors brusquement, elle se souvient que depuis trois jours elle a mal à une dent et qu'elle a pris un rendez-vous pour la faire enlever.

Pendant ce temps, Mourad continue de manipuler le bébé-voiture, on l'entend émettre : *neu-neu* puis il tombe dans un repli autistique. En me rapprochant de lui, je m'adresse à la petite voiture : « Coucou bébé ! » Contrairement aux autres fois où j'avais essayé de me rapprocher de lui, Mourad ne me repousse pas, il me regarde et répète distinctement : *neu-neu*. Comme j'interroge la mère, elle me répond que ça ne veut rien dire. A ce moment, Mourad émet une série de *m m m*, tout en se balançant doucement, replié à nouveau sur lui-même.

Commentaires

Je pense à la séance précédente où elle m'a expliqué comment on lui avait enlevé son fils aîné. Sur le même ton désaffecté, incapable d'exprimer une douleur, elle avait raconté l'histoire suivante : selon la tradition, son père lui avait choisi un mari, un cousin germain. Un enfant en était né ; mais le mari s'étant avéré malade mental, son père exigea qu'elle divorce et décida qu'en échange la famille de l'ex-mari garderait l'enfant. Les choses furent conclues ainsi, sans que la mère pût rien trouver à redire. Elle vécut deux années chez son père, non loin du village où était son fils mais sans pouvoir le revoir, sauf la veille de son départ pour la France, après avoir été remariée à un autre cousin germain. Comme celui-ci vivait en France, elle se devait de quitter la Kabylie pour le suivre. Une seule marque d'émotion vint ponctuer ce premier récit presque impersonnel : « Je ne peux quand même pas en vouloir à mon père, il avait donné sa parole. »

En ce qui concerne le *ou ou ou* prolongé, j'apprendrai plusieurs mois plus tard que, si un baiser en kabyle se dit *azouzena*, un bisou se dit *azouzou*.

Il m'est encore arrivé d'appeler Mourad par le nom de son frère. Jusqu'au jour où la mère m'a déclaré : « Au début quand il était tout petit, j'avais l'impression que c'était Amar. » Elle lui disait : *mammam azouzou*, ce qui, selon elle, pourrait se traduire par mon petit bébé chéri. Il a donc entendu des mots tendres, proférés en kabyle, même si ces mots étaient adressés à Amar. Nous pouvons donc penser que *ou ou ou*, *m m m*, constituaient déjà la reprise par l'enfant du contour de l'énoncé maternel *mammam azouzou*. Mais cet énoncé renvoyé par l'enfant comme un appel avait dû tomber dans le vide de l'écoute d'une mère entièrement occupée par son fils aîné dont elle refusait la perte, et qui était sans doute un objet incorporé en elle-même.

Je suis donc allée chercher dans le dictionnaire si *neu neu neu* n'aurait pas aussi une signification, d'autant que cette série phonématique revenait presque à chaque séance et que la mère disait qu'il la répétait parfois à longueur de journée. Nous découvrîmes que *nau* se traduit par triste, et que *neuneu, aneié* pouvait s'entendre comme chute, tombe. Le dictionnaire fournissait même un exemple qui fut très « parlant » pour la mère[1] : *Wuk-yess neÿnin* ? Qui t'a attristé ? Elle avait souvent entendu et même employé cette phrase. Or ce *neu neu* surgissait toujours chez Mourad à des moments de tristesse, d'accablement.

Le jeu du laisser tomber ou jeu du brbr

Mourad s'est présenté, dès le début de son traitement, avec ce qu'on appelle communément un bruit autistique : *brbr*. Ce redoublement d'un BR initial m'avait tout d'abord fait penser qu'il pouvait s'agir de l'imitation du bruit d'un moteur de voiture, et que l'enfant s'identifiait peut-être à un tel engin. Ce n'est que plus tard, début décembre, que ce son m'a paru mériter une attention plus particulière. En retravaillant les notes avec l'observatrice, nous avons remarqué que l'enfant l'émettait dans des moments de détresse, d'effondrement intérieur

1. Nous cherchions souvent des mots dans le dictionnaire avec la mère qui éprouvait un certain plaisir à comprendre mieux la structure de sa propre langue. Avec elle, j'ai appris combien il est difficile de saisir la découpe et donc la syntaxe des mots que l'on ne connaît pas sous une forme écrite.

précédant ses replis autistiques. En cherchant dans le dictionnaire, nous avons trouvé que la racine BR renvoyait tout à fait à ce que nous observions. *Berrex* signifie s'affaisser ; *ebrex* renvoie à s'affaler, tomber ; *bru* peut se traduire par détacher, lâcher ; *de-briy-ak* serait plutôt ne pas s'occuper ; tandis que *yebra*, provenant de la même racine, serait envoyer promener, tout laisser, voire divorcer. Pour finir, *berru* est l'action même de lâcher, la répudiation.

Ce ne fut qu'après ce déchiffrage que le jeu du laisser tomber (brbr) se mit vraiment en place. Voici un exemple assez complet de la forme, tout à fait répétitive, que cette scène prit vers la fin de l'année. Mourad sort de la boîte à jouets le bébé-voiture qu'il fait rouler jusqu'au bord de la table ; alors, tout en me regardant intensément, il fait mine de la laisser tomber dans le gouffre que ce bord délimite.

Quand je dis : « Attention bébé-voiture, tu vas tomber », et que je fais le geste de protéger le bébé-voiture avec mes mains, Mourad éclate de rire. Il répète le même jeu plusieurs fois. Puis, à la fin, il se laisse lui-même tomber par terre. Si j'avais pu avoir quelque doute concernant le fait que ce bébé-voiture — cet objet qui choit — le désigne, lui, Mourad, eh bien, il le met en scène ! C'est d'ailleurs ce que je lui verbalise.

Nous voyons là comme l'exil, surtout quand il est causé par des raisons économiques, produit une forme particulière d'exclusion : le sujet s'excluant de sa propre langue maternelle. Il en va un peu autrement pour les exils politiques, comme si perdre une patrie parce que l'on n'est pas d'accord avec le régime qui la gouverne était une bien moindre blessure narcissique que la perdre car elle n'est pas capable de nourrir ses enfants.

Quelle que soit l'étiologie de l'autisme, ce que nous savons, c'est que ces enfants, plus sensibles que la moyenne, sont de formidables révélateurs des dysfonctionnements du milieu dans lequel ils vivent. Raison pour laquelle cette clinique et tellement enseignante.

Ces deux cas nous indiquent combien celui qui tient lieu de grand Autre primordial doit pouvoir s'adresser à son bébé dans la langue de ses origines.

Quand, sous prétexte d'intégration, une société laisse entendre à une famille migrante qu'elle ne doit pas parler sa langue à ses enfants, elle augmente l'exclusion. L'enfant sera alors exclu du trésor des signifiants qui peuvent permettre à un parent d'assigner une place, dans la chaîne des générations, à cet enfant advenu hors du lieu d'origine.

« Moi-ma maman »

par Philippe Béague

Du besoin d'identité

Vous êtes-vous déjà réveillé d'un coma ou d'un évanouissement ? Ou, ce qui est plus courant, et que nous avons tous vécu, dans une chambre où vous avez dormi pour la première fois (après un déménagement par exemple ou dans un hôtel) ? Où suis-je ? Quel jour sommes-nous ? sont les premières questions qui nous viennent et qui disent notre fragilité d'être humain, notre besoin fondamental de repères pour ne pas arriver à la perspective effrayante de constater : « Je ne suis nulle part, je ne suis... personne. »

Tout nous est bon pour remettre ensemble les morceaux épars du puzzle : un objet familier, une odeur, une musique nous rassure et nous rapproche de nous-même, mais c'est la présence d'un être humain connu (aimé ou pas) qui nous fait sentir immédiatement et au mieux ce que nous sommes. Ou ce que nous croyons être.

Peu importe, ce qui en tout cas dans l'imaginaire nous fait retrouver notre identité, cette illusion nécessaire, ce trompe-l'œil dérisoire et magnifique qui nous donne le culot de dire « je », qui nous permet de vivre, d'aimer, de bâtir, d'espérer, d'enfanter.

Ouvrons les yeux ! C'est d'être quelqu'un pour l'autre qui fait le lit de l'identité. C'est dans le regard de l'autre, son intérêt, sa préoccupation, que nous prenons corps, que nous prenons âme. C'est donc aussi de lui (ou d'elle) que nous risquons à tout jamais d'être prisonnier, nous y reviendrons tout à l'heure. Et même après avoir accepté bon an mal an toutes leurs trahisons (naissance d'un petit frère, « t'es plus mon amie » de la copine préférée, exclusion de la bande, séparation du couple de parents...) et même après avoir visité toutes les pièces de la maison Solitude et réussi à rendre symboligènes toutes les castrations, nous ne pourrons jamais tout à fait nous passer du miroir (celui de la salle de bain comme celui du regard de l'autre) et de la chaleur d'une relation. Comme le dit Albert Jacquart, « pour pouvoir dire "je" il faut que quelqu'un nous ait dit "tu" ».

Du chaos originaire

Mais le bébé qui vient de naître, à quoi peut-il se raccrocher ? Ni les images, ni les sons, ni les odeurs, ni les sensations cœnesthésiques ne lui font retrouver quoi que ce soit de commun avec sa vie fœtale. Il devra, et c'est un tour de force, saisir au vol tous les nouveaux messages adressés à ses sens pour se reconstituer un monde où du « même » permettra de faire l'expérience de l'inconnu sans rompre la continuité qui lui donne sens, qui lui permet de vivre — du différent — sans qu'il y perde la notion encore floue de qui il est.

C'est cette « mêmeté d'être » dont parle Françoise Dolto, cette psychanalyste qui a osé remonter au plus archaïque, qui a tenté de comprendre comment un être humain se construit à l'origine de la vie psychique.

En fait, ce qui lui reste de sa vie fœtale, et qu'il retrouve par bonheur s'il n'est pas séparé de sa mère, c'est ce qu'il éprouvait d'elle puisque l'on sait aujourd'hui que le fœtus est sensible aux émotions de sa mère. Ce qui lui donne « mêmeté d'être », c'est de retrouver ce qu'elle éprouve, la résonance en lui de ce qu'elle vit, elle. « Voyez, me disait un jour Françoise Dolto, quand il est né, il devient tout à coup tout rouge ! Vous savez pourquoi ? Parce qu'elle expulse le placenta… alors il pousse avec elle ! »

Faut-il donc encore mettre en doute cette interaction fusionnelle après la naissance entre le bébé et sa mère ? Ne vaut-il pas mieux admettre qu'avant d'être un parlêtre, comme disent mes confrères psychanalystes, l'enfant est d'abord un « relationêtre », c'est-à-dire un être qui retrouve sens, repères, identité dans cette relation qu'aucune cure psychanalytique ne remettra jamais en mémoire mais qui d'être à l'unisson pendant neuf mois avec celle qui l'alimente marque à tout jamais l'être humain et lui donne la seule et unique certitude : que la relation, c'est la vie.

Et plus seulement la relation avec sa mère mais toute relation. Sinon comment des enfants séparés brutalement de leur mère à la naissance survivraient-ils ? Si ce n'est de se sentir exister pour quelqu'un qui lui dit : « Je me préoccupe de toi. » Témoin cette petite prématurée dont parle si bien Anne Laurent qui se calmait lorsque l'infirmière lui parlait à distance, étant retenue par un autre enfant[1].

Mais faut-il encore chercher des preuves ? Devons-nous encore nous méfier de ce qui nous parle si intimement et

1. Anne Laurent, *Ma petite sœur est revenue d'être morte*, Editions Feuilles familiales, décembre 2000.

résonne comme une évidence ? Devons-nous encore faire appel à la science pour nous prouver tout ça une bonne fois pour toutes ? Les exposés sur la salivation des prématurés me rappellent André Gide qui disait : « La psychologie est la science qui redit — mal — tout ce que l'on savait déjà. » Non seulement mal, mais j'ajouterais : à quel prix ?

Du besoin de sortir de « moi-ma maman »

Cette expression utilisée par Françoise Dolto rejoint celle de Winnicott, « un enfant ça n'existe pas », en ce sens que cette relation primordiale est à la fois ce qui permet à un enfant d'exister mais ce qui peut aussi l'empêcher de vivre. Bien sûr, avant d'arriver à « moi » (en d'autres termes dire « je »), l'enfant ne peut se penser lui-même que faisant partie de sa mère, qu'elle est lui, tous deux confondus. Intuitionnant si bien ce qu'elle éprouve, il ne peut imaginer qu'elle ne l'intuitionne pas en retour et qu'entre eux aucune distance n'existe. C'est pourtant de distance qu'il a besoin pour advenir à lui-même.

Ah, l'immense deuil à faire de ne pas être tout pour elle !

C'est pourtant cette douloureuse expérience qui nous permet de devenir des individus à part entière, de ne pas rester prisonniers comme je le disais d'une relation unique.

Nous en faisons tous l'expérience dans l'après-coup et avec quelqu'un d'autre que notre propre mère lorsque nous avons à traverser l'angoisse ineffable de n'être « plus rien » dans la rupture d'une relation amoureuse (lorsque c'est l'autre qui rompt bien sûr). Ce sont ces moments dramatiques qui nous font mieux mesurer la dépendance qui fut sans doute la nôtre dans nos premières années de vie. Toutes les expériences relationnelles hors la mère seront donc des possibilités pour le bébé de favoriser la consolidation d'un moi pour lui. On constate que, si le père entre très vite (dès avant la naissance par le biais de l'haptonomie par exemple) dans une relation réelle avec son enfant (change, repas, parole… et pas le vague guili guili au retour du travail), celui-ci vit beaucoup mieux le fameux cap des 7-9 mois où l'angoisse de la séparation culmine particulièrement quand la mère s'occupe seule de son bébé.

En plus du père, toute relation parlée avec d'autres (frères et sœurs, amis de la famille) permet à l'enfant de sortir de la bulle maternelle, d'être sécurisé hors d'elle, d'être bien avec d'autres. Les lieux de type maison verte où l'on accueille l'enfant accompagné d'un adulte proche en ont suffisamment fait la preuve. Comme le disait Françoise Dolto, la maison verte, c'est pour qu'ils aient « la société à la bonne ».

C'est en cela aussi que la crèche, pour peu que la séparation soit préparée, parlée (et bien vécue par la mère) et que le personnel soit « mamaïsé » (c'est-à-dire investi de confiance par la mère… et donc l'enfant), se révèle pour lui une ouverture sur l'extérieur et une source d'expériences relationnelles bienvenues et épanouissantes.

Mais n'oublions pas l'essentiel ! Pour que toutes ces rencontres portent leurs fruits, elles doivent d'abord et avant tout être bien vécues par la mère de l'enfant.

Et nous revoilà à la case départ : l'identité.

Du besoin de sortir de « moi-mon enfant »

L'être humain n'est pas un caméléon. C'est un apprentissage difficile de passer de l'état de femme à l'état de mère. C'est aussi toute une histoire de rester mère tout en redevenant femme, de passer de « moi » à « moi-mon enfant »… et de revenir à « moi ». Tant de femmes s'y sont perdues en devenant ce que Hervé Bazin appelait des « mèrafosses ». L'instinct maternel n'existe pas. L'amour maternel oui. Mais il a besoin pour se développer que le lien se crée et que la jeune mère vive pleinement ce que Winnicott appelait sa « folie ». Encore faut-il qu'elle en sorte et que chacun retrouve sa place dans une « bonne distance » lui permettant de respirer l'air qui lui est propre. Le père a là un immense rôle à jouer. En acceptant d'être mis au rencart quelques semaines, voire quelques mois, et d'attendre que les amants renaissent au sein de ce couple de nouveaux parents.

Enfin, je voudrais, par les paroles des enfants eux-mêmes, illustrer les deux thèmes que j'ai abordés : le besoin fondamental de relation comme vecteur de vie d'une part, le besoin de relationnel « pluriel » d'autre part. Dans une expérience de philosophie avec des enfants dans une bibliothèque à Bruxelles, le philosophe demande aux enfants : « Où peut-on être perdu ? » Une petite fille de six ans réfléchit et dit : « Dans le ventre de sa maman. » Un de nos formateurs à la Fondation Françoise Dolto raconte cette histoire à sa classe (il est par ailleurs instituteur) et un de ses élèves (six ans) lui dit : « Mais, monsieur, c'est normal, elle ne voyait pas son papa ! »

Sans commentaire !

La séparation « moi-ma maman »

par Christiane de Halleux

La grossesse, qui apparaît pourtant comme cette période magique où il y a une fusion totale entre la mère et l'enfant, est la mère de toutes les séparations. Elle plonge la femme dans une grande complexité émotionnelle. Celle-ci se sent à la fois forte de cet état exceptionnel et très vulnérable sur le plan psychique : tantôt elle se laisse aller à un mouvement de régression passive en s'identifiant au fœtus, tantôt elle s'identifie à une mère active. Il va y avoir à l'intérieur d'elle des oscillations émotionnelles et c'est dans ce tissu de contradictions que peu à peu se tisse l'image de son enfant.

Les premiers mouvements fœtaux sont ceux qui confirment à la mère l'existence de son enfant. Elle les guette toujours un peu fébrile et cela provoque en elle une émotion forte. Il est bien là. On le sent. Il est à la fois rêve et réalité. L'existence de l'enfant commence à s'accrocher psychiquement. Un espace potentiel se forme entre la femme et son enfant.

La grossesse est donc un temps important où se vit l'expérience du lien le plus intime et le plus durable qui existe entre deux êtres vivants : la mère et l'enfant qu'elle porte. Mais cette expérience caractérisée par un travail psychique très intense se termine par une séparation. La fusion mère/enfant se rompt. Et ce sera une formidable crise pour l'enfant et pour la mère.

Le temps de la grossesse est une période fondamentale pendant laquelle s'élaborent toute une série de relations et de séparations : relations à ses images parentales, relation à soi-même, à son image corporelle, relation à son compagnon, relation nouvelle à rêver, à imaginer, à fantasmer avec ce nouvel être qui va naître… à la fois proche et différent.

Dans ce temps de la grossesse, relativement court, vont se jouer des mouvements contradictoires de fusion et de séparation. La modification de l'image corporelle va entraîner un travail de différenciation. Ce quelque chose de mystérieux qui se développe est souvent vécu comme menaçant : « Suis-je encore moi avec cet autre moi ? » Ne pas pouvoir le poser, ne fût-ce qu'un instant, pour se retrouver seule, peut être vécu difficilement : « Je n'en peux plus d'attendre. » « Pourrai-je investir ce non-moi, devenu un peu moi quand il sera sorti de moi ? »

La naissance est souvent vécue de façon brutale. Cette chair de sa chair, cet enfant qu'elle porte intimement en elle, il va falloir en faire le deuil, s'en séparer.

La naissance représente pour la maman une épreuve nouvelle mais désarçonnante. L'enfant en naissant lui apporte un espoir de vie, de survie, mais lui rappelle aussi que la mort est le destin de chacun.

La période postnatale va poser encore et toujours le problème de l'ambivalence : d'une part parce que la mère va être confrontée à l'enfant réel, forcément différent de l'enfant rêvé, avec la blessure narcissique que cela peut représenter. L'enfant, il faudra apprendre à l'écouter, à s'adapter à lui. Il n'est pas toujours comme on voudrait… D'autre part parce que le bébé est un être qui au départ va être terriblement dépendant. Ce bébé tant aimé qu'on a envie néanmoins parfois de jeter par la fenêtre.

Dans cette période tellement vulnérable pour la maman, les émotions peuvent prendre des proportions inquiétantes et puis, il y a l'épuisement physique, les nuits trop courtes, le désir de se retrouver soi-même, l'envie contradictoire de se réincorporer le bébé ou de le rejeter.

Ces mouvements de fusion et de séparation vont être très présents dans les semaines après l'accouchement.

La bonne mère, ou la mère suffisamment bonne comme le rappelle Winnicott, celle qui est dans la préoccupation maternelle primaire, est celle qui fournira des conditions dans lesquelles l'enfant pourra se développer, ressentir le vivre. Dans ces premiers moments de vie, dira Winnicott, les carences maternelles provoquent non pas des frustrations mais des menaces d'annihilation. C'est cette préoccupation maternelle primaire qui permettra à la mère de s'adapter aux besoins du bébé, lui donnant ainsi un sentiment d'exister.

Progressivement, cependant, la mère ne sera plus toujours là, elle se refuse, elle introduit de la frustration, elle introduit progressivement l'enfant à la perception qu'il n'y a rien ni personne qui puisse combler totalement son désir.

Comme Françoise Dolto nous le rappelle, « quand d'un objet ou d'un être aimé, nous sommes éloignés, écartés, monte alors la force du désir qui cherche à retrouver quoi ou qui lui manque » ou encore « plus se creuse le lit du manque, plus s'installe la vie du désir ».

L'enfant l'apprendra progressivement de sa mère quand celle-ci n'aura pas satisfait immédiatement son envie de téter ou de la revoir. Elle lui permettra ainsi peu à peu de prendre conscience qu'il a un corps séparé du sien et que ses attentes pourront être transformées en paroles. C'est le manque qui appelle à sa traduction en paroles, cris, pleurs.

La séparation devient donc une condition même de la pensée et de la création. La séparation introduit une coupure qui permet au sujet de s'articuler. Il a à se construire une place, la sienne, unique dans une relation avec un autre. Mais c'est un travail long, difficile, douloureux qui renvoie chacun à sa division, à sa solitude. Vivre, c'est accepter la castration, la séparation, la solitude, nous disait Françoise Dolto.

C'est donc dans des relations faites de distance, de contradictions, de conflits que se tisse l'identité. Les séparations s'inscrivent dans une problématique de haine et d'amour. L'enfant va devoir faire le deuil d'une mère totalement satisfaisante et accepter qu'une même personne soit porteuse d'affects positifs et négatifs. Il découvrira et devra accepter que lui aussi est ambivalent et plein de contradictions dans sa relation à elle. Certains auteurs comme Winnicott pensent que cette violence a un effet positif au sens où elle serait fondatrice de la vie psychique du bébé.

Autour de la naissance et des premières années de l'enfant, on a vu ces dernières années se développer un souci bien justifié de créer des conditions favorables à l'épanouissement des jeunes familles. On sait que la sécurité du parent aura une influence directe sur celle du bébé et inversement. Envisager un mode de garde pour un enfant nécessite une préparation très attentive de ses parents et sera la seule garantie d'une adaptation tranquille de l'enfant. Les parents ont besoin d'être entendus sans jugement. Ils devraient avoir l'occasion de parler de leurs craintes, de leurs souhaits, de leurs émotions... ce qui les pousse, ce qui les arrête, afin qu'in fine ils puissent aider leur bébé à s'adapter.

L'attention au bébé doit aussi être soutenue. C'est un partenaire à part entière. S'il est né, dit Myriam Szejer dans son livre *Des mots pour naître*, c'est qu'il y est pour quelque chose. Un bébé est un sujet sensible. Il n'est plus un secret maintenant qu'il est fondamental de l'écouter, de lui parler et que tout symptôme qu'il peut présenter représente une part de vérité inconsciente. Vivre pour lui a du sens. Il cherche à en donner... A nous de l'entendre, de chercher à comprendre ce qu'il nous communique.

Dans les lieux d'accueil enfant-parents telle la maison verte imaginée par Françoise Dolto et ses collaborateurs à Paris en 1979 et qui se sont développés dans bien d'autres endroits, c'est bien autour de l'accueil de l'enfant accompagné d'un adulte garant de son identité que se jouent, que se travaillent les séparations. C'est dans la non-séparation, donc dans la sécurité que se prépare cette autonomisation progressive de l'un et de l'autre... de l'enfant et de son parent.

Cet accueil dans le social va se faire autour du lien, autour de la distanciation progressive. La mère va découvrir que l'enfant peut s'éloigner d'elle, vivre des aventures propres et être bien. L'enfant va s'expérimenter vivant au milieu d'autres et découvrir qu'il en est capable.

Cette détermination progressive s'accompagnera d'une autonomisation psychique. Par exemple, en accueillant l'enfant par son prénom, on le reconnaît comme à la fois lui et relié à sa famille : fils ou fille de..., à la fois autre, différent de celui qui l'accompagne et en lien avec lui. Cet accueil de ce qui vient se dire de la mère et de l'enfant autour du lien et de la séparation consolide ce lien.

En parlant de la différenciation, on consolide l'identité.

Ce sont des lieux où « ça parle ». Le rôle de l'accueillant, c'est d'être ce tiers, témoin qui, par son écoute, authentifie ce qui se déroule devant lui. Il fait circuler une parole, sans jugement à partir de cette certitude que ce que l'enfant exprime a du sens. Ces espaces permettent aux parents de parler, de se dire et de découvrir qu'il y a une séparation peut-être entre l'enfant rêvé, celui qui est porté en eux, et l'enfant réel.

Dans ces lieux, rien n'est laissé au hasard. Il y a de la gentillesse mais pas seulement : le cadre, les règles sont là et garantissent que chacun puisse s'y retrouver et advenir à lui-même.

Pour terminer, je vais vous raconter comment, dans ces lieux d'accueil parents-enfant, peuvent se vivre, se jouer banalement de petites séparations ; comment, par un dispositif simple et une écoute, on est témoin d'un grand pas dans le processus de séparation. Voici, en quelques mots, une situation vécue.

Il s'agit d'une maman d'origine sud-américaine qui fréquente le lieu régulièrement depuis un certain temps, avec sa petite Sarah de deux ans. L'enfant ne quitte guère sa mère. Elle reste dans un cercle d'un à deux mètres autour de celle-ci. Elle s'intéresse aux jouets, va les chercher, les rapporte rapidement comme si elle ne pouvait s'éloigner. On la sent désireuse de rencontrer les autres enfants mais elle n'y va pas.

La maman n'a pas l'air de s'en préoccuper. Manifestement, elle est bien avec sa fille près d'elle. C'est une présence discrète, fidèle, peu encombrante parce que ni violente ni intempestive.

Un jour, la maman s'adresse à moi en me disant qu'elle est fatiguée, que sa fille la réveille plusieurs fois par nuit en pleurant et elle me demande de l'aider : « Qu'est-ce qu'il faut faire ? » Suit une conversation à partir de ma question : « Qu'est-ce que vous faites ? Qu'est-ce qu'on fait dans votre pays ? » où la mère parle d'elle, de son spleen loin des siens, de sa solitude. Sarah n'en perd pas une. Elle écoute, nous regarde d'abord puis progressivement, elle s'éloigne. Je demande alors à la maman si elle a parlé à Sarah de tout ce qu'elle m'a raconté et de la raison qui les avait amenés à vivre en Belgique. Je lui propose alors de raconter à Sarah tout ce qu'elle m'a raconté et de lui verbaliser que, malgré son chagrin de vivre loin des siens, elle ne la quittera pas pendant la nuit et qu'elle peut dormir sur ses deux oreilles.

J'ai revu quelque temps plus tard Sarah et sa maman. Cette dernière m'a glissé dans l'oreille très rapidement que tout s'était arrangé au point de vue sommeil, mais sans en dire beaucoup plus. Sarah m'est apparue beaucoup moins accrochée à sa mère, plus exploratrice, plus interactive avec les autres enfants, s'autorisant à vivre « sa vie » dans une zone plus personnelle.

Que s'est-il passé ?

Mon hypothèse est que les troubles du sommeil de Sarah avaient une valeur de réassurance, de sécurité, de non-séparation de l'une et de l'autre. L'enfant voulait signifier à sa maman : « Je suis là, ne sois pas triste. » Cette dernière, dans sa tristesse de séparation d'avec sa propre famille restée au pays, cherchait à se rassurer auprès de sa fille.

Le fait d'en parler a peut-être permis à la maman de retrouver certains repères de sécurité et a ainsi libéré l'enfant de la nécessité qu'elle se donnait de ne pas trop vivre sa vie. La maman en parlant d'elle a pu se retrouver elle-même et assumer un peu mieux la progressive distanciation de sa fille. Elle a pu reprendre une place de mère et libérer ainsi son enfant du rôle qu'elle lui signifiait inconsciemment de jouer.

Les maisons vertes sont des espaces simples où un travail de prévention extraordinaire peut être soutenu, où paradoxalement on travaille à la séparation dans la non-séparation. « C'est bête comme chou, disait Dolto, il faudrait qu'il y en ait dans chaque quartier pour que l'enfant ait la société à la bonne. »

Aujourd'hui, on en est encore loin, bien que le concept ait fait école dans de nombreuses localités de France, de Belgique et même d'ailleurs.

Nous souhaitons que cette idée puisse encore diffuser largement et que les pouvoirs publics aient la volonté de soutenir ce dispositif simple et précieux qui facilite la séparation, la distanciation progressive de la mère et de l'enfant.

DEUXIÈME PARTIE

PROPOS SUR LA SÉPARATION

Regards de professionnels et de chercheurs

La séparation mère/enfant : la place et la responsabilité du pédiatre

par Pierre Lequien

Quand il s'agit d'évoquer la séparation, la place du pédiatre, à côté des psychologues, des psychiatres, des pédopsychiatres, des psychanalystes, des travailleurs sociaux n'est pas dépourvue d'ambiguïté. S'il est mû par le même souci de ne pas nuire à l'enfant et à sa famille, voire même par celui de leur rendre service, il n'en est pas moins amené à exercer des rôles périlleux. Le pédiatre est celui qui va présider à la séparation dans le cadre de l'hospitalisation, notamment à la phase cruciale de la naissance. Il est aussi, dans un certain nombre de cas, celui qui va enclencher le processus qui aboutira au placement d'un enfant. Il s'expose ainsi de façon récurrente à l'accusation de courte vue, de simplisme : obnubilé par la maladie et la mort, incapable de prendre en considération la santé psychique, il serait celui qui privilégie au nom d'un principe de précaution mal compris le court terme au détriment du long terme.

D'autres dangers le guettent. Récusant le procès d'hygiénisme, et désormais teinté de culture psychanalytique, il a entendu parler de Bowlby, de Spitz, de Winnicott, peut-être même a-t-il lu des extraits de leurs écrits. Plus probablement, il a lu quelques pages au moins de Françoise Dolto et entendu Michel Soulé dans un congrès ou une réunion. Il est alors exposé au risque de l'autosatisfaction, installé confortablement dans un exercice pourtant difficile qui consiste à concilier les impératifs de la santé physique et psychique. Comment va-t-il réagir lorsqu'il sera confronté à cette question de la séparation ?

L'hospitalisation du nouveau-né

La plus classique, la moins apparemment discutable, est la séparation imposée par une maladie néonatale grave ou, plus banalement, par une naissance prématurée. Cette dernière, pourtant, est parfois contestée par les lecteurs superficiels des travaux de Charpak et plus généralement par des promoteurs des « soins kangourou », à distinguer des unités kangourou. Ils ont montré que les soins aux prématurés fondés sur le peau à peau entre la mère et son nourrisson entraînaient une chute de la mortalité des prématurés… en Colombie. Mais peut-on, dans des pays où la mort de ces enfants est une issue de moins en moins fréquente, proposer comme politique alternative ce qui est à l'évidence, en Colombie, une solution de substitution à une pénurie dramatique de moyens ?

La prise de conscience par les néonatalogistes de la priorité, à côté d'autres priorités, de préserver le lien mère-enfant malgré la séparation imposée par la nécessité vitale des soins les plus exigeants n'a pu s'imposer que lorsque la dimension technique de ces soins a été suffisamment maîtrisée. On peut déplorer cette chronologie : nous pensons qu'elle s'imposait. Deux directions, étroitement entremêlées, sont poursuivies quand il s'agit de limiter les conséquences de la séparation : la réflexion des personnels soignants et la conception des unités de soins.

Les personnels, et je pense ici avant tout aux infirmières, sont soumis à deux contraintes rudes. La première est qu'elles doivent renoncer à la tentation de s'approprier l'enfant dont elles ont la responsabilité. Cette tentation existe, elle est forte. Et même, au premier degré, elle n'est pas sans bénéfice pour l'enfant. Pourtant, elle n'est plus compatible avec la présence des parents dans les unités de soins. Cette présence, de plus en plus largement admise et fortement encouragée, est l'autre contrainte. Jusqu'où les parents doivent-ils être impliqués dans les soins, jusqu'où doivent-ils être responsabilisés ? Jusqu'où les exposer au risque d'être transformés en soignants ? Dans certains pays comme le Danemark, les pratiques vont très loin ; les parents y sont invités à assumer l'introduction de la sonde de gavage, voire à réaliser eux-mêmes le gavage. Faut-il aller aussi loin ? De même, jusqu'où les soins les plus techniques peuvent-ils être dispensés sous l'œil des parents ? Cette question fait l'objet de larges débats dans la collectivité néonatalogique, notamment quand il s'agit de décider s'il est souhaitable que les parents soient présents dans les situations dramatiques de la réanimation indiquée par un arrêt cardio-respiratoire. Pour quelques parents « proactifs », combien d'entre eux ne pourront vivre leur énorme angoisse qu'au prix d'une agressivité dont les soignants feront les frais ? Il n'est pas ici question de prendre parti, mais de mettre en évidence les lourdes conséquences des tentatives d'éviter coûte que coûte la séparation. Ne pourrait-on parler aussi de l'empathie des soignants, et dire qu'elle a un prix ?

Les outils les plus satisfaisants résultent, en fait, de l'étroite implication des soignants dans la conception des unités de soins. Ce sont les praticiens de la médecine périnatale qui ont montré que le système de transport de nouveau-nés le plus performant — qualification que méritent les SAMU et les SMUR pédiatriques — n'était plus une alternative acceptable au regroupement sur le même site de la maternité et de la néonatalogie. C'est à partir de leur réflexion que les architectes ont eu l'idée de concevoir des portes assez larges pour laisser passer un lit et de permettre ainsi à la mère de l'enfant né prématurément d'être à côté de son enfant dans l'heure qui suit la naissance. Ce sont eux qui ont convaincu les financiers de prévoir des espaces suffisamment vastes, la taille des locaux d'hospitalisation conditionnant le caractère tolérable de la présence des familles auprès de l'enfant ; ce sont eux enfin qui ont imposé l'idée qu'il n'est pas extravagant de construire des chambres mère-enfant permettant aux parents de s'approprier leur enfant au terme de l'interminable hospitalisation qu'impose la grande prématurité.

Dans les cas de faible prématurité, la volonté d'éviter la séparation génère aussi des conflits d'intérêt : elle impose un allongement sensible de la durée du séjour de la mère en maternité, au risque, en « encombrant » ce qu'il est encore souvent convenu d'appeler les « suites de couches », de devoir refuser l'accès à la maternité à d'autres femmes dont la grossesse est à risque élevé de complications maternelles, fœtales ou néonatales.

A ce stade, quelles conclusions proposer ?

L'aménagement ou l'évitement de la séparation impliquent la volonté de l'équipe soignante. Celle-ci se structure autour d'une réflexion sur le sens de la naissance, sur le vécu des parents et de l'enfant, a fortiori quand la fin de la grossesse et le début de cette nouvelle vie voient leur cours naturel perturbé par l'intrusion du monde médical et de sa technicité. Cette réflexion ne peut se résumer à des bons sentiments ni à des intuitions providentielles. Elle réclame un travail théorique associant obstétriciens, pédiatres, psychologues et psychiatres familiers des questions suscitées par la grossesse, la naissance et la petite enfance.

L'aménagement de la séparation dépend pour une part non négligeable de la conviction des professionnels et de leur capacité à persuader les décideurs que l'hôpital est plus un lieu de vie que de mort, et que le souci de la vie psychique n'est pas moins important que celui de la prévention des infections nosocomiales, par exemple.

Ces politiques ont un prix qui dépasse très largement celui de la construction d'un hôpital. Celui-ci apparaît presque dérisoire en comparaison des coûts de fonctionnement. La nécessaire collaboration des professionnels à une politique de maîtrise des dépenses de santé voulue par nos concitoyens ne permet cependant pas de transiger : l'écoute de l'autre, plus généralement la disponibilité à l'égard des familles sont incompatibles avec des économies de personnel. Les pouvoirs publics s'y sont montrés sensibles en publiant des décrets prenant en compte ces réalités ; il reste à les appliquer.

La séparation « dans l'intérêt de l'enfant »

Cette formulation est naturellement au cœur de controverses récurrentes, avec une alternative déjà décrite plus haut :

faut-il exclusivement privilégier la santé physique de l'enfant au risque de compromettre l'avenir de sa relation avec ses parents, ou sa « santé psychique » au risque de mettre sa vie en danger ? Peut-on accepter sans réserve cette affirmation trouvée dans un ouvrage récent : « Le placement vise à protéger l'enfant, il peut aider aussi la famille à prendre conscience de sa propre violence et du danger pour l'enfant » ? Ce type d'affirmation simpliste n'est plus acceptable.

La séparation dans ce type de contexte est de moins en moins aisément acceptée par la majorité des professionnels : pédopsychiatres, psychologues, travailleurs sociaux. Cette réticence est actuellement perceptible chez les magistrats eux-mêmes, ou au moins chez certains d'entre eux. Dans ce contexte où l'on reconnaît de plus en plus l'importance du maintien de l'enfant dans sa famille et où l'on fait tout pour préserver le lien entre l'enfant et ses parents, le pédiatre est plus fréquemment que jamais confronté à des situations qu'il perçoit comme dangereuses pour les enfants qui lui sont confiés. Il y a quinze ans, dans le service de médecine néonatale du CHRU de Lille, les situations sociales précaires concernaient une minorité d'enfants. Elles sont aujourd'hui le fait de près d'un enfant sur dix. Il a fallu apprendre une nouvelle « sémiologie psychosociale ». Naguère le couple non marié était considéré comme facteur de risques, la notion de chômage était alarmante : il s'agit désormais de situations banales. S'y sont ajoutés le vagabondage domiciliaire, les comportements violents verbaux et physiques, y compris dans l'institution hospitalière, la notion de placements d'enfants précédents, d'interventions judiciaires, qui ne manquent pas d'interroger le pédiatre sur la capacité de ces familles à offrir, sans même parler de l'accompagnement éducatif, ne fût-ce que la sécurité physique de leur enfant. L'évolution des « morts subites du nourrisson » est à ce titre fort instructive. La prise de conscience des facteurs environnementaux dans la genèse de ces morts, la campagne en faveur du retour au décubitus dorsal, l'information délivrée aux jeunes parents sur l'habillement, le couchage, etc., ont entraîné une baisse remarquable de la fréquence du syndrome de mort subite. En revanche, dans le même temps, les « centres de référence pour la mort subite du nourrisson », comme il en existe dans toute la France et notamment à Lille, ont vu se multiplier les décès liés moins à des sévices qu'à des inadéquations de soins, incluant la sous-estimation ou la méconnaissance de symptômes banals et le déficit de recours au médecin ou à l'hôpital. Quel autre terme que le désarroi employer pour caractériser les sentiments du pédiatre face à ces situations ? Il a bien compris les effets dévastateurs de la séparation, il sait qu'elle n'est pas une solution à proposer face à la détérioration du tissu social. Mais il sait aussi que l'amour à lui seul ne satisfait pas toutes les exigences d'un petit enfant. Peut-il, dans ces conditions, accepter avec légèreté de voir défiler la chronique des morts annoncées ? Comment peut-il se résigner en apprenant la mort de tel enfant pour lequel s'était posée la question d'un placement alors qu'était toujours en attente l'ordonnance par un juge d'une action éducative en milieu ouvert ?

La hantise des dégâts ou du préjudice provoqués par les séparations paralyse parfois les acteurs de la petite enfance et les amène à exposer des enfants à des risques intolérables. Après les facteurs de risques d'ordre social, il faut évoquer les facteurs liés aux troubles psychiatriques. On ne peut qu'être frappé de l'obstination avec laquelle, actuellement, les enfants de mères titularisées dans leur schizophrénie sont laissés dans leur milieu familial dans des situations dangereuses. Bien sûr, toute une série de mesures sont proposées pour aider ces familles et ces enfants à surmonter ces risques, et il faut reconnaître le travail remarquable des services de protection maternelle et infantile. Mais est-il besoin de mentionner les limites de la disponibilité de ces services, ne serait-ce que pour des raisons purement matérielles ?

Première conclusion à proposer au terme de ce constat : sans doute est-il dans l'intérêt des enfants que s'expriment des plaidoyers apparemment contradictoires, pour et contre la séparation, à la condition qu'il soit clair que l'objectif n'est pas de faire prévaloir l'une ou l'autre politique mais de trouver au cas par cas la solution qui privilégie l'intérêt de l'enfant.

Deuxième conclusion : la dimension politique de la situation actuelle est évidente. Si, comme il a été affirmé plus haut, la multiplication des situations de danger pour la petite enfance est une réalité, c'est notre société tout entière qui est concernée. Mais les responsables politiques ne pourront mettre en place une politique que pour autant que les professionnels leur apporteront des propositions. Dans un tel contexte, on ne peut que s'inquiéter de voir privilégier la dimension la plus technique de la médecine, y compris de la médecine des enfants, au détriment d'une capacité de réflexion et de propositions qui paraît plus que jamais indispensable. Si l'élaboration d'une politique de la petite enfance ne peut être confiée aux seuls pédiatres, elle ne peut se faire sans eux. Il est souhaitable qu'ils soient et restent à la hauteur de leurs responsabilités.

Le bébé en danger : séparation, éloignement, disparition

par Dominique Leyronnas

Je rapporte ici mon expérience de professionnel de la séparation : je passe en effet une partie de ma vie à séparer les enfants de leurs parents. Ce n'est bien sûr pas dans les meilleures conditions, qu'il s'agisse d'un accident, d'une maladie grave ou d'une naissance problématique ; et c'est souvent sans préparation puisque j'interviens dans l'urgence.

SMUR : quatre lettres lourdes de sens, qui portent en elles les notions de séparation et d'éloignement.

Le SMUR est un service mobile, qui vient séparer et éloigner le patient de sa famille.

Le SMUR est un service d'urgence pour lequel le temps compte et est compté. Mais quel temps ? Le temps de vivre ou le temps de mourir ? Le temps de se dire au revoir ou adieu ? Le temps de se découvrir quand c'est un bébé qui vient juste de naître ?

Le SMUR est aussi un service de réanimation. Cela dit bien la gravité de la situation et met brutalement en évidence la fragilité de cette vie qui se trouve soudain suspendue aux mains des soignants et de leurs machines.

Ici, séparation risque d'être disparition. « Tu disparais à

mes yeux ; te reverrai-je jamais ? » Cette crainte de voir l'autre disparaître qu'on ressent confusément dans toute séparation trouve ici sa plus forte intensité car la mort rôde tout près.

Aux urgences

En entrant dans le service des urgences, on se fraye un passage entre les brancards vides et ceux sur lesquels quelqu'un attend, pas très en forme, un soin ou une radio. On essaye de ne pas bousculer les infirmières qui vont et viennent en hâte et en tous sens. On est orienté vers le box de soins, recoin de pièce derrière un paravent, où nous attend l'enfant qu'on nous confie. Quelqu'un lance : « Le SAMU est là ! » et fait appeler un médecin. Celui-ci nous raconte rapidement les circonstances qui ont amené ici cet enfant, les examens et les soins réalisés, le diagnostic supposé, raison de son transfert en unité spécialisée. On s'approche d'un petit qui dort, visiblement épuisé. Cela fait peut-être plusieurs heures qu'il est à l'hôpital ; il a successivement subi l'examen de l'interne et de son chef, les prises de sang, la perfusion, les radios. Assise à côté de lui, sa maman nous voit arriver sans aménité ; elle a quelque chose d'une grenade dégoupillée, prête à exploser. Son petit souffre. C'est peut-être grave ; on n'en sait rien. Elle n'a pas bien compris ce qu'on a évasivement essayé de lui dire. Elle ne sait pas où on l'emmène ni comment l'y rejoindre. Son mari est en déplacement et sa fille, chez la voisine. Le SAMU qui arrive avec son attirail de machines lui fait peur. « Qu'est-ce qu'ils vont encore lui faire ? »

C'est précisément à cet instant que se pose le choix de chercher à apaiser ou de continuer à blesser. Va-t-on seulement faire preuve d'efficacité, bien programmé pour jouer son rôle de maillon dans la chaîne des soins ? Ou bien veut-on voir ce qu'il y a de souffrance et d'angoisse à soulager sans attendre ?

Souvent, une infirmière du service prend les devants : « Vous allez sortir, madame, pour laisser travailler le SAMU. » Et maman, propulsée, debout dans le couloir, n'a qu'à contempler la misère des autres pour se distraire des pleurs de son petit qui filtrent à travers la porte. Au bout d'un instant qui lui aura paru interminable, elle le verra sortir tout harnaché de fils et de tuyaux. On lui donnera le nom d'un hôpital puis il passera la porte du service, celle du sas d'entrée, et il disparaîtra enfin dans l'ambulance.

Mais on peut aussi faire autrement : entrer dans la pièce aussi discrètement et paisiblement que possible, aller d'emblée saluer la maman et son enfant, demander son prénom, prendre contact en lui parlant doucement, même s'il dort, et en posant la main sur lui comme une caresse. Ensuite seulement, écouter son histoire et expliquer ce qu'on en pense, ce qu'on doit faire de plus. Mais avant de le déranger, préparer des antalgiques et des anxiolytiques selon son besoin. Laisser à la maman le choix d'être là ou non pendant les soins ; savoir gagner sa confiance avant de l'inciter à sortir quand ça semble souhaitable ; il faut que ce soit elle qui nous confie son petit. Avant de partir, la prendre à témoin du confort de son enfant pour le trajet ; lui expliquer la suite probable des événements, comment se rendre à l'hôpital et trouver le service, donner le numéro de téléphone, un nom de médecin si possible. Alors peut-être s'autorisera-t-elle à se sentir soulagée. Parfois même, si les conditions de soins le permettent, elle pourra monter dans l'ambulance.

En maternité

Mais c'est plus souvent autour d'une naissance à risque ou d'un accouchement difficile que nous sommes sollicités. Quiconque a assisté à un accouchement sait l'épreuve que cela représente pour la mère, même si la péridurale vient en atténuer la douleur. Mais on entend moins souvent évoquer ce que subit le bébé qui est comprimé, laminé toutes les trois minutes, qui doit se tourner, se fléchir, pour être enfin propulsé à l'air libre. Le monitorage fœtal témoigne parfois de cette épreuve. C'est un grand miracle que la plupart des bébés s'en sortent bien et il n'est pas surprenant que parfois il y en ait un qui soit en difficulté. D'autant que, sitôt de l'autre côté, une autre épreuve l'attend qui est d'acquérir une existence autonome, tout d'abord en respirant seul. S'il naît trop tôt (prématuré) ou trop petit, si une difficulté survient au cours de l'accouchement ou si une infection se déclare, il peut avoir besoin d'aide, et c'est notre rôle de le soutenir dans ce passage difficile.

Ici encore les habitudes doivent être remises en question.

Les parents sentent bien l'inquiétude et l'agitation qui s'amplifient autour de cette naissance : on fait venir du monde (dont le SAMU), on prépare du matériel. A peine né, leur bébé est enlevé, emporté ailleurs pour qu'on s'occupe de lui. Ils ne l'entendent pas crier, ils ne savent pas ce qui se passe et ils attendent, seuls, que se mette à vivre un bébé qu'ils n'ont pas eu le temps de connaître et qu'ils ne peuvent même pas encourager de leur présence. Pourtant, qui, mieux que sa maman, peut lui donner l'envie de vivre ?

Nous qui sommes impliqués dans l'histoire naissante de cette famille, nous avons là une lourde responsabilité. Car, si la naissance est séparation, elle est une séparation créatrice qui attend une rencontre. Si nous escamotons cet instant où l'apparition du bébé permet de l'identifier, de le reconnaître comme sien, nous enfermons les parents dans une continuité de séparation et le bébé risque de rester un « in-connu ». D'autant plus que la menace de mort qui pèse sur lui le rend effrayant et que sa survie dépend d'autres personnes. Eux, ses parents, ne peuvent rien pour lui. Ils se sentent impuissants et doutent très vite de leur compétence. Toute une vie peut chercher à rattraper cette première minute.

Pourtant, tout le monde a cru bien faire. La prise en charge médico-technique était correcte. Il est en réanimation, son cœur bat, on l'aide à respirer. Il est déclaré « enfant né vivant ». Mais, pour ses parents, comment existe-t-il ?

Réflexions

Comment faire pour que nos pratiques de soignants bien intentionnés n'aboutissent pas à des blessures si difficiles à cicatriser ?

Comme souvent, les vraies réponses sont les plus simples. On pourrait les résumer en quatre mots : respecter, rassurer, rencontrer, rapprocher.

1. Au premier plan, il y a le respect. Les soignants doivent se sentir invités dans l'histoire d'un couple, d'un bébé, d'une famille. Il est courant de dire que, quand ça va mal, c'est l'affaire des médecins. Dépassés par une situation qu'ils ne maîtrisent pas, les parents se retrouvent vite destitués, exclus. Cette dérive est forte dans les services d'urgence où l'exclusion physique les cantonne aux couloirs et aux salles d'attente. Elle est plus pernicieuse autour de la venue d'un bébé. Dans l'assistance à la

conception, le gynécologue se voit trop facilement attribuer une paternité pourtant illégitime. En maternité, on consent tout juste à laisser la jeune maman, déclarée incompétente, s'occuper de son bébé. Pourtant, dans chacune de ces situations, nous sommes invités dans une histoire qui n'est pas la nôtre. Face à quelqu'un qui demande de l'aide, il est trop facile de prendre le pouvoir. La confiance ne peut exister que dans le respect.

2. Ensuite, par notre professionnalisme, on doit pouvoir rassurer, ou plutôt assurer que ce bébé veut vivre et qu'on dispose des moyens de le secourir. Montrer qu'il peut s'appuyer sur nous mais admettre qu'on ne peut rien faire sans lui ; on ne peut que l'encourager. Alors s'établit une relation de confiance où les parents gardent leur place.

3. Puisqu'on est invité, il faut se préparer à rencontrer. On rencontre d'abord l'équipe soignante qui a appelé le SAMU. Dans cet exercice du pouvoir qu'est la médecine, il n'est pas facile d'appeler à l'aide. Pour le médecin qui intervient, se faire discret, écouter et apaiser les craintes, valoriser ce qui a été fait ne peut que simplifier l'accueil. Rencontrer l'enfant ensuite, qui n'est pas un inconnu puisqu'il est nommé par ses parents. S'adresser à lui par son nom, lui parler pendant l'examen et les soins, reconnaître en lui un sujet qui participe à son destin.

4. Rapprocher le bébé de ses parents aussi tôt que possible. Il n'est pas défendable de refuser à un bébé de passer la première minute de sa vie contre sa maman, quel que soit son état. Celui qui ne le supporterait pas est déjà hors de portée de nos moyens de réanimation. Mais celui qui est hésitant ne peut qu'y trouver un encouragement. Et beaucoup s'y sentent si bien qu'ils prolongent l'étape. Rester en lien pendant les soins permet de les commenter et d'en faire des actes de vie, non

des angoisses de mort. Travailler en l'absence des parents est sûrement une perte de chances pour l'enfant.

Il nous faut aussi jouer pleinement le rôle de trait d'union avec le service récepteur ; laisser une photo du bébé (Polaroid) permettra à la maman immobilisée d'en garder une image, même rudimentaire, pour supporter l'éloignement.

En conclusion

Pour mettre en œuvre ces quelques principes, il faut :

Un savoir-faire : il ne s'agit pas de rassurer dans le vide. Sans solides connaissances et sans réelle compétence, on ne peut pas prendre le recul nécessaire et être crédible.

Un savoir-dire : qui évite les mots durs ou maladroits tels que souffrance, ralentissement du cœur, et les paroles creuses telles que « ça va aller, ce n'est rien ». Quand le SAMU est là, c'est justement que ça ne va pas.

Un savoir-être : c'est le plus difficile. Pourquoi fait-on ce travail ? Quelle idée, quel ressenti a-t-on de la naissance, de la vie, de la souffrance, de la mort ? A quelle source va-t-on laver les blessures portées avec ou pour d'autres ? Ne présume-t-on pas de ses propres forces ? On ne saurait trop encourager tous les soignants, surtout ceux qui travaillent dans ces ambiances lourdes que sont l'urgence et la réanimation, à susciter des lieux d'échange où les émotions vécues peuvent s'évacuer à travers les paroles. Car on ne peut bien porter aux autres que ce qui est clair en soi.

Éviter la séparation

par Elvidina Nabuco Adamson-Macedo

Cette contribution reflète mon engagement à faciliter, maintenir et promouvoir la santé et le développement maximal des nouveau-nés prématurés et de leurs parents grâce aux recherches scientifiques effectuées depuis 1980.

Différents types de séparation seront proposés, ainsi que des suggestions visant à surmonter leur arrivée et leurs conséquences sur les bébés et leurs parents. Ce document présente un état de l'art de la psycho-neuro-immunologie néonatale, d'un point de vue théorique et pratique, et de ses résultats. Notre but est de souligner à quel point la recherche (des études bien conduites) en psycho-neuro-immunologie contribue à soulager la détresse des bébés et à encourager l'engagement physique et émotionnel des parents auprès de leurs nouveau-nés grands prématurés, évitant ainsi, ou tout au moins diminuant, la séparation physique et émotionnelle.

La séparation

L'environnement in utero

Selon Monie (1963), il existe trois environnements distincts dans l'utérus. D'abord, le « micro-environnement » qui constitue l'habitacle du fœtus et comprend le liquide amniotique, le placenta et les membranes : il est responsable de problèmes tels qu'un mauvais positionnement. Le deuxième est le « macro-environnement » : c'est le corps de la mère de l'autre côté du placenta, qui exerce son influence biochimique sur le développement du fœtus ; il est responsable des problèmes de développement provoqués, par exemple, par des maladies maternelles ou la prise de médicaments par la mère. Enfin, on trouve l'environnement maternel extérieur.

Il convient d'ajouter l'environnement psychologique, et toutes ces expériences et « coactions » dans l'utérus affectent le développement du fœtus durant la grossesse ; elles peuvent également être à l'origine d'accouchements prématurés.

La prématurité

Comme Zichella (1992) a su le souligner, un accouchement précoce provoque l'interruption d'un « contrat biologique », mais aussi l'arrêt brusque des relations psychobiologiques entre la mère et le fœtus. Ce dernier peut alors déclencher une série de mécanismes de défense qui lui permettront de survivre dans l'environnement intra-utérin.

L'interruption va conduire à la séparation, séparation qui prive les parents et les bébés de tout contact sous forme de stimulus réciproque. Même le contact visuel est limité quand l'enfant est ventilé pendant la première semaine de vie. De plus, les mères doivent se confronter aux effets de l'accouchement précoce sur elles-mêmes, leur bébé et leur relation avec lui. Selon Caplan, Mason et Kaplan (1965), il existe quatre aspects psychologiques lors de l'accompagnement des naissances prématurées :

1) Le chagrin anticipé dû au fait que la mère espère que le bébé survivra, mais qu'elle se prépare en même temps à l'éventualité de sa mort, provoquant ainsi une position de retrait par rapport à la relation établie durant la grossesse.

2) Le constat d'un sentiment d'échec du fait qu'elle n'a pas accouché d'un enfant normal à terme.

3) Pensant que l'enfant va survivre, la mère envisage d'entamer une nouvelle relation avec lui.

4) La prise de conscience des besoins des bébés prématurés, des caractéristiques de leur comportement et des schémas de croissance, y compris le caractère provisoire de ces derniers.

Je soutiens, premièrement, qu'il existe deux types de séparation, l'une physique, l'autre émotionnelle, ou une combinaison des deux. Deuxièmement, que la séparation physique peut, ou non, s'accompagner d'une séparation émotionnelle. Troisièmement, qu'une interruption brusque du contrat biopsychologique ne doit pas nécessairement être prolongée ni de longue durée. Quatrièmement, que, suivant la qualité de la relation prénatale entre la mère et l'enfant à naître, il sera plus ou moins difficile de faire face aux quatre points précédemment cités. Et qu'enfin, si l'on permet une rencontre psycho-neuro-immunologique entre la mère et l'enfant, ces quatre points se résoudront avec succès, dès que possible, minimisant ainsi ou évitant une séparation physique et/ou émotionnelle. C'est pourquoi il ne faudrait pas sous-estimer le rôle du psychologue en néonatalogie, qui est de nourrir la relation parents-bébé. Sans aucun doute, la néonatalogie doit continuer à être reconnue comme multidisciplinaire, et je me réfère ici uniquement à la psychologie néonatale.

La psychologie néonatale (en anglais, NNHP) relève de la psychologie appliquée et se fonde sur la théorie du système de développement psychologique. Elle est interdisciplinaire par nature et le psychologue a un rôle à jouer dans les unités de néonatalogie, par exemple :

— en encourageant un « parentage » précoce et réussi à l'hôpital ;

— en effectuant des recherches en psycho-neuro-immunologie ;

— en faisant des interventions développementales appropriées ;

— en posant un diagnostic et un pronostic précoces grâce à des outils d'évaluation précoces tels que les mesures psychométriques, qualitatives/gestalt et holistiques, y compris les mesures susceptibles d'aider à augmenter leur qualité de vie (QoL).

Je suggère que les psychologues de santé néonatale, en utilisant différentes orientations théoriques (c'est-à-dire développemental/expérimental, psychanalytique), travaillent ensemble pour comprendre à la fois le processus et les conséquences du fait de devenir « parent prématuré » en raison d'un accouchement précoce. Plusieurs questions se posent :

1) Comment une rencontre psycho-neuro-immunologique à travers la vitre d'une couveuse pourrait éviter de faire durer la séparation émotionnelle (et physique ?) préexistante à la naissance ou déclenchée après la naissance ?

2) Qu'est-ce qu'une rencontre psycho-neuro-immunologique ?

Les paragraphes suivants vont renvoyer à ces questions. Ils introduisent une nouvelle sous-discipline, la psycho-neuro-immunologie (PNI), et rapportent une sélection de faits et de chiffres qui illustrent comment la science peut contribuer à nourrir les rencontres parents/bébés.

Une rencontre psycho-neuro-immunologique à travers la vitre de la couveuse

La rencontre psycho-neuro-immunologique porte sur les relations entre les divers systèmes biologiques et psychologiques du bébé et sur celles de la personne qui prend soin de lui — dans ce cas, le chercheur — avec le bébé lui-même. Il s'agit ici de l'enfant né grand prématuré placé sous oxygène ou ventilé. Dans cette partie, nous allons présenter et discuter de l'état de l'art de la psycho-neuro-immunologie et de ses conséquences, d'un point de vue théorique et pratique ; nous soulignerons ses applications dans une unité de soins de néonatalogie afin de réduire ou d'éviter la séparation.

Bref aperçu du contexte

Les relations entre les fonctions comportementales, neuro-endocrinales et immunes, domaine baptisé psycho-neuro-immunologie par Solomon et Moos (1964), suscitent un intérêt croissant depuis une vingtaine d'années. Ce champ d'étude a connu l'un des essors les plus rapides dans le domaine de la « psychologie de la santé », domaine qui a présenté lui-même le développement le plus remarquable en psychologie professionnelle au XXe siècle. La psychologie de la santé a été définie par Johnston (1994) comme l'étude des processus psychologiques et des comportements dans le domaine de la santé, de la maladie et des soins. A la suite de Johnston, j'ai défini la psychologie de la santé néonatale (2000) comme l'étude scientifique des processus psychobiologiques et comportementaux appliqués à la santé, à la maladie et aux soins des enfants prématurés pendant les 28 premiers jours de leur vie, et de la relation entre ces processus et les résultats ultérieurs.

Les infections et l'enfant prématuré ventilé

Les preuves du lien entre les facteurs émotionnels et la fonction immune s'accumulent depuis quelques années ; cependant, les études concernant les relations psycho-neuro-immunologiques chez les enfants sont quasiment inexistantes (O'Leary, 1990), surtout chez les bébés prématurés en détresse placés sous oxygène. Les bébés en détresse ventilés sont enclins aux infections et ceux de moins de 32 semaines d'âge gestationnel ont tendance à souffrir de déficit immunitaire en immunoglobulines (Whitelaw, 1990).

L'immunoglobuline sécrétoire A (sIgA) est l'immunoglobuline la plus abondamment produite et peut être détectée dans les larmes, la salive et les sécrétions mucosales de l'appareil gastro-intestinal ; elle protège les surfaces épithéliales exposées aux influences de l'environnement extérieur, en particulier celles de l'appareil respiratoire (Brantzaeg *et al.*, 1990), et elle est souvent utilisée comme marqueur de l'immunité mucosale (Burgio *et al.*, 1980).

La première semaine de vie des prématurés ventilés peut se révéler très stressante et les études portant sur cette période sont peu nombreuses. Bien que l'on reconnaisse parfaitement que les enfants prématurés placés en soins intensifs sont en détresse et requièrent donc une intervention appropriée, les études sur les bébés ventilés restent rares, surtout lors des premières semaines de vie, et les interventions sont principalement d'ordre pharmacologique. Il est nécessaire d'encourager les mères à s'occuper de leur bébé prématuré ventilé, par un choix éclairé, aussi précocement que possible pendant la première semaine de vie postnatale. Plus elles commencent tôt, plus vite elles se sortiront de leur première tâche psychologique (retrait de la relation au tiers, redémarrage de la relation).

La psycho-neuro-immunologie néonatale

En 1997, j'ai formalisé et défini la psycho-neuro-immunologie comme l'étude scientifique des coactions complexes horizontales et verticales du phénomène de la vie mentale, des processus comportementaux, neuraux et endocriniens du prématuré et de leur rôle pour faciliter et maintenir la santé et le traitement des maladies. Cette définition se fonde sur la définition classique de William James de la psychologie et sur la théorie de G. Gottllieb de la canalisation expérientielle défendant l'idée que l'épigenèse répond à la loi des probabilités et n'est pas prédéterminée. Je sous-entends que le prématuré est un être unique, coactif, capable de s'autoréguler efficacement à condition que la personne qui s'en occupe favorise ses coactions avec l'environnement et avec ceux qui prennent soin de lui. En conséquence, il faut informer les mères du fait que, durant la première semaine de vie de leur bébé prématuré ventilé, une rencontre psycho-neuro-immunologique est possible ; cela nécessite cependant un soutien systématique afin qu'elles puissent commencer à faire face aux quatre points psychologiques décrits plus haut.

Les faits scientifiques : la rencontre fondée sur la preuve

Pour mener des recherches sur les relations psycho-neuro-immunologiques chez les prématurés ventilés, il était d'abord nécessaire de savoir si l'immunoglobuline sécrétoire A pouvait être détectée très rapidement après la naissance. Nos études (Hayes, Adamson-Macedo, Perera et Anderson, 1999) ont montré que la sIgA pouvait l'être dans la salive lors des tout premiers jours suivant la naissance des prématurés ventilés recevant par voie veineuse une nutrition parentérale totale (NPT). Bien que la présence de sIgA dans la salive des nouveau-nés au moment de la naissance reste controversée, ces résultats sont encourageants. Des concentrations d'immunoglobuline sécrétoire A ont été trouvées chez 34 bébés ventilés (sur 102) qui restaient seuls en couveuse et recevaient une nutrition parentérale totale selon la méthode Elisa. On a utilisé un protocole expérimental et les concentrations de sIgA ont été mesurées en microgrammes par millilitre après une période de trois minutes quand le bébé était allongé seul ou lors de ce que nous appelons « activités spontanées » dans sa couveuse. La faible concentration de 107,45 µg/ml décelée dans cette étude est plus importante que celle trouvée par Friedman *et al.* (1996) chez les nouveau-nés à terme et similaire à celle découverte chez des adultes par Tappuni et Challacombe (1994), de l'ordre de 227 µg/ml pour la sIgA sous-classe 1 et de 123 µg/ml pour la sIgA sous-classe 2. Dans ces deux études, les variations individuelles sont très importantes ; cependant, les résultats sont encourageants et cette recherche mérite d'être poursuivie.

L'étude suivante porte sur les relations psycho-neuro-immunologiques chez les prématurés ventilés ; on a pratiqué une intervention non pharmacologique, Touching and Caressing-Tender in Caring[1] (thérapie TAC-TIC), en tant qu'outil de recherche pour découvrir les coactions simultanées entre les paramètres comportementaux et physiologiques et la sécrétion d'immunoglobuline A (sIgA) avant, pendant et après l'intervention (Hayes, Adamson-Macedo et Perera, 2000). On a attribué des scores à chaque nouveau-né de la façon suivante :

– 2 = diminution simultanée de trois axes ou systèmes (comportemental, physiologique et immunologique), indiquant un « déséquilibre ».

– 1 = affaiblissement simultané de deux axes ou systèmes, comme ci-dessus.

0 = manque d'intégration.

1 = stabilité simultanée de deux axes ou systèmes (comportemental, physiologique et immunologique), indiquant l'« équilibre ».

2 = amélioration de trois axes ou systèmes, comme ci-dessus.

Un T-test d'un échantillon [$t(24) = 1{,}84$; $p < 0{,}04$] a permis d'observer que les conditions expérimentales produisaient des scores significativement plus élevés que les séances correspondantes d'activités spontanées. Globalement, les résultats montraient que la thérapie TAC-TIC entraînait soit la stabilité (=), soit une amélioration (+) des systèmes immunologiques, physiologiques et neurocomportementaux.

1. TAC-TIC (Touching and Caressing – Tender in Caring, qu'on pourrait traduire par Toucher et caresser ou La tendresse dans les soins) est un outil de recherche psychobiologique validé. C'est une thérapie qui consiste en une caresse systématique douce et légère, qui est céphalocaudale par nature et unimodale (un seul type de stimulus tactile) ; cette méthode s'est développée entre 1980 et 1984 et a été évaluée de façon indépendante. Il existe quatre versions de la thérapie TAC-TIC, suivant les conditions médicales des bébés ventilés et non ventilés.

Les résultats ont montré que 68 % (soit 17 bébés ; 75 séances) d'un échantillon de 25 grands prématurés ventilés pendant leur première semaine de vie postnatale ont « décodé » la communication tactile de TAC-TIC comme réconfortante et non éprouvante. Ces résultats sont très encourageants, car c'est la première fois que sont mesurés simultanément trois systèmes humains : les systèmes neurocomportemental, physiologique (rythme cardiaque) et immunologique (sIgA). Donc, le chiffre de 68 % indique qu'un équilibre se produit parmi les trois systèmes comme réaction à un type systématique de caresse douce et légère ; ce type d'intervention pourrait être envisagé comme approprié aux bébés ventilés qui partagent les mêmes conditions que ceux de notre échantillon. C'est une information importante qui mérite d'être partagée avec la mère alors qu'elle doit faire face aux multiples tâches psychologiques liées à l'accouchement prématuré. Nous sommes d'avis que ce savoir encouragera la mère à penser qu'elle peut avoir un contact physique positif, à travers les vitres de la couveuse, réduisant ainsi ou évitant la séparation physique et/ou émotionnelle.

Les bébés de cette étude sont soumis au stress. On sait, depuis un certain temps, que le stress et les émotions sont associés à des changements physiologiques importants, dont l'activation du système nerveux sympathique adrénalo-médullaire, du système hypothalamus-hypophysaire-adrénocortical et d'autres systèmes endocriniens (O'Leary, 1990, p. 365). L'activation du système adrénocortical s'accompagne souvent de stress chronique, cependant des changements de sIgA ont été observés et enregistrés après seulement trois minutes d'intervention ; ce bref intervalle de temps pourrait suggérer que le système sympathique adrénalo-médullaire est activé.

Le pourcentage de bébés dont la concentration de sIgA augmente et diminue après l'intervention et après une période d'activités spontanées (bébé seul en couveuse sans aucune intervention) a été calculé. 80 % des bébés (n = 19 ; 114 séances) ont vu leur concentration de sIgA augmenter après l'intervention et 46 % (n = 11 ; 66 séances) ont vu leur sécrétion de sIgA augmenter après une période de trois minutes d'activités spontanées. Seulement 20 % des bébés (n = 5) ont vu leur concentration de sIgA diminuer après l'intervention tandis que, pour 54 % (n = 13), elle a diminué après une période où ils restent seuls en couveuse.

Un examen attentif de nos données montre que deux modèles émergent. Le premier est que, pour 43 % (n = 10) des bébés dont la concentration en sIgA avait augmenté après l'intervention, celle-ci a diminué après les activités spontanées ; le second modèle est que, pour 35 % (n = 8) des bébés dont la concentration en sIgA avait augmenté après l'intervention, celle-ci a augmenté après les activités spontanées. Seuls deux bébés (9 %) ont vu leur concentration en sIgA diminuer (< après les deux situations : expérimentale [TAC-TIC] et « contrôle placebo » [activités spontanées]) et 3 bébés (13 %) l'ont vue diminuer après TAC-TIC et augmenter après les activités spontanées. Donc, pour 78 % des bébés (n = 18 ; 54 séances), la concentration en sIgA sécrétoire a augmenté après l'intervention TAC-TIC. Ces résultats suggèrent qu'il existe un effet positif/bénéfique avec des caresses systématiques douces et légères sur les bébés ventilés (faible âge gestationnel = 27 semaines et standard deviation = 2,7 ; faible poids de naissance = 0,990 kg et standard deviation = 0,02). L'effet bénéfique est de consoler et d'alléger la souffrance.

Il ne faut pas sous-estimer l'importance du toucher léger (et doux). TAC-TIC n'est pas un massage du tout-petit (Adamson-Macedo et Attree, 1994). La différence entre le toucher profond du massage et la caresse légère de TAC-TIC est très claire. Le premier stimule les muscles alors que le dernier nourrit les neurones. Les fibres nerveuses qui transportent les signaux au thalamus et au cortex sensoriel pendant TAC-TIC sont larges, rapides et myélinisées.

Il ne faut pas sous-estimer l'aide que peuvent apporter les connaissances scientifiques pour encourager les parents à venir voir leurs nouveau-nés et contribuer ainsi à :

— favoriser le développement des bébés ;

— améliorer leur qualité de vie ;

— développer leurs propres compétences en tant que parents ;

— éviter la séparation et ses éventuelles conséquences.

Les études sur la séparation (chez l'homme et chez l'animal) impliquent que le bébé ou petit animal soit séparé, de façon naturelle ou expérimentale. Les documents sur les conséquences délétères d'une telle séparation sont nombreux dans la littérature mondiale. Dans cette présentation, je souligne les différents types de séparation qui peuvent se produire quand un enfant naît prématuré et je suggère qu'une rencontre psycho-neuro-immunologique peut permettre d'éviter ou de minimiser la séparation et donc ses conséquences douloureuses.

Depuis les premières tentatives de Tarnier et Budin en France et le développement des couveuses à Paris dans les années 1880, beaucoup de progrès ont été accomplis ; cependant, rien qu'en Grande-Bretagne, 52 500 bébés naissent prématurément chaque année, représentant 60 % des décès néonataux, avec de fortes implications financières, sociologiques et psychologiques. Le travail prématuré est en augmentation. La mortalité recule grâce aux progrès de l'obstétrique et des systèmes de monitoring, par exemple, ainsi que de la technologie des laboratoires médicaux, mais la morbidité est en hausse. Un compte-rendu récent de Anand et Scalzo (2000) démontre que la plasticité du cerveau néonatal le rend vulnérable aux expériences adverses précoces, menant ainsi à des anomalies du développement et du comportement. On a montré que les circonstances qui viennent empiéter sur l'état du fœtus, du nouveau-né et du petit enfant affectent la prédisposition aux maladies (Marmot, 1997 ; Barker, 1997 ; Nathanielsz, 1999), aux affections mineures (Bellingham-Young et Adamson-Macedo, 2000) et à d'autres conséquences à l'âge adulte. D'un point de vue épidémiologique, l'incidence du travail prématuré est plus élevée dans les classes sociales défavorisées, ce qui évoque un lien avec la pauvreté. Dans l'ensemble, comme l'a souligné Carson (1998), le phénomène représente un problème majeur de santé publique.

Nous pouvons clairement tirer la conclusion, à partir de nos propres études scientifiques et de celles de nos collègues qui s'intéressent à l'enfant à naître et au nouveau-né prématuré, que le bébé qui naît trop tôt ou trop petit a un esprit et qu'il est donc, à notre avis, un être cognitif, social et émotionnel. Les coactions entre les cellules elles-mêmes et entre les cellules et l'environnement devraient être considérées comme des exemples de « rencontres » sociales entre l'être organique et l'être psychologique du nouveau-né prématuré « résilient » et compétent qui est capable de s'autoréguler efficacement. La peau du nouveau-né est le tout premier mode de relation dispensé par ceux qui s'occupent de lui et fournit un moyen de communication permettant des relations mutuelles, à la fois verticales et horizontales, entre l'activité génétique dans le sens ADN < = > ARN < = > Protéine et le développement structurel, de maturation, fonctionnel et expérientiel. On peut en donner un exemple avec le rôle médiateur de la sensibilité cutanée dans la psycho-neuro-immunologie. Les connaissances ici présentées méritent d'être partagées avec les personnes qui s'occupent du nouveau-né et, tout particulièrement, les parents.

Il ne faut pas sous-estimer la première semaine de vie ; elle représente une période très sensible pour la survie du bébé, et encourager le « parentage » à l'hôpital devrait être une priorité. Mais ce n'est pas une tâche simple car la séparation elle-même revêt plusieurs dimensions et degrés qui ont, de toute évidence, des conséquences différentes. Il est crucial d'encourager et d'entretenir les ponts entre les professionnels et les chercheurs qui s'occupent du nouveau-né prématuré et les parents de celui-ci. Nous proposons ci-dessous un modèle (figure 1). Les divers professionnels ont une représentation mentale différente, ou des modèles différents, de la santé et de la maladie. Mon modèle pour le nouveau-né prématuré, en tant que psychologue de santé néonatale, est un modèle de santé. Le fait est que les bébés prématurés sont des patients inhabituels dans la mesure où ils sont, pour l'essentiel, en bonne santé, sans pathologie organique pour nombre d'entre eux, et pourtant « à risques », avec un système organique immature qui peut nécessiter des soins intensifs d'un point de vue anatomique et fonctionnel. Le modèle de « pont » pour nourrir les prématurés et leurs familles est holistique et donc systémique par nature ; il repose sur l'idée que le bébé prématuré

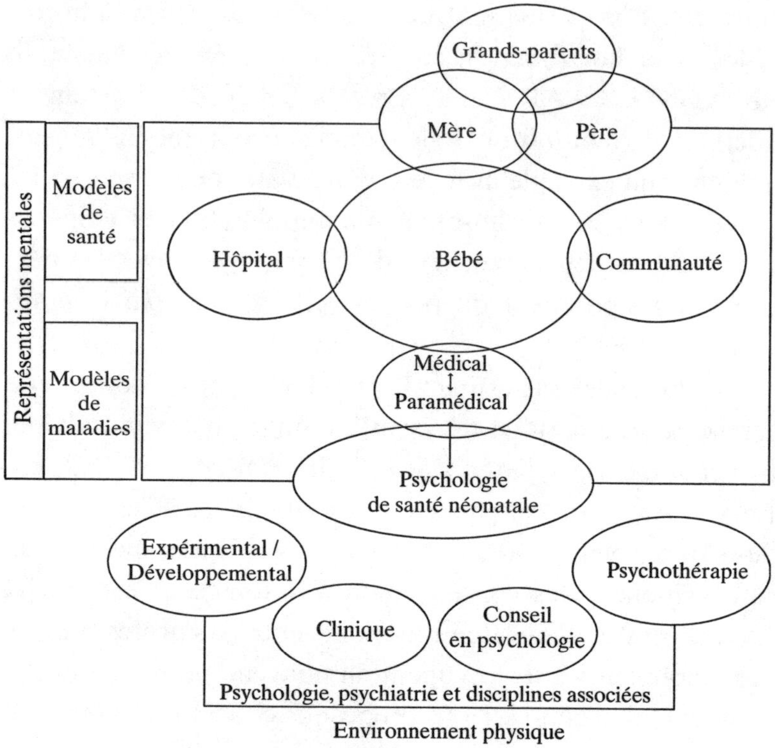

Figure 1

Modèle de « passerelle de travail » pour les prématurés et leurs familles

est un être coactif capable de s'autoréguler efficacement, à la condition que toutes les personnes impliquées dans les soins (la famille, le personnel médical et paramédical) s'accordent pour atteindre le même but, à savoir la santé, la qualité de vie et le bonheur du bébé, de sa mère, de sa famille et de toute l'équipe.

Il est temps que les professionnels joignent leurs efforts pour promouvoir la santé et le bonheur des bébés et de leurs parents. Jamais des équipes performantes n'ont été aussi essentielles. Comme Freybergh (2000) l'a souligné lors du Forum de la maternité et du nouveau-né à Londres (RSM), une vision juste pour nos efforts communs repose sur l'aspect d'intégration et de transdisciplinarité des sciences.

Le psychologue de santé néonatale peut et doit s'intéresser activement au bébé et à ses parents, ainsi qu'à tous les professionnels concernés dans les unités de néonatalogie. Il doit poursuivre sa « veille » psychologique à la maison et dispenser ainsi une « continuité de soins » à partir de l'hôpital (anté- et postnatal) vers la communauté. Seuls les « ponts » établis dans le travail et dans la recherche permettront de toucher les parents et de les aider à éviter ou réduire la séparation physique et émotionnelle (et ses effets délétères) produite par la rupture du contrat psychobiologique dont nous avons parlé précédemment.

Remerciements

Je voudrais remercier ma collègue Myriam Szejer de m'avoir invitée à participer à ce colloque, ainsi que Maria Elena et Laurista Correa qui m'ont présentée à Myriam à Brasilia. J'ajouterai que cette brève rencontre a été le prélude à une relation fructueuse. J'exprime ma reconnaissance envers tous les parents et les bébés et, bien sûr, le personnel médical et paramédical des nombreux hôpitaux que j'ai visités et à tous mes associés avec lesquels j'ai eu le privilège de travailler ; sans eux, ma recherche eût été impossible. Je remercie les techniciens du département de psychologie et, tout particulièrement, Ian Jukes pour son assistance inconditionnelle de toujours. Par ailleurs, ma recherche n'aurait pas pu aller aussi loin sans le soutien financier de l'université de Wolverhampton, je l'en remercie.

Faut-il toujours accepter la séparation au nom de nos méthodes de prévention ?

par Paul De Reu

« Faut-il toujours accepter la séparation au nom de nos méthodes de prévention ? » Curieuse question à poser dans le contexte qui est le nôtre puisque ce que nous voulons avant tout éviter, c'est un handicap sévère pour le nouveau-né ou un cas de mortalité périnatale. Et pourtant, la poser me paraît indispensable.

Plus de trente années d'expérience en soins obstétricaux m'ont appris que rien n'est plus facile que de convaincre une femme enceinte ou en couches de subir n'importe quelle intervention. Il suffit de lui dire : « Madame, c'est mieux pour votre bébé. » Ainsi cette phrase « magique » permet-elle souvent d'ouvrir la voie à un acte diagnostique, thérapeutique ou préventif.

Si prévenir vaut mieux que guérir, et si la prévention constitue en effet une importante partie de la médecine moderne, j'essaierai de montrer non seulement l'importance de nos méthodes de prévention mais aussi, parfois, en quoi certains motifs qui sous-tendent leur mise en pratique peuvent présenter un danger.

Des actes de prévention, nous en posons quotidiennement :

épisiotomies, déclenchement de l'accouchement, version externe ou même césarienne, voire encore, peut-être dans un futur proche, fœticide. Dans le processus de la reproduction, la prévention peut être caractérisée chronologiquement par trois étapes : la prévention en faveur de la femme enceinte, la prévention en faveur de l'enfant et de sa mère, enfin la prévention, pour d'autres raisons, concernant d'autres personnes que la (future) maman et son enfant.

Si l'on se penche sur l'histoire, on voit bien que l'idée de prévention est ancienne. Toutefois, si la profession de sage-femme est considérée comme l'une des plus anciennes dans l'histoire de l'humanité, il faut savoir que, jusqu'au XIXe siècle, tout le monde, y compris les sages-femmes, vivait dans une grande ignorance de ce que pouvait être le comportement du bébé avant la naissance. Longtemps le métier de sage-femme s'est limité à soutenir et accompagner les femmes dans les moments de souffrance précédant la naissance, puis à se réjouir avec la jeune mère quand la naissance s'était bien passée ou au contraire à la consoler et à pleurer avec elle quand l'enfant n'avait pu survivre, ce qui était assez souvent le cas avant l'avènement de la médecine moderne.

Dans l'Antiquité grecque et égyptienne, les mesures de prévention visaient essentiellement au bien-être de la future mère et les sages-femmes dispensaient surtout des conseils en matière d'hygiène et d'alimentation. Mais il existait aussi des conseils de prévention obstétricale publiés, à l'intention des sages-femmes, par des médecins ou des sages-femmes. Grâce à Aetius par exemple, médecin grec du VIe siècle, nous savons que l'épouse de Périclès, Aspasie de Mylète (env. 470 av. J.-C.), peut-être la sage-femme la plus célèbre de l'Antiquité, soulignait l'intérêt de l'assouplissement des parties génitales dès le neuvième mois de la grossesse pour éviter les déchirures périnéales. Quant à la version interne, intervention par laquelle on essayait d'extraire un bébé décédé pour éviter la mort de la mère, Ambroise Paré (1510-1590) signale dans son manuel *De la génération de l'homme* qu'à en croire les écrits de Soranos d'Ephèse (98-177), elle était déjà pratiquée au début de notre ère.

Au cours du Moyen Age, du ve au xve siècle, il n'y a guère de progrès dans le développement de l'obstétrique. C'étaient surtout les moines qui, dans les monastères, copiaient soigneusement les manuscrits anciens (grecs et romains) sans y ajouter de détails nouveaux. Mais c'est aussi grâce à eux que de nombreux ouvrages ont été conservés. Plus tard, à partir du XVIe siècle, d'autres auteurs comme Eucharius Roesslin (1513), Jacob Rueff (1587) et le médecin anglais Raynalde (1565) publièrent un certain nombre d'ouvrages qui, eux aussi, étaient basés sur des publications anciennes mais souvent truffés de fantaisies sur la fécondation et les anomalies congénitales.

On peut même dire qu'à cette époque, la fantaisie et les contes de fées dominent la littérature obstétricale et la superstition est très présente dans les coutumes entourant la naissance. Toutes sortes d'histoires circulent sur la physiologie de la reproduction humaine, et l'on met notamment les femmes enceintes en garde contre le spectacle de choses « atroces » qui pourrait causer des anomalies congénitales effrayantes. Bien entendu, les « preuves » ne manquent pas et les exemples abondent. Sainte Hildegarde de Bingen (1098-1179) recommandait aussi aux femmes en couches, dans ses *Subtilitates*, de tenir dans la main un « japis » pour éviter la morsure du « basilik », monstre serpent originaire de l'œuf de coq et qui avait une dent contre la mère et le nouveau-né. La persistance de ces superstitions pendant plus d'un millénaire et demi est liée, bien sûr, à l'ignorance des médecins « hommes » en matière d'obstétrique.

Avant le règne de Louis XIV, il était considéré comme inconvenant qu'un homme — et donc un médecin — s'occupe d'obstétrique, sauf si une sage-femme l'appelait à l'aide. Généralement, elle le faisait en cas de décès du fœtus et faisait alors appel à un maître barbier, et non à un médecin, pour pratiquer l'embryotomie. A voir les instruments dont ils se servaient, il faut espérer qu'ils ne les ont pas utilisés trop souvent.

Quant aux médecins, ils ne pratiquaient guère l'obstétrique, considérée comme un métier indigne de leur formation universitaire. L'apparition du médecin sur ce terrain de la médecine ne date que de la seconde moitié du XVIIe siècle (en 1552 par exemple, le docteur allemand Wertt fut encore condamné à mort pour avoir voulu être présent lors d'un accouchement). Il faut noter aussi que, du Moyen Age au XVIIe siècle, la grande majorité des femmes ne pouvaient apprendre ni à lire ni à écrire, ce dont témoigne un adage de l'époque : « Poule qui chante, prêtre qui danse et femme qui parle latin n'arrivent jamais à belle fin. »

On trouve dans la littérature un nombre considérable d'ouvrages sur la reproduction humaine, fondés parfois sur les écrits antiques, publiés par des hommes qui n'avaient pas la moindre notion d'obstétrique. Un prêtre dominicain par exemple, évêque de Ratisbonne, n'hésite pas à publier un essai intitulé *De secretis mulierum*. On peut penser qu'il en a beaucoup entendu en confession, mais a-t-il jamais vu une femme nue ?

Cela ne l'empêche pas, en tout cas, de donner le jour à un évangile personnel sur le sujet.

Mais il y a aussi des exceptions, et à cet égard, c'est un Français qui attire notre attention : le célèbre Ambroise Paré, considéré comme l'un des fondateurs de la chirurgie et de l'obstétrique modernes, et qui fut formé comme chirurgien au collège Saint-Cosme à Paris. Sa sagesse se reflète dans sa devise : « Guérir parfois, soulager souvent, consoler toujours. » Une phrase qui peut guider aujourd'hui encore tout médecin et toute sage-femme.

Les femmes cultivées étant rares, il est naturel qu'elles aient peu publié. Une exception toutefois : Louise Bourgeois (1564-1640), considérée comme l'une des plus célèbres sages-femmes de son temps, et qui était l'épouse de Martin Boursier, chirurgien et élève d'Ambroise Paré. Ayant travaillé plus de vingt ans avec Paré, il avait eu accès à ses œuvres et Louise, elle aussi, se mit à les étudier dès l'âge de vingt-quatre ans et à les mettre en pratique dans les accouchements des pauvres de Paris. Son importance dans l'histoire de l'obstétrique tient aussi à deux ouvrages qu'elle publia sur ce sujet. Ainsi, c'est dans ses *Observations diverses sur la stérilité, perte de fruct, fécondité, accouchements et maladies des femmes et enfants nouveau-nés, etc.* que l'on trouve pour la première fois un acte de prévention en faveur du bébé. Elle donne en effet des conseils pour sauver la vie du bébé en cas de prolapsus du cordon ombilical : « Le cordon ombilical doit être repoussé dans la cavité intra-utérine afin d'éviter un arrêt de perfusion de sang qui serait fatal pour l'enfant. » Si la simplicité de sa conclusion peut aujourd'hui nous paraître évidente, elle témoigne d'une observation de grande qualité à une époque où l'on ignorait la fonction du placenta pour le fœtus et, a fortiori, les mécanismes d'apport de l'oxygène à l'enfant.

La grande difficulté, pour les sages-femmes et les chirurgiens, était leur ignorance totale concernant le fœtus, les mécanismes de sa survie, son comportement, avant la naissance. Ce qui n'empêcha pas, toutefois, certains progrès empiriques. Ainsi Guillemeau (1550-1613), gendre et élève d'Ambroise Paré, améliora la technique de la version intra-utérine et mit au point une méthode pour vérifier si le fœtus était encore en vie ou non : pour s'assurer de la condition fœtale au cours de l'ouverture ou de l'expulsion, il introduisait sa main dans l'utérus et cherchait la main de l'enfant ; si celui-ci lui pinçait le doigt, il était sûr que l'enfant était vivant. Ce genre de pratique, certes, peut paraître primaire. N'oublions pas toutefois que Laennec (1781-1826) n'inventa le stéthoscope qu'en 1821 et qu'il fallut attendre 1843 pour que le stéthoscope soit utilisé pour l'auscultation des battements du cœur fœtal.

C'est au XVIIe siècle qu'a lieu le grand chambardement au cours duquel les médecins accoucheurs prendront progressivement la place des sages-femmes. L'événement originel est, dans l'histoire de l'obstétrique, le fait que Louis XIV ait appelé un accoucheur masculin, M. Boucher, au chevet de sa maîtresse en couches Louise de La Vallière. Les changements, toutefois, se feront progressivement, les sages-femmes continuant d'exercer leur pratique et les chirurgiens-barbiers-accoucheurs s'imposant de plus en plus, mettant ainsi en évidence la différence des deux métiers, mais alimentant aussi les controverses.

Les deux professions, en effet, n'ont dès cette époque-là pas la même approche, comme le prouve l'apologie de Louise

Bourgeois en 1627, suite au décès de Marie de Bourbon-Montpensier. Dans beaucoup de pays se développe un climat de compétition entre sages-femmes et accoucheurs, les sages-femmes défendent une position plutôt « holistique » et critiquent l'attitude plus technique des médecins. « *La sage-femme devenait une cible privilégiée chargée de toutes les responsabilités dans les accouchements qui se terminent mal, accusée à la fois de passivité et d'impatience, et toujours de sottise et de sauvagerie* », écrit ainsi Mireille Laget[1]. Ainsi, par exemple, la sage-femme s'occupe de la femme dont le bébé a un retard de croissance alors que le médecin, lui, se contente de constater un « cas » de retard de croissance.

L'intervention de l'homme dans le domaine des soins obstétricaux a provoqué un changement capital dans l'approche de la reproduction. La mortalité des enfants sur le point de naître a sûrement causé une immense frustration chez celles et ceux qui assistaient les femmes en couches et, depuis des siècles, on avait déjà inventé toutes sortes d'instruments pour sortir le bébé et sauver ainsi la vie de la mère. Mais ce n'est qu'au début du XVIIIe siècle, en 1720 pour être plus précis, que le célèbre chirurgien belge Jan Palfyn (1650-1730) présenta son forceps « manis ferrae » à l'Académie des sciences de Paris. En tant qu'il est le premier instrument à visée préventive en faveur du bébé avant la naissance, cet instrument peut être considéré comme l'invention majeure de l'obstétrique moderne.

Un siècle plus tard, comme je le mentionnais, on eut l'idée d'écouter les battements du cœur fœtal à l'aide du stéthoscope inventé par René Laennec, amélioré encore quelques décennies

1. *Naissances, l'accouchement avant l'âge clinique*, Seuil, 1982.

plus tard par Adolphe Pinard (1844-1934). Ces deux inventions — forceps et stéthoscope — sont à la base des efforts de prévention en faveur de l'enfant en voie de naître : d'un côté, nous étions maintenant en mesure d'influencer le processus de la naissance ; de l'autre côté, nous pouvions recevoir des informations sur le bébé avant sa naissance. En outre, l'interaction de ces deux inventions nous apprend autre chose encore : avant 1843, on utilisait les forceps dès qu'il y avait retard à l'expulsion, car on supposait qu'une expulsion trop prolongée pouvait causer la mort de l'enfant ; après 1843, on ajuste l'utilisation des forceps sur la base des informations obtenues en écoutant les battements du cœur fœtal.

Au cours du XXe siècle, la capacité de recueillir des informations sur la vie intra-utérine a augmenté de façon spectaculaire. Nouvelles techniques de laboratoire, introduction du monitorage de l'activité cardiaque du fœtus à partir des années 1960, suivie de l'introduction de l'analyse du sang fœtal par la méthode de Saling, nous ont permis d'apprécier avec de plus en plus de précision la condition du bébé à toutes les phases de l'accouchement. Toutefois, il faut reconnaître que les interprétations parfois erronées de ces nouvelles méthodes diagnostiques ont aussi donné lieu à un nombre considérable d'interventions obstétricales inutiles.

Parmi ces progrès diagnostiques en périnatalogie, le plus important est sans aucun doute la découverte de l'ultrason par Ian Donald en 1958 (*investigation of abdominal masses by pulsed ultrasound*) publiée dans le *Lancet*. L'échographie nous permet en effet non seulement d'écouter le bébé, mais de l'observer entièrement. Ces progrès modifient aussi le regard porté par la médecine moderne sur la grossesse physiologique et l'enfant en développement : dès que nous avons été en mesure d'observer le comportement du fœtus, une série de congrès mondiaux ont été organisés (et le sont aujourd'hui encore) sous le titre « The Fetus as a Patient ». Intitulé symptomatique, puisqu'il présume que le fœtus est un « malade », jusqu'au moment où il aura prouvé qu'il est en bonne santé. Curieux point de vue, mais apparemment, point de vue médical.

En marge des progrès diagnostiques, le xxe siècle a aussi apporté sa moisson de progrès thérapeutiques : l'accouchement programmé, quand la vie de l'enfant ou celle de la mère est menacée ; l'anesthésie moderne ; l'amélioration des antibiotiques ; les techniques chirurgicales sophistiquées ont permis de réduire considérablement les risques liés autrefois aux césariennes.

L'envers de cette médaille est que la césarienne a fini par apparaître aussi sûre qu'un accouchement naturel. Les raisons de faire une césarienne se sont multipliées et cette intervention, encore considérée dans les années 1950 comme dangereuse, s'est banalisée. Ainsi, en Hollande par exemple, pays qui compte le plus petit nombre d'interventions par rapport aux autres pays industrialisés, le pourcentage de césariennes est passé de 2,1 % en 1970 à 8,65 % en 1993 pour arriver à ≃ 14 % en 2002 !

De nos jours, la césarienne est devenue l'intervention préventive par excellence. En pratiquant une césarienne, nous pouvons interrompre, d'un instant à l'autre, le déroulement de l'accouchement mais aussi le déroulement de la grossesse. S'il est indiscutable que cette intervention est en grande partie responsable de la diminution de la mortalité et de la morbidité néonatales, l'augmentation des interventions obstétricales n'a pas nécessairement pour résultat une baisse de la mortalité et de la morbidité néonatales, comme le montrent les chiffres comparés de ces interventions entre certaines régions de Hollande et de Flandre en Belgique. En revanche, la césarienne est devenue, à juste titre, l'objet de controverses, et ce pour plusieurs raisons.

Les partisans de l'application massive de cette intervention insistent sur sa sécurité purement médicale et, lorsqu'ils proposent une césarienne planifiée, ils ont tendance à taire l'augmentation (facteur 7 à 12 !) de la mortalité maternelle ainsi que le risque élevé de dégâts, souvent permanents, pour la santé de la mère. Dans le *Lancet* d'octobre 2000, M.E. Hannah a publié un article intitulé « Planned caesarean section versus planned vaginal birth for breech presentation at term : a randomised multicentre trial », mieux connu sous le nom « The breech trial », où elle conclut qu'il est préférable de pratiquer une césarienne planifiée en cas de présentation par le siège. Cette publication a causé un tremblement de terre dans le monde de l'obstétrique et n'a pas fini d'alimenter les discussions. Moins d'un an plus tard, au cours du congrès sur les « Controversies in obstetrics, gynecology and infertility » qui s'est tenu à Paris du 6 au 9 septembre 2001, plusieurs obstétriciens se bousculaient pour faire des propositions allant dans le même sens, préconisant le recours à une césarienne planifiée pour les primipares âgées (plus de 38 ans) (A. Calder-Edinburgh, UK), les grossesses gémellaires (I. Blickstein-Rehovot, Israël), et même dans les cas où la femme enceinte ne présentant aucun risque en faisait la demande pour des raisons de commodité (« C.S. for fun ! », N.M. Fisk-London, UK). Sous prétexte de prévention,

L. Hamberger (Göteborg, Suède) allait encore plus loin puisqu'il proposait de ne plus accepter les grossesses gémellaires mais de pratiquer un fœticide. « Prévention par fœticide ? » Son motif : protéger la vie et les chances de l'un en éliminant l'autre. Il terminait sa présentation par la phrase : « Once upon a time there were twins. »

Si l'on considère le risque de mortalité et de morbidité périnatales élevé en cas de siège, de grossesse multiple ou de primipare âgée, l'augmentation des césariennes peut paraître justifiée. Mais il ne s'agit ici que des césariennes planifiées puisque ce sont elles qui jouent un rôle important au niveau de la prévention. La question qui se pose, c'est de quelle prévention parle-t-on ? pour qui ? pour la mère ? pour le bébé ?... ou pour l'obstétricien ?

Il importe en effet de faire la différence entre césarienne planifiée et non planifiée (c'est-à-dire d'urgence). Cette dernière se pratique après diagnostic de risque élevé, comme l'arrêt de progression de l'accouchement ou la détresse fœtale. La césarienne planifiée, en revanche, est pratiquée avant diagnostic — par exemple de détresse — ce qui évite à l'obstétricien de porter un jugement sur le risque. En obstétrique, cette pensée du risque a priori a tendance à devenir une évidence. Comme s'il fallait pratiquer une appendicectomie à tout enfant de cinq ans pour éliminer tout risque à venir d'appendicite (possiblement mortelle).

Il faut tout de même s'interroger : pourquoi cette tendance croissante à planifier des césariennes ? Différentes analyses des cas de mortalité périnatale montrent que, dans 25 à 35 % des cas, la mortalité périnatale était évitable et que, dans un tiers de ces cas évitables, le décès du bébé était dû à une erreur d'évaluation du risque, qui avait été sous-estimé. La césarienne planifiée exclut par définition une telle erreur, ce qui peut parfois être en faveur du bébé mais qui est toujours en faveur de l'obstétricien puisqu'il n'encourt plus de poursuites judiciaires. Si l'on tient compte du fait que, comme aux Etats-Unis, un médecin pratiquant une césarienne planifiée ne peut être tenu pour responsable d'un cas de mortalité ou de morbidité périnatale puisqu'il a utilisé le maximum de précautions pour éviter les risques, on comprend pourquoi ce procédé risque de devenir habituel.

Mais c'est aussi ne pas tenir compte de deux éléments : le premier est que c'est le bébé qui va payer la dette ; et le second, la mortalité et la morbidité maternelles qui sont en jeu.

M'étant informé dans plusieurs services de maternité en Hollande pour savoir combien de temps il fallait à une mère ayant subi une césarienne pour pouvoir enfin tenir son bébé dans les bras, il m'a été répondu que le minimum était une heure et demie. Si l'on observe ce qui se produit chez les mammifères en pleine nature, il me semble que nous privons ces bébés nés par césarienne d'un contact essentiel pendant un très long temps. De plus, on rend à ces bébés, pendant les premiers jours de leur existence, une mère « handicapée ». La césarienne est en effet une intervention chirurgicale grave, la guérison prend de nombreux jours, voire des semaines, et pendant tout ce temps, la mère n'est pas à 100 % en mesure de prendre soin de son bébé comme la nature le prévoit (et comme peut le faire une mère ayant accouché par voie naturelle). Sans compter que, si cette mère a d'autres enfants, ceux-ci aussi seront pendant un bon moment privés des soins habituels de leur mère.

Le paradoxe est que, médicalement, la césarienne planifiée est défendable. Toutefois, s'il n'y a pas de raison absolument nécessaire de procéder à cette intervention, je considère que, sur le plan éthique, ce choix n'est pas acceptable.

Le lien entre la mère et l'enfant commence à se tisser dès la naissance et il doit être respecté le plus possible par tous ceux qui participent au processus de la reproduction. C'est pourquoi à la question « Faut-il toujours accepter la séparation au nom de nos méthodes de prévention ? », je répondrais par : Oui mais… à condition qu'il s'agisse uniquement de prévention en faveur de la mère ou de l'enfant ! En d'autres termes, à condition de s'inspirer de la maxime d'Hippocrate : « *Primum non nocere* » (Avant tout, ne pas nuire).

La prévention pratiquée en faveur d'autres personnes que la mère ou l'enfant n'est pas de la prévention mais un abus médical, une dérive venant servir un autre objectif que celui auquel l'acte est destiné. C'est pourquoi je considère comme inacceptable cette politique de prévention poursuivant en réalité d'autres objectifs que le bien-être réel de la mère ou de l'enfant, et qui se pratique sous le couvert de cette phrase magique : « Madame, c'est mieux pour votre enfant. »

Attachement et séparation chez les mammifères non humains

par Marie-Claire Busnel et Pierre Orgeur

ATTACHEMENT

Nous aurions pu intituler notre propos « Avant la séparation, l'attachement » car ces concepts nous paraissent indissociables, la séparation n'étant possible que s'il existe au préalable un lien, un « attachement ». L'attachement apparaît, pour nous éthologistes, comme un mécanisme évolutif reliant les organismes entre eux.

On peut distinguer différents types d'attachement : au partenaire sexuel, aux géniteurs, aux descendants, au groupe social.

Seules seront traitées ici, dans une perspective éthologique, les modalités de l'attachement et de la séparation entre le jeune et sa mère. L'attachement mère-jeune se caractérise par une relation privilégiée, plus ou moins exclusive, entre la mère et sa progéniture, grâce au maintien d'un contact direct et à une reconnaissance interindividuelle bien développée (Poindron et Schaal, 1991).

L'attachement aux parents est une conséquence de la dépendance entre les géniteurs et le nouveau-né. Car celui-ci vient au monde non autonome et dépend pour sa survie des soins qu'ils lui prodiguent. Selon les espèces animales, ces soins varient, tant en quantité qu'en qualité, suivant les nécessités vitales : depuis le « presque rien » consistant en l'émission des gamètes reproducteurs en un lieu et un temps favorables (comme chez beaucoup d'animaux marins), l'aménagement du terrain en une sorte de nid pour abriter des œufs (oiseaux) qui se développeront parfois par eux-mêmes (nombreux insectes, tortues), jusqu'aux très longs soins, suivant différentes modalités, chez les mammifères et en particulier l'espèce humaine. Notre propos se limitera à quelques espèces de mammifères non humains, pour lesquels des études expérimentales détaillées sont disponibles.

Etablissement du comportement maternel

Période sensible — Rôle du jeune

Cette période sensible au cours de laquelle la mère acquiert une attirance vers les jeunes en général, représente une phase de réceptivité temporaire aux informations multisensorielles fournies par le nouveau-né (olfactives par les liquides fœtaux ; auditives par les vocalisations ; visuelles par la vue des mouvements et tactiles par la recherche active de la mamelle (Poindron et Le Neindre, 1980 ; Poindron *et al.*, 1988).

Le déclenchement de cette période sensible périnatale est principalement hormonal et proprioceptif, comme nous l'avons vu ci-dessus. Cependant, l'interaction avec le nouveau-né prend rapidement le relais (Rosenblatt, 1994). Le nouveau-né n'est donc pas un partenaire passif. Il participe au développement de l'attachement, à la fois par ses demandes (de chaleur, de contact, de nourriture) et par ses réponses (émissions de signaux sensoriels multiples) aux stimulations maternelles. Il s'oriente vers sa mère, recherche le téton et le trouve grâce à des informations sensorielles, principalement olfactives, pour lesquelles l'expérience prénatale semble capitale (Busnel *et al.*, 1983 ; Schaal *et al.*, 1995 ; Vince, 1993 ; Hudson et Distel, 1983). Si le nouveau-né n'émet pas les signaux appropriés en réponse à ceux de la mère, ou bien s'il est artificiellement ou accidentellement séparé après la naissance, le phénomène d'attachement est fortement perturbé et peut même disparaître si la séparation est trop longue. Cette durée est très variable d'une espèce animale à l'autre (de quelques minutes à quelques heures dans le meilleur des cas (Gonzalez-Mariscal et Poindron, 2002 ; Fleming *et al.*, 1996).

Bases physiologiques

Peu après la fécondation, la femelle subit d'importants changements hormonaux, principalement une évolution des stéroïdes sexuels. Ces modifications rendent possibles successivement l'implantation, la gestation, la parturition, l'établissement d'un comportement de soins aux nouveau-nés et la lactation. Bien avant de naître, le jeune influence déjà le comportement de sa mère, au travers de sa physiologie.

La physiologie particulière à la reproduction a donné lieu à la publication de plusieurs ouvrages qui font le point sur les nouvelles connaissances dans ce domaine (Krasnegor et Bridges, 1990 ; Rosenblatt et Snowdon, 1996 ; Thibault et Levasseur, 2001).

Chez tous les mammifères, à l'exception des primates, dans les jours précédant la parturition, le taux sanguin de progestérone s'effondre, tandis que s'élève celui d'œstradiol.

C'est dans un environnement hormonal et neurohormonal particulier que va apparaître le comportement maternel. Il est en fait malaisé d'identifier un rôle déterminant pour l'un ou l'autre des facteurs impliqués. A cela s'ajoutent les événements de la parturition elle-même, à laquelle plusieurs éléments sont associés, et qui constituent les principaux déclencheurs de l'activité de maternage. Il s'agit du passage du col utérin (avec des actions synergiques de l'œstradiol et de la stimulation cervico-vaginale causée par l'expulsion du fœtus) (Poindron et Schaal, 1991 ; Gonzalez-Mariscal et Poindron, 2002), de la présence de liquides fœtaux (attractifs seulement dans la période périnatale), de la vision du jeune (exerçant une attractivité par ses mouvements, son odeur et ses appels), de la consommation du placenta (observée chez un grand nombre d'espèces). Des approches expérimentales ont montré que le comportement maternel pouvait être induit artificiellement sur des femelles vierges « naïves » ou des femelles « expérimentées » mais non gestantes (Gonzalez-Mariscal et Poindron, 2002, pour revue). Par exemple, une injection d'œstradiol chez une rate vierge induit un comportement maternel dans les vingt-quatre à quarante-huit heures, alors que l'œstradiol ne joue qu'un rôle facilitateur chez la brebis. De même, le rôle de l'œstradiol n'est pas négligeable chez les primates. En effet, sur des tamarins (singe de petite taille du genre des Ouistitis vivant en Amérique du Sud), une mortalité élevée des jeunes est associée à des taux d'œstradiol urinaire décroissants pendant les cinq dernières semaines de gestation et très inférieurs, à la mise bas, à ceux de mères ayant conservé leur progéniture (Pryce *et al.*, 1988).

Mais quelle que soit, dans chaque espèce, l'influence relative des équilibres physiologiques sur le comportement, ils préparent toujours l'organisme maternel à être attentif aux signaux émis par le nouveau-né. En effet, dès la parturition, les stimulations actives (vocalisations, mouvements) ou passives (notamment les odeurs) prennent le relais des déclencheurs hormonaux pour le maintien du comportement maternel, et une interaction mère-jeune permanente s'instaure (Rosenblatt et Lehrman, 1963).

La répétition des stimulations peut, même à elle seule, induire un comportement maternel. C'est le cas par exemple chez des rates vierges exposées à la présence de nouveau-nés durant plusieurs jours (de 2 à 10) (Rosenblatt, 1990). Pour ces femelles, l'odeur fortement aversive des nouveau-nés deviendra acceptable et même attrayante, après des contacts répétés avec ceux-ci (Fleming et Rosenblatt, 1974 ; Rosenblatt et Siegel, 1981).

Chez la brebis, il apparaît que physiologie et stimulations sensorielles influent toutes deux sur le déclenchement du comportement maternel, le rôle des hormones étant primordial chez des femelles sans expérience, mais devenant secondaire chez les multipares. Une injection d'œstradiol peut induire une réponse maternelle chez des femelles non gestantes ayant une expérience maternelle antérieure (Le Neindre *et al.*, 1979). Une réponse maternelle à une stimulation vagino-cervicale (par la main de l'homme ou une vessie légèrement gonflée de ballon de rugby) est facilitée, chez des brebis non gestantes, par une imprégnation hormonale (œstrogènes plus progestérone) préalable (Poindron *et al.*, 1988 ; Kendrick *et al.*, 1991). De la même manière, une injection intra-cérébro-ventriculaire (ICV) d'ocytocine induit également une réponse maternelle chez des brebis non gestantes, multipares ou nullipares, imprégnées de stéroïdes (œstrogènes et progestérone) (Kendrick *et al.*, 1987 ; Kendrick *et al.*, 1997). A l'inverse, chez des brebis primipares, le comportement maternel n'apparaît pas si l'information sensitive liée aux contractions utérines est supprimée par une anesthésie péridurale dès les premières contractions, ou par césarienne (Alexander, 1988 ; Krehbiel *et al.*, 1987). Ce comportement maternel peut cependant être restauré par injection ICV d'ocytocine (Lévy *et al.*, 1992). En revanche, l'effet de l'anesthésie est compensé par l'expérience maternelle chez les femelles multipares (Poindron *et al.*, 1988 ; Poindron et Schaal, 1991).

La durée d'expression d'un comportement maternel induit artificiellement est généralement limitée, et les échanges de signaux et comportements afférents doivent avoir lieu obligatoirement pour que l'interaction mère-jeune se déroule normalement et que les processus d'attachement se mettent en place. De même, c'est l'évolution de cette relation qui permettra, à terme, la séparation et la prise d'autonomie du jeune.

Cette courte période postnatale est considérée comme une « période sensible » au cours de laquelle, malgré de nombreuses variantes selon les espèces et leur mode de vie, l'identification mutuelle entre mère et jeune exige des comportements particuliers et des échanges de signaux dont l'apprentissage précoce est nécessaire.

Période néonatale

Si la parturition, rupture physiologique inéluctable entre mère et jeune, suit un déroulement similaire chez la plupart des mammifères, il n'en va pas de même de la vie postnatale précoce, intimement dépendante du mode de vie de l'adulte comme de l'état du développement du nouveau-né.

Dès qu'une femelle donne naissance à des petits, leur survie et leur bien-être semblent devenir sa principale préoccupation, d'autant que maints signaux émis par les jeunes la stimulent et la renforcent. Il se crée une harmonisation des deux partenaires, tant sur le plan psychophysiologique que sur celui de leurs besoins réciproques, harmonisation d'autant mieux assurée qu'il existe un attachement entre la mère et ses jeunes.

Si l'expression du comportement maternel après la parturition varie selon les espèces, le but, en revanche, est unique : assurer la survie du jeune, en régulant sa physiologie nutritionnelle et thermique, ainsi que sa défense contre les prédateurs. Cette dernière fonction peut être partagée avec le mâle et même parfois avec le groupe social.

Au moment de la naissance, mère et jeune doivent tous deux à la fois se séparer en tant que dyade mère/fœtus et s'attacher en tant que mère/nouveau-né. A cette fin, la mère est attirée par ses jeunes à l'aide de stratégies régies par le développement et le comportement d'appel ou de recherche du jeune, et par le type d'expression du comportement maternel. Pour que ce processus soit efficace et harmonieux, il faut que ni le déroulement de la gestation, ni celui de la naissance n'aient été perturbés.

Il est primordial que la mère reconnaisse ses petits et soit astreinte à pourvoir à leurs besoins ; il faut également que le jeune se fasse reconnaître par sa mère et l'amène à répondre favorablement à ses sollicitations en nourriture, réchauffement et soins, afin d'assurer sa survie.

Chez la brebis, par exemple, les liquides fœtaux et le placenta, très répulsifs en dehors de la période de mise bas, deviennent alors fortement attractifs. Il en va de même de l'agneau nouveau-né, dès l'apparition du comportement maternel (généralement dès les premières contractions utérines). Cette attractivité remarquable persiste pendant quelques heures après la parturition (moins de quatre heures chez la majorité des mères).

Dès la mise bas, la mère lèche activement son ou ses nouveau-nés recouverts de liquides fœtaux jusqu'à ce que leur pelage soit sec (environ une à deux heures après la naissance). Au cours de cette période, ils sont également constamment stimulés par des vocalisations de faible intensité sonore, spécifiques de l'état maternel. Parfois même, des stimulations tactiles (la mère gratte le dos du jeune avec une patte antérieure) les incitent à se lever. Simultanément, chez la brebis comme chez la rate, la mère adopte une posture (parallèle inversée, dos voussé) favorisant la recherche de la mamelle par le nouveau-né, pour une première tétée (Lévy et Poindron, 1984 ; Poindron *et al.*, 1993).

Mise en place du lien d'attachement

Afin d'illustrer les différentes manières dont se tissent et se développent les relations mère-petits, nous avons choisi quatre groupes de mammifères ayant chacun des caractéristiques spécifiques intéressantes :

• Les rongeurs, nidicoles (rats et souris), ont une gestation courte (vingt et un à vingt-trois jours) et il est aisé d'influencer leur physiologie afin d'isoler les facteurs déclencheurs de chaque comportement. De plus, les petits à la naissance sont immatures, sourds, aveugles et peu maîtres de leurs mouvements. Ils ne peuvent même pas remplir seuls certaines fonctions vitales, les fonctions urinaire et défécatoire étant exclusivement déclenchées par la mère.

• Les suidés (porc), nidicoles intermédiaires, ont une physiologie très proche de celle de l'humain, leurs petits sont mobiles à la naissance, mais la proximité maternelle est néanmoins nécessaire, dans les premiers jours de vie, à cause d'une thermorégulation immature. Les conditions modernes d'élevage intensif incitant, pour des raisons économiques, à séparer très précocement le jeune de sa mère ont suscité de nombreuses recherches sur les besoins minimaux des petits et sur les conséquences du manque de contacts corporels mère-jeune.

• Les ovins, ne construisant pas de nid sont considérés comme nidifuges ; leurs jeunes sont dès la naissance mobiles, avec des sens visuel, olfactif, auditif et tactile fonctionnels et sont capables de réguler leur température. En revanche, la mise en place de l'attachement est un processus fragile et difficile à rétablir si des facteurs externes (maladies ou accidents, éloignement prématuré de la mère) le perturbent à la naissance.

• Les primates non humains, enfin, ont été choisis pour leur proximité avec l'homme, aussi bien sur le plan phylogénétique que par le type de développement de leur comportement maternel. Ils ont une place intermédiaire entre les nidicoles et les nidifuges, étant musculairement et de par leur sensorialité bien développés, mais mieux adaptés à l'agrippement qu'au déplacement, le petit restant accroché à sa mère pendant de longs mois (la durée varie selon les espèces).

Rôle du mode de vie des parents et du développement sensori-moteur du jeune

Les stratégies comportementales permettant de construire les liens d'attachement mère-nouveau-né sont régulées par le mode de vie des parents et par le degré de maturité du jeune à la naissance (Gubernick, 1981).

La plupart des mammifères à territoire restreint ont des petits qui naissent très immatures, incapable de se déplacer ; il leur faut donc un endroit spécialement aménagé (terrier, nid, poche marsupiale, berceau) afin de terminer leur développement. Ces espèces sont nommées nidicoles.

Les marsupiaux sont un cas extrême, le jeune étant tellement immature que la mère devient un nid ambulant, voire un « utérus externe », afin de pouvoir, en permanence, protéger et nourrir son minuscule nouveau-né-fœtus.

Par opposition aux nidicoles, les espèces à jeunes mobiles (nidifuges) possèdent le plus souvent un territoire étendu. Parmi eux, certains sont aptes à suivre leur mère dans ses déplacements dans les heures qui suivent leur naissance. C'est le cas des ovins, qui sont appelés « suiveurs ». D'autres sont également mobiles, mais restent à l'abri des prédateurs pendant quelques jours, et la mère vient les nourrir dans leur cache. C'est le cas des caprins et des cervidés, mais aussi des carnivores, chez qui les jeunes retarderaient la chasse. Ils sont appelés « cacheurs ». Les suidés (porcins) constituent un cas intermédiaire. Ils sont mobiles dès la naissance, mais restent dans un nid leur permettant d'assurer leur régulation thermique, pendant une dizaine de jours.

La force des exigences des jeunes sur la mère a longtemps été sous-estimée, voire occultée, sauf durant la vie utérine au cours de laquelle il a depuis longtemps été démontré que les besoins nutritionnels du fœtus sont toujours assurés en priorité quels que soient les déficits dans l'apport calorique de la mère.

Les différences de mode de vie et de développement neurosensoriel des nouveau-nés expliquent que la hiérarchie des signaux entre mère et jeune varie d'une espèce à l'autre et que les stratégies mises en œuvre par les jeunes pour se faire nourrir soient très différentes.

Exemple de Nidicoles

Pour les espèces qui naissent immatures (aveugles et sans grandes possibilités motrices), le nid joue un rôle clé dans la thermorégulation du jeune, mais il faut que la mère y demeure au moins le temps nécessaire à la satisfaction des besoins nutritionnels et thermiques de la portée. Les petits ont, à cet effet, des stratégies attractives passives (odeurs, aspects physiques, émissions thermiques) ou actives (principalement émissions sonores et mouvements).

Pour les espèces à portées multiples, le comportement de la mère s'organise plutôt autour du nid et de la portée dans son ensemble, que vers chaque petit individuellement. La première reconnaissance des petits est olfactive et gustative car la mère, dans de nombreuses espèces, mange le placenta et lèche les nouveau-nés, leur permettant souvent ainsi d'évacuer urine et fèces. Bien qu'elle soit capable de discriminer entre sa portée et une portée étrangère, il est possible dans les premiers jours suivant la naissance d'introduire un nouveau-né étranger qui sera accepté et nourri s'il est empreint de l'odeur du nid (rat, souris, lapin, chat et chien : Beach et Jaynes, 1956 ; Rosenblatt et Lehrman, 1963 ; Noirot, 1972).

Si à son arrivée, la mère décèle une température des jeunes trop basse, elle s'accroupit sur le nid, rétablissant par sa propre chaleur la température optimale et leur permettant ainsi de trouver chacun son téton et de se nourrir. Puis la chaleur ainsi produite, élevant la température du nid, déclenche l'éloignement de la mère, interrompant l'alimentation des petits et lui permettant, à elle, de chercher sa propre nourriture. La durée des soins est variable, mais toujours suffisante pour satisfaire les besoins nutritionnels des petits. Après le départ de la mère, les petits se refroidissent peu à peu et, chez les rongeurs, émettent des cris ultrasonores d'autant plus fréquents que la température s'abaisse, incitant bientôt la mère à revenir les nourrir et les réchauffer (Hofer, 1994).

Le comportement de soin est donc ici initialement déclenché par le sens du goût et de l'odorat, puis maintenu par l'audition des émissions sonores des petits et régulé par l'équilibre thermique. Ce mécanisme démontre la valeur adaptative de ces comportements.

Le lapin est une espèce nidicole atypique car la mère ne reste au nid que quelques minutes, une seule fois par jour, pour une phase d'allaitement très brève (trois à quatre minutes maximum), ce qui implique d'autres processus de régulation chez les jeunes. Les interactions comportementales avec les lapereaux sont en effet très réduites, puisqu'elles se limitent à une prise de position de la mère au-dessus du nid, permettant l'allaitement qu'elle interrompt elle-même rapidement, avant de quitter aussitôt le nid que les jeunes referment après son départ. Pendant les deux premières semaines de leur vie, les lapereaux restent dans le nid. Ils sont immatures (yeux et oreilles fermés, coordination motrice difficile et absence de poils) et ont besoin du nid clos pour réguler leur température corporelle. Dans ces conditions de soins maternels réduits, les lapereaux développent, pour survivre, une stratégie très performante. Ils doivent en effet être capables de localiser très rapidement les tétines de leur mère, sachant que celles-ci sont généralement, chez les lapins d'élevage, en nombre inférieur au nombre de jeunes. A ce titre, l'olfaction joue un rôle primordial, grâce à une phéromone attractive présente sur le pelage et plus fortement sur les tétines elles-mêmes et dans le lait. A la différence des porcelets qui s'approprient une tétine occupée tout au long de la lactation, les lapereaux changent très fréquemment de tétine au cours d'une même séquence d'allaitement et ont besoin de cette phéromone pour faciliter leur repérage (Hudson et Distel, 1983 ; Hudson *et al.*, 1996 ; Coureaud *et al.*, 2000).

L'espèce porcine est intermédiaire entre les espèces dont les petits naissent immatures et celles engendrant des petits autonomes sur le plan sensori-moteur. La truie ne semble ressentir aucune attraction pour les liquides fœtaux, bien qu'elle consomme volontiers le placenta lorsqu'elle en a la possibilité. Les porcelets se libèrent seuls des enveloppes fœtales et ne sont pas l'objet de léchages de la part de la mère (Dantzer *et al.*, 1986). Les contacts entre la truie et les porcelets existent sous forme de flairages naso-nasaux, essentiellement initiés par la truie dans la période post partum la plus précoce (Blackshaw et Hagels, 1990). En fait, pendant toute la durée de la parturition et au-delà (phase colostrale égale à environ six heures), le comportement essentiel de la truie consiste à rester allongée et immobile, ce qui réduit les risques d'écrasement des porcelets, cause importante de mortalité précoce dans cette espèce. Cette posture facilite l'orientation des porcelets vers la mamelle, orientation également stimulée par de nombreux grognements d'appel de la part de la mère.

Les porcelets, bien que capables de se déplacer et de percevoir la totalité des stimulations sensorielles, ont besoin pendant la période postnatale initiale d'un nid ou d'un apport de chaleur additionnel. Dans les premières semaines de vie, c'est la mère qui initie les allaitements, en prenant la position requise et en émettant des grognements d'appel. La fréquence moyenne d'allaitement est d'environ un par heure et les porcelets développent au cours des dix premiers jours une fidélité quasi parfaite à une seule ou à une paire de tétines, qu'ils conserveront tout au long de la période d'allaitement (De Passillé *et al.*, 1988). La reconnaissance entre mère et jeunes est mutuelle, même si le lien n'est pas aussi exclusif que chez les nidifuges. En fait, la truie est capable de distinguer ses propres jeunes de jeunes étrangers, dès vingt-quatre à trente-six heures post partum, sur une base olfactive (Horrell et Hodgson, 1992). Les porcelets sont eux-mêmes capables de distinguer l'odeur de la mamelle de leur mère de celle d'une mère étrangère dès douze heures après leur naissance. Alors qu'ils reconnaissent l'odeur des fèces de leur mère après vingt-quatre heures (Horrell et Hodgson, 1992) et qu'ils peuvent reconnaître sa voix dès l'âge de vingt-quatre à quarante-huit heures (Shillito-Walser, 1986). Des adoptions dans les premiers jours post partum sont assez faciles dans cette espèce (Horrell et Hodgson, 1992).

Exemple de Nidifuges

Chez les nidifuges, comme nous l'avons déjà vu, il existe deux catégories de jeunes, identifiés comme cacheurs ou suiveurs. Dans les deux cas, la reconnaissance est basée sur des critères multisensoriels, et elle est mutuelle.

Chez les cacheurs, la mère doit pouvoir s'orienter vers son ou ses jeunes à distance et ceux-ci doivent pouvoir répondre à ses recherches pour faciliter la rencontre et l'allaitement qui suit.

Chez les suiveurs, le jeune étant rapidement libre dans ses déplacements, il est nécessaire pour la mère de savoir le localiser en permanence et pour le nouveau-né de se faire reconnaître et accepter individuellement, afin de bénéficier de toute l'attention maternelle, non seulement pour l'allaitement, mais aussi en cas d'alerte ou de danger, pour la protection (Le Neindre *et al.*, 1998). A cette fin, ils doivent ensemble développer un ou plusieurs systèmes de reconnaissance réciproque. C'est ici que l'olfaction, l'audition et la vision entrent en jeu, selon les besoins, et un véritable schéma individuel de signaux réciproques s'élabore entre chaque couple mère-jeune.

Chez la brebis, par exemple, la reconnaissance olfactive de l'agneau étant limitée à une courte distance (moins de vingt-cinq centimètres, selon Alexander et Shillito, 1977), elle n'est pas adaptée aux situations où le jeune s'éloigne de sa mère au cours des activités de jeu avec les autres agneaux. Le développement d'une forme de reconnaissance à distance est donc indispensable au maintien du lien mère-jeune. Ainsi, des brebis sont capables de discriminer leur propre agneau d'un agneau étranger, uniquement à partir d'indices visuels. Lorsqu'elles sont expérimentalement confrontées à une situation de choix entre l'image projetée de leur agneau et celle d'un agneau étranger, elles préfèrent approcher l'image de leur agneau (Kendrick *et al.*, 1996). De même, elles montrent une nette préférence pour des bêlements enregistrés de leur propre jeune, par rapport à ceux d'un agneau étranger (Poindron et Carrick,

1976). La suppression d'indices olfactifs, par lavage des agneaux ou anosmie des brebis, deux à quatre semaines post partum, engendre des perturbations beaucoup moins importantes de la reconnaissance du jeune pour l'allaitement (Poindron et Le Neindre, 1980) que lors des premiers jours qui suivent la naissance (Alexander et Stevens, 1981). Des brebis, intactes ou rendues anosmiques avant la parturition, sont cependant capables d'une reconnaissance visuelle et auditive dès le premier jour post partum (Terrazas *et al.*, 1999) et elles peuvent montrer des signes de sélectivité un mois après la parturition (Ferreira *et al.*, 2000).

SÉPARATION

La naissance peut être considérée comme la première des séparations d'avec la mère, puisque le fœtus doit quitter l'utérus qui l'a abrité et abandonner ses membranes et son placenta. Le cycle de vie chez les animaux allaitant leur jeune (les mammifères, dont l'Homme) implique une dépendance mère-jeune qui diminue progressivement à partir de la naissance jusqu'à ce que le jeune ait acquis son autonomie alimentaire, puis sociale. Le sevrage est donc un phénomène biologique naturel. Lorsqu'il suit les transformations progressives des deux partenaires, les signaux déclencheurs d'attirance se font de plus en plus rares chez la mère, ainsi que les demandes et réponses des jeunes qui prennent de l'indépendance, à mesure qu'augmente leur capacité à assurer la thermorégulation et les besoins nutritionnels.

Au moment du sevrage, l'investissement parental diminue progressivement jusqu'à disparaître (Martin, 1984). L'indépendance du jeune vis-à-vis de sa mère devient à la fois nutritionnelle (passage d'une alimentation lactée à une alimentation solide) et sociale (rupture du lien privilégié). Cette indépendance est associée, chez le jeune, à une exploration croissante de son milieu et à un contact accru avec les autres membres du groupe.

Dans l'état actuel des connaissances, il est encore difficile, chez l'animal, de démontrer l'existence de liens psychiques, affectifs ou émotionnels entre mère et jeune, susceptibles d'être perturbés par la séparation, notamment lorsqu'elle intervient précocement. Le vécu émotionnel évalué par le langage chez l'homme est en effet beaucoup plus difficilement appréciable chez l'animal. Néanmoins, une analyse objective et rigoureuse des émotions chez l'animal a été engagée, selon la théorie élaborée en psychologie cognitive chez l'homme par Scherer (1984). Il s'agit de mettre en relation des situations déclenchantes définies selon des critères simples avec des modifications comportementales et physiologiques de l'animal. Cette approche se réfère à celle développée en psychologie cognitive, selon laquelle l'émotion naît de l'évaluation faite par l'individu d'une situation déclenchante, en fonction de ses besoins ou de son expérience et de son environnement, ce dernier lui permettant ou non de satisfaire ses besoins. En résumé, l'objectif des recherches engagées est de comprendre les situations susceptibles de déclencher des émotions chez l'animal. Il peut s'agir de la soudaineté ou de la nouveauté d'un événement, de l'aversion ou de la préférence vis-à-vis d'un autre individu ou d'un aliment, de la non-correspondance aux attentes de l'animal, de l'imprévisibilité ou de l'incontrôlabilité d'une situation. Les émotions ressenties alors se répartissent à l'intérieur d'une gamme allant du plaisir, si les attentes sont satisfaites, à la frustration, la déception, l'anxiété, la peur, la colère, dans le cas contraire.

Il faut, chez l'animal comme chez l'humain, laisser à la séparation le temps de s'effectuer le plus naturellement possible, ou, dans le cas des séparations provoquées prématurément, tenter de minimiser les effets indésirables qui accompagnent les séparations trop précoces ou trop brutales imposées par l'homme. En effet, une séparation précoce, telle que celle pratiquée par exemple en élevage intensif, entraîne, comme nous le verrons plus loin, des réactions plus importantes et plus durables que celles ayant lieu au moment du sevrage naturel. Cette coupure inattendue d'avec le support maternel qui représente un réel traumatisme peut même, chez certaines espèces, aboutir à la mort du jeune si des substituts ne sont pas offerts.

Les effets dus à la séparation précoce seront principalement envisagés ici. Ils partent de l'hypothèse que ces réactions représentent l'exacerbation de celles, plus discrètes, qui peuvent se développer au sevrage. Précocement, le jeune n'est pas encore prêt à supporter le manque de l'aide à grandir apportée précédemment par la mère. Il s'agit d'en comprendre les mécanismes et d'en analyser les composantes, dont les plus pertinentes sont les aptitudes sensorielles et/ou cognitives des individus, corrélées aux types de comportement et au mode de vie de l'espèce.

Chez l'animal, le rôle de la mère n'est plus perçu uniquement comme instaurant un lien affectif avec le jeune, mais aussi comme le régulateur externe des besoins internes du jeune, tant sur le plan de la nutrition, de la thermorégulation, que sur celui de la croissance et du fonctionnement neurochimique du système nerveux central. La réponse du jeune à la séparation peut alors être considérée comme un assemblage de réactions physiologiques et comportementales lui permettant de compenser la perte de la régulation précédemment apportée par des stimuli externes associés à la présence maternelle. Cette réponse peut être assimilée à une perturbation émotionnelle due à la perte d'un attachement. Même si la détresse émotionnelle est indéniable, le fait de lui reconnaître des bases physiologiques permet une meilleure analyse des causes et également des remèdes les plus efficaces pour en atténuer les conséquences.

Bien que les séparations entre adultes aient aussi leur importance, les effets de la séparation ont été essentiellement étudiés chez les jeunes. Chez l'homme, ce sont les niveaux psychologique, émotionnel et pathologique qui ont fait l'objet de la plupart des observations et des protocoles expérimentaux. Chez l'animal, par contre, les études de laboratoire ont privilégié le comportement et les transformations physiologiques qui y sont associées.

Les études entreprises tentent d'apprécier les facteurs qui conduisent à une séparation, soit harmonieuse lorsqu'elle est progressive et spontanée, soit traumatique lorsqu'elle est provoquée, soudaine et précoce. Dans le premier cas on parlera de sevrage, en précisant qu'il correspond essentiellement à un arrêt progressif de l'allaitement et que les partenaires (mère et jeune), lorsqu'ils restent en contact social, peuvent conserver un lien susceptible de subsister pendant plusieurs semaines (Hinch *et al.*, 1990). Dans le second cas, il s'agit d'une séparation qui implique pour le jeune, outre l'arrêt souvent brutal de l'allaitement, l'absence maternelle et en règle générale un changement d'environnement, auquel peut même s'ajouter une modification du groupe social (par exemple de la fratrie).

Le moment de la séparation provoquée ou du sevrage spontané intervient à des périodes variant selon les espèces, mais presque toujours quand le petit est devenu suffisamment autonome pour s'alimenter et vivre par lui-même. Sevrage spontané ou séparation précoce n'en sont pas moins des événements majeurs dans la vie du jeune qui doit s'adapter (d'autant plus s'il s'agit d'une séparation précoce) à agir seul, privé des contacts, des relations sensorielles et « affectives » qu'il avait avec ses parents, ou au moins avec sa mère.

Les effets observés après des séparations précoces, qu'elles soient temporaires ou définitives, présentent de nombreuses caractéristiques communes, que ce soit chez l'animal ou chez l'humain. Bowlby (1976-1978) le souligne dans des descriptions comportementales du jeune enfant séparé de ses parents : hyperactivité, agitation, cris, colère, augmentation du rythme cardiaque, tous symptômes d'anxiété et de détresse. Puis, si la séparation se prolonge, vient la phase d'hypoactivité, avec prostration, silence, passivité, accompagnée d'hypervigilance. On retrouve des phases presque identiques chez les primates non humains et très similaires chez les chiens et même chez les rongeurs.

Bowlby décrivait lui-même l'intérêt des recherches en éthologie : « Je répète que l'éthologie se révélera une approche fructueuse pour les problèmes psychanalytiques. Si je la préfère à d'autres approches, c'est pour les recherches qu'elle suggère. Avec les méthodes et les concepts éthologiques, il est possible d'entreprendre un programme d'expérimentation qui devrait être d'une portée considérable dans les réponses sociales de la période préverbale de l'enfance et j'y attache beaucoup d'importance. »

Les effets de la séparation, souvent décrits comme néfastes, ne sont pourtant pas toujours négatifs comme nous le verrons et servent à certains individus d'échafaudages pour se construire.

Nous l'avons dit au départ, la relation mère-jeune est constituée d'un attachement réciproque, au cours duquel les liens se tissent entre le pourvoyeur et le receveur ; liens qui sont formés par l'attraction réciproque aux stimulations de l'autre. On est de ce fait tenté de croire, par anthropomorphisme et en fonction des modes de pensée actuels, que la séparation mère-jeune représente un événement non désiré, voire traumatique, mais nécessaire à l'autonomie du jeune et à la disponibilité de la mère pour une nouvelle portée.

Concernant le sevrage naturel, il existe toutefois une théorie inverse soutenue par les évolutionnistes, dont Trivers (1974) se fait l'avocat. Selon cette théorie, parents et enfants sont en compétition quant à leur survie et non en collaboration. Leurs besoins réciproques sont non pas complémentaires, mais antagonistes. Dans cette optique, c'est le jeune qui, par ses demandes interactives, impose à ses parents des comportements de soin, qui vont à l'encontre des tendances maternelles et dont la mère chercherait à se libérer dès qu'elle le pourrait sans mettre en danger la survie de sa progéniture (Newman, 1985). Le fait que le sevrage soit initié par la mère serait alors une suite logique de son aspiration à se libérer des demandes trop contraignantes de ses jeunes.

Ces deux théories explicatives des interactions mère-jeunes coexistent encore dans les pensées et écrits de nombreux chercheurs.

Réponses comportementales immédiates à une séparation trop précoce

Il est difficile de décrire tous les effets de l'absence maternelle sur le jeune : de nombreux facteurs agissent et interagissent, tels, principalement, l'âge du jeune au moment de la séparation, ainsi que la durée de celle-ci ; mais aussi, l'état nutritionnel du petit avant la séparation, la présence ou l'absence de congénères ou d'un substitut maternel, la température extérieure, et même la quantité et la qualité des soins procurés par la mère avant la séparation.

La séparation d'avec la mère entraîne des réponses physiologiques et comportementales chez tous les jeunes du règne animal, y compris les nouveau-nés humains. Leur diversité illustre l'étendue des bouleversements provoqués par la rupture du contact avec la mère. Séparé trop tôt, le jeune ne peut plus satisfaire ses besoins fondamentaux. Les petits de chaque espèce peuvent supporter une certaine durée d'absence augmentant avec l'âge postnatal (d'une journée complète chez le lapin, à quelques minutes chez le singe macaque). Passé ce délai, on peut observer des comportements très similaires à ceux décrits par Bowlby chez le bébé humain.

Les perturbations psychobiologiques peuvent se diviser en plusieurs phases. La première phase consiste en divers signaux qui peuvent être interprétés comme des messages destinés à faire revenir mère ou parents vers le jeune. Ces signaux peuvent être olfactifs et agir à longue distance, sonores (cris, pleurs, plaintes), visuels (parades colorées), moteurs (le jeune cherche activement sa mère, s'il en a la capacité, ou explore le nid s'il ne peut le quitter). Ils permettent une reconnaissance individuelle de l'émetteur. C'est la phase active d'appel ou de recherche accompagnée d'hyperactivité et d'élévation des rythmes respiratoire et cardiaque.

Si le retour de la mère tarde, l'inconfort du jeune augmente et il entre dans une deuxième phase de plus grande hyperactivité au cours de laquelle tous ces comportements s'exacerbent jusqu'à paraître parfois désadaptés, désordonnés, voire aléatoires. Enfin, si la séparation se prolonge encore, le jeune adopte une attitude de compensation passive, aussi décrite par divers auteurs, dont Bowlby, comme une phase « dépressive » caractérisée par : une immobilité accompagnée de mutisme ; un désintérêt pour l'environnement ; une perturbation des rythmes de sommeil ; une diminution, puis une disparition des jeux ; une diminution et une disparition des interactions actives avec les congénères ; une diminution des rythmes cardiaque et respiratoire.

Si ces dernières manifestations sont habituellement associées aux états dépressifs, on peut chez l'animal envisager une explication qui serait une réponse adaptative à une situation de manque. En effet, le jeune isolé réduit ainsi ses besoins vitaux et diminue ses dépenses énergétiques en ménageant ses réserves. A cet effet, il s'immobilise, se met en boule, cherche un abri ou se blottit contre ses congénères s'il n'est pas isolé, réduisant ainsi ses déperditions caloriques et sa consommation d'oxygène par un ralentissement de son rythme respiratoire.

D'un point de vue adaptatif, les premières réponses (cris, agitation...) sont considérées comme des appels et réponses protestataires, augmentant les chances pour une nouvelle rencontre, alors que la phase d'apathie semble préparer physiologiquement le jeune à une survie solitaire prolongée, en lui conservant la plus grande partie de ses ressources énergétiques.

C'est grâce aux possibilités d'expérimentation sur diverses espèces animales, et notamment sur des animaux de laboratoire, que les mécanismes en jeu dans les réactions à la séparation peuvent être mieux compris. Myron Hofer (1970 à 1994) et les nombreux scientifiques qu'il a inspirés méritent d'être spécialement mentionnés, car au cours de plus de trente années de recherches sur le rat, ils ont imaginé maintes méthodes pour analyser les effets de chacun des éléments de confort que la présence maternelle apporte aux petits : chaleur, nourriture, sécurité, stimulation des divers contacts tactiles, mise en rapport avec l'environnement, sécurité émotionnelle.

L'hypothèse de Hofer est que les réactions des jeunes rats à la séparation d'avec la mère, décrites comme des réponses de détresse dues à la rupture du lien d'attachement, sont en réalité des réponses physiologiques induites par la perte de différents régulateurs externes associés à la présence maternelle.

Par exemple, Hofer a analysé séparément ou conjointement divers paramètres des liens mère-jeunes chez le rat, utilisant à l'occasion des leurres dont chacun représente une ou des parties de l'environnement maternel. Introduits auprès du jeune comme substituts maternels, ils ont permis de dissocier l'influence des différents stimuli fournis habituellement par la mère. Il est alors possible de mesurer objectivement le réconfort apporté par chaque stimulus isolé, puis combiné, et même d'établir une hiérarchie en fonction de l'efficacité des stimuli. L'objectif est, par exemple, de déterminer si les émissions de cris sonores et ultrasonores du jeune, quelque temps après la disparition maternelle, sont provoquées par : la faim, la baisse de température du nid, la baisse de température corporelle, le besoin d'excréter (que seule la mère provoque chez ses nouveau-nés par ses stimulations ano-génitales), le manque de stimulations tactiles, etc.

Les conditions responsables de la régulation du sommeil, de la croissance, de la motricité, de l'agitation, etc. peuvent être déterminées par apports et retraits successifs de chacun de ces stimuli. Cette méthode devrait permettre de vérifier si les marques de détresse accompagnant une séparation d'avec la mère peuvent être imputées à la suppression du lien affectif, ou bien si ce sont en réalité des effets physiologiques induits par la perte de différents régulateurs externes associés à la présence maternelle, comme le pense Hofer (ces deux explications n'étant d'ailleurs pas exclusives l'une de l'autre). Ces régulateurs (de température, de nutriment, de stimulations tactiles, olfactives, auditives et visuelles) font partie d'un vaste assemblage de fonctionnements neurosensoriels qui permettent le développement du jeune. Théoriquement, dès qu'un seul de ces régulateurs disparaît, l'organisme du jeune doit s'adapter, afin d'atteindre un nouvel équilibre. Si tous les régulateurs disparaissent en même temps, comme lors de la privation totale de la mère (sans substitut), l'adaptation peut devenir impossible.

Hofer et Shear (1980), Shear *et al.* (1981), tenant compte, à titre d'exemple, des seules émissions acoustiques, ont mesuré, au cours de la première semaine de vie, le nombre, l'intensité et le rythme de ces émissions des jeunes en fonction du type d'isolement d'avec la mère, avec ou sans autre jeune, et selon que le lieu leur est familier ou non. Ainsi, les cris ultrasonores des ratons ne sont pas influencés par l'introduction d'un leurre ayant la forme de la mère, même si celui-ci est maintenu à la température du corps. Une fourrure étalée au sol a, elle, un effet légèrement calmant. Si la fourrure est enroulée autour du leurre chaud, le nombre, l'intensité et la rapidité des vocalisations diminuent. Mais lorsque la fourrure est en plus parfumée avec l'odeur maternelle, cette réduction atteint 70 %. L'importance de l'olfaction est confirmée par le fait que des ratons rendus anosmiques ne tètent pas leur mère présente à leur côté ; le manque d'information olfactive rend donc tous les autres stimuli présents peu pertinents.

L'introduction de congénères auprès du jeune raton isolé diminue également le stress de la séparation. Ce type d'analyse permet d'établir une hiérarchie parmi les stimuli. Le moins efficace étant le visuel (forme du leurre), puis par ordre croissant le thermique, le tactile (présence de la fourrure) et enfin, l'olfactif. Pris séparément, l'odeur de la cage, la chaleur et les objets de formes familières ne sont donc pas suffisants pour réduire les vocalisations, mais ils deviennent efficaces une fois associés à la texture de la fourrure. Cette série de tests montre également que les émissions sonores peuvent être considérées comme des indices de signalisation et d'appel pour la mère.

Après une séparation de dix-huit heures, les jeunes ratons montrent des perturbations des rythmes biologiques avec diminution des phases de sommeil paradoxal. Le temps de latence à l'endormissement est plus long et le sommeil fragmenté par de fréquents éveils (Hofer, 1976). Les dérèglements des rythmes de sommeil semblent sous le contrôle de la périodicité de l'allaitement. En effet, une infusion de lait par sonde gastrique avec les mêmes intervalles que ceux des allaitements naturels rétablit des cycles du sommeil normaux, alors qu'une infusion lente et continue n'a aucun effet.

Les effets de la séparation s'atténuent quelque peu, ou prennent une autre forme, à mesure que l'on approche de la période habituelle du sevrage spontané. Celui-ci étant, comme indiqué plus haut, une rupture naturelle nécessaire à la survie de l'espèce.

Comme chez les rongeurs, on a cherché à définir chez les ovins (Orgeur *et al.*, 1998 et 1999) et chez les primates les éléments les plus importants pour la constitution du lien mère-jeune. Quand la séparation est progressive, la mère et le jeune pouvant continuer à communiquer, les vocalisations sont moindres que lorsqu'ils sont séparés brutalement. Quand la séparation est brutale mais que le jeune peut encore voir sa mère, à travers des barreaux par exemple, et respirer son odeur, les vocalisations sont intenses. En revanche, quand la séparation est brutale et totale, les vocalisations sont très atténuées et l'on peut rapprocher cette observation de celles d'enfants qui ne pleurent et ne crient plus lorsqu'ils souffrent trop, comme s'ils avaient abandonné la lutte. Notons aussi que chez le primate, lorsqu'on sépare le jeune de sa mère par une vitre, permettant la vue et l'audition mais supprimant contacts et odeurs, l'expérience est plus traumatisante (vocalisations et excitation très importantes) qu'une séparation dans deux bâtiments différents.

Réponses physiologiques immédiates à une séparation trop précoce

Les réactions comportementales à la séparation ont été étudiées sur de nombreuses espèces. En ce qui concerne les manifestations physiologiques, deux d'entre elles ont été privilégiées et font l'objet de la majorité des expérimentations : les rongeurs, principalement les rats, car cette espèce nidicole de petite taille et de gestation courte est aisément utilisable expérimentalement ; et les primates, cette espèce étant souvent utilisée pour confirmer les conclusions obtenues chez les rats, estimés trop éloignés de l'humain pour permettre l'élaboration de théories concernant nos propres comportements.

Les différents processus de régulation impliqués lors d'une séparation précoce mère-jeune sont classifiés par Hofer (1994) en trois catégories : 1. thermique et métabolique ; 2. intéroceptive et nutritionnelle ; 3. sensori-motrice.

La fréquence et la durée des allaitements, la durée de l'attachement à la mamelle, les indices de thermorégulation et l'apparition de certains indices de stress, telle l'élévation des corticostéroïdes, des catécholamines et de certaines enzymes impliquées dans les processus de croissance, peuvent être perturbés lors d'une séparation, alors même que l'apport nutritionnel est suffisant.

Sous la pression d'un stress, les différents systèmes physiologiques se dérégulent avec des temps de latence divers, ce qui explique l'apparition chronologique de réponses psychobiologiques telles que cris, perturbations du rythme cardiaque, une hyper- ou une hypo-activité, puis une croissance pondérale affectée. Et des altérations du système sympathique, même en présence d'une autre femelle non allaitante (la nourriture étant donnée par intubation et la prise de poids normale), indiquent une perturbation généralisée de tous les systèmes régulateurs.

Les réactions comportementales sont, de fait, principalement corrélées à des altérations de l'axe hypothalamo-cortico-hypophysaire. Le sang du jeune raton séparé contient quinze fois plus de corticostérone que celui de jeunes demeurés avec leur mère, même dix jours après une séparation n'ayant duré qu'une journée. Les mêmes observations ont pu être effectuées chez des souris séparées de leur mère durant seulement trois heures, peu de temps avant la période naturelle de sevrage (Busnel, 1983). Il y a aussi une modification du niveau des catécholamines dans le cerveau dans les trois jours après une séparation de dix-huit heures (Stone *et al.*, 1976) ; ce qui met en évidence des effets sur le système sympathique (Lewis *et al.*, 2000). Ces augmentations des taux hormonaux sont très supérieures à celles provoquées par divers autres stress comme par exemple les changements d'environnement, des bruits intenses, ou le passage sur une plaque refroidie.

Le stress de la séparation semble principalement dû au manque de stimulations tactiles et olfactives, et non au manque de nourriture : le taux de corticostérone ne baissant pas si, en présence de la mère dont les tétons sont inaccessibles, le petit est nourri directement par une sonde gastrique, alors qu'il se rétablit dès qu'il peut la téter. C'est dire l'importance des stimuli tactiles et olfactifs.

Les observations effectuées sur les ovins (Orgeur *et al.*, 1998 et 1999), comme sur les porcins (Hay *et al.*, 2001), suggèrent des modifications du système immunitaire et du comportement pouvant être interprétées comme le reflet des atteintes que la séparation entre mère et jeune impose à l'organisme particulièrement vulnérable, car en formation, et dont on retrouvera des traces parfois jusqu'à l'âge adulte.

Effets à moyen et long terme d'une séparation trop précoce sur le développement psychobiologique du jeune

Comme nous l'avons vu, les conséquences immédiates sur l'individu ayant subi une ou des séparations précoces, même de courte durée, commencent à être admises et bien étudiées. S'il est difficile d'élucider la complexité des mécanismes en jeu au moment même de l'événement et dans les jours qui suivent, il est plus problématique encore de brosser une vue d'ensemble des effets à long terme car, malgré un certain nombre de tentatives, il n'existe pas encore de vue synthétique incluant aussi bien les effets sur les comportements du jeune séparé que les bases psychophysiologiques qui génèrent ces déviances du comportement.

De fait, les modifications décrites rendraient la survie du jeune impossible si elles atteignaient toutes le même individu. C'est dire qu'il existe aussi des mécanismes de défense, en fonction de l'âge du jeune au moment de la séparation, de la durée de celle-ci, des substituts maternels proposés mais aussi de la résistance individuelle. Ce dernier facteur, peut-être le plus important, est encore difficile à déterminer chez l'animal et encore plus à quantifier. La qualité de l'attachement précédant la séparation est également très importante, car elle influence la capacité subséquente du jeune à en surmonter le stress.

Après les perturbations observées lors de la séparation, le jeune retrouve un équilibre de ses fonctions vitales. En particulier, il acquiert une régulation thermique propre, rétablit une alimentation adéquate, et recommence à porter attention à son environnement et à ses congénères. Cependant, un grand nombre de comportements demeurent perturbés, et le resteront souvent à vie, en particulier ceux concernant : les réponses sociales et les réponses à l'environnement, la capacité communicative et cognitive, l'apprentissage, le comportement sexuel et même le comportement maternel (Arling et Harlow, 1967 ; Beauchamp et Gluck, 1988 ; Miller *et al.*, 1981 ; Novak et Harlow, 1975 ; Sackett, 1968).

Pour la survie de l'espèce, chaque génération doit avoir un comportement maternel adéquat. Une collaboration intéressante entre une psychologue de l'enfant et une spécialiste de la psychophysiologie animale a permis de mettre au jour la complexité des mécanismes en jeu (Boccia et Pedersen, 2001). Ayant séparé précocement de jeunes rates de leur mère, pendant des périodes de courte durée (du 2ᵉ au 14ᵉ jour postnatal), elles ont observé chez ces femelles devenues adultes un comportement maternel perturbé lors de leur première portée. Celles qui ont été séparées trois heures par jour passent moins de temps à allaiter leurs petits, leur donnent moins de soins et sont moins agressives vis-à-vis des mâles qui pourraient s'attaquer à leur progéniture. De courtes séparations (quinze minutes par jour) donnent au contraire des mères plus attentives, passant plus de temps avec leurs jeunes et les allaitant plus fréquemment. En revanche, elles paraissent plus anxieuses que les femelles ayant subi des séparations de trois heures.

Des séparations de courte durée mais répétées provoquent donc des effets différents de celles de plus longue durée. Lorsque des rates ont été séparées de leur mère entre l'âge de quatre et vingt jours, c'est-à-dire pendant la majeure partie de la période d'allaitement, les femelles devenues adultes présentent un important déficit de leur propre comportement maternel. Plus étonnant, ce déficit se transmet à leurs descendantes (Gonzalez *et al.*, 2001), ce qui implique des transformations structurelles de l'ensemble de leur fonctionnement neurophysiologique.

Les travaux sur les primates non humains permettent aussi bien de confirmer la quasi-universalité de certains effets provoqués par la séparation maternelle sur le développement anatomophysiologique du jeune, que d'en démontrer les différences et d'illustrer la variabilité de ces conséquences sur le comportement de chaque espèce. L'intérêt des études sur les primates réside dans la similitude qu'ils présentent avec l'homme quant au développement des nouveau-nés et à leur dépendance physique et affective à l'égard de leur mère.

En dépit de ces constantes physiologiques, chaque espèce s'adapte à la séparation avec ses moyens propres ; ceux-ci étant en relation avec l'environnement et le type de comportement maternel. Les différences interespèces s'ajoutent d'ailleurs aux variations interindividuelles, aussi importantes chez l'animal que chez l'humain. Comme chez l'humain, il existe en effet chez les primates des comportements maternels variés, de la mère qui ne se sépare à aucun moment de son petit jusqu'à un âge avancé, à celle très permissive, qui le laisse gambader dès que le danger n'est plus manifeste, jusqu'aux espèces, comme les titis d'Amérique du Sud, chez lesquelles c'est le père qui joue principalement le rôle maternel. Suivant les cas, la séparation d'avec la mère n'aura évidemment pas les mêmes conséquences.

Comme on l'a noté pour les rongeurs ou les animaux domestiques, les effets de la séparation dépendront de différents facteurs : l'âge à la séparation, sa durée, si le jeune reste dans un environnement familier ou non, s'il est en compagnie d'autres jeunes, quel type de substitut maternel lui est proposé ; mais aussi, si la séparation est complète, de longue durée, ou intermittente, si durant la séparation il peut néanmoins voir et/ou entendre et/ou sentir sa mère demeurée proche ; et enfin, de quelle qualité de soins il aura bénéficié de la part de la mère avant la séparation et après leur réunion.

Par exemple de jeunes Rhésus macaques de sept mois (c'est-à-dire tout à fait capables de se nourrir seuls) réagissent différemment si c'est la mère qui est isolée (les jeunes restant dans le groupe), ou si ce sont eux qui sont séparés et changés d'environnement (Chappel et Meier, 1975 ; Hinde et Davies, 1972). Lorsque c'est la mère qui est sortie du groupe, les réponses classiques, biphasiques, sont observées chez le jeune : hyperactivité, agitation, cris, colère, augmentation du rythme cardiaque, tous symptômes d'anxiété et de détresse, suivis de la phase d'hypoactivité, avec prostration, silence, passivité accompagnée d'hypervigilance et d'évitement des autres jeunes ou d'agressivité envers eux. Cette deuxième phase apparaît dès vingt-quatre à trente-six heures après celle d'hyperactivité. En revanche, lorsque ce sont les jeunes qui sont éloignés du groupe, la phase d'hyperactivité perdure le temps de la séparation. Les animaux restent vigilants, anxieux et éventuellement agressifs, sans jamais paraître déprimés.

Les effets sont tout à fait inversés lors de la réunion avec la mère lorsque ce sont les jeunes qui ont été enlevés du groupe : apparemment plus perturbés que lorsque c'est la mère qui les a quittés, ils s'agrippent à elle et ne la lâchent plus. Après leur réunion, la durée d'attachement du jeune au téton, comme la durée des épouillages, n'est accrue que pour ce seul groupe. La mère, elle, prodigue plus de soins aux jeunes et est plus réceptive à leur agrippement lorsque ce sont eux qui ont été séparés du groupe.

Comme pour le rat, les équipes ont tenté de déterminer la hiérarchie d'efficacité des différents stimuli proposés comme substituts maternels, afin de comprendre le mécanisme des bouleversements accompagnant la séparation de longue durée.

Par exemple, pour différencier l'importance relative du sein maternel, et donc de l'obtention de nourriture, de celle du réflexe d'agrippement à la mère, Harlow (1958) mettait les bébés macaques[1] dans une pièce où se trouvaient à la fois des figurines en fil de fer portant le biberon et d'autres sans nourriture mais recouvertes de doux tissus chauffés. Les jeunes passaient la plus grande partie de la journée agrippés à ces dernières, ne restant sur le mannequin en fil de fer nourricier que le temps strictement nécessaire à la tétée, ce qui démontre l'importance des contacts corporels pour le bien-être de ces tout-petits.

1. Rhésus (*Macaca mulatta*) et autres macaques. Ce sont les macaques qui sont le plus fréquemment utilisés pour ce type de recherches, à cause de leur grande adaptabilité. Ils réussissent à vivre en forêt comme en ville et supportent bien la captivité.

Les qualités les plus recherchées du point de vue de la texture et de la température du mannequin ont ensuite été déterminées. Cependant, quelle que soit l'espèce (macaque, chimpanzé, babouin, gibbon), et malgré un calme et un bien-être apparents pendant que les jeunes restent attachés à leur mannequin en tissu, ils subissent, de fait, des déficits importants puisqu'ils présentent à l'adolescence des comportements stéréotypés anormaux qui perdurent souvent jusqu'à l'âge adulte. Ils passent des heures agrippés à leurs congénères (ou, à défaut, auto-agrippés) en se balançant d'avant en arrière, n'initient pas de jeux, participent peu à ceux initiés par d'autres et manifestent de grandes frayeurs devant toute situation nouvelle. Ils ont également des réactions sociales inappropriées (Harlow et Harlow, 1962 ; Berkson, 1967 — revue générale).

Cherchant à découvrir ce qui pourrait supprimer ces comportements anormaux chez des jeunes séparés de leurs mères dès l'âge de deux jours, Mason et Berkson (1975) ont animé les mannequins de mouvements verticaux et horizontaux. Que le mannequin soit immobile ou en mouvement importe peu si l'on considère son pouvoir réconfortant et rassurant lors de l'apparition d'un événement effrayant. En revanche, sur les dix jeunes ayant eu à leur disposition des mannequins fixes, neuf présentaient des mouvements stéréotypés de balancement, alors que ceux élevés par des mannequins mobiles en étaient pratiquement exempts. De plus, ces derniers avaient un comportement social, sexuel et une réponse au stress pratiquement normaux, ce qui prouve l'importance des stimulations proprioceptives dans le développement socio-émotionnel du jeune.

Si la séparation d'avec la mère est de longue durée et s'accompagne d'un isolement par rapport aux autres jeunes du groupe (les jeunes étant chacun dans une cage, pouvant sentir et entendre leurs congénères mais non les toucher), leur comportement après six mois est très perturbé, même s'ils ont été tendrement élevés au biberon par des substituts humains. Ils développent à la puberté des manifestations stéréotypées de type autiste, succions compulsives, auto-agrippement presque constant, automutilations. Ils ne parviennent pas non plus à développer des relations sociales normales, se montrent très agressifs et ont, le moment venu, un comportement sexuel perturbé et inefficace. Ils sont aussi extrêmement anxieux et peureux. Ce sont pratiquement les mêmes symptômes que ceux observés chez les bébés élevés dans des orphelinats inadéquats, ne leur procurant que trop peu de contacts humains (Kaler et Freeman, 1994).

Un objet familier servant, comme chez l'enfant, d'objet transitionnel, atténue aussi chez le singe le stress de séparation (Suomi *et al.*, 1976). En revanche, si l'on introduit auprès du jeune élevé seul avec sa mère, puis séparé d'elle, un ou plusieurs congénères du même âge, mais ne lui étant pas familiers, le stress est augmenté plutôt que diminué, comme il l'est par la présence de pairs familiers (Levis, 1978). Il est probable que le jeune précédemment élevé avec sa mère seule n'a pas acquis les règles de la vie en groupe. L'effet de la séparation est d'autant plus observable qu'il n'existe aucun dérivatif au stress, comme c'est le cas pour les animaux d'élevage, de zoo ou de laboratoire.

Il n'est pas nécessaire que les séparations soient longues pour que le comportement futur du jeune en soit perturbé. Hinde et Spencer-Booth (1971) ont constaté que des jeunes séparés plusieurs fois au cours de leur première année pour des durées de deux heures seulement présentent, à deux ans, des attitudes de frayeur inhabituelles lorsqu'ils sont confrontés à des structures non familières (changement d'environnement, rencontres de congénères inconnus). Cette peur, devant toutes situations nouvelles, n'est d'ailleurs pas spécifique des séparations. En effet, elle s'observe chez la plupart des sujets ayant subi des stress divers durant leur première année de vie (Mitchell *et al.*, 1967). Ils ont aussi conservé, à un an, des comportements qui normalement ont disparu à cet âge chez les jeunes non séparés (doigts dans la bouche, auto-agrippement ou agrippement ventral exagéré avec la mère, etc.) (Suomi, 1970).

La variabilité des effets observés chez les jeunes après une ou plusieurs séparations est, comme chez le bébé humain, influencée par le type de relation mère-jeune, précédant la séparation. Kaufman et Rosenblum (1967) remarquent que, dans un groupe de jeunes macaques Pigtail, celui qui semble le moins stressé par la séparation est issu de la femelle dominante du groupe et a eu, de par son rang social, beaucoup d'interactions avec des adultes. De même la séparation n'a pas le même effet entre deux espèces de macaques dont l'une est très possessive et laisse peu de liberté à son jeune (Pigtail), alors que l'autre est très permissive (Bonnet). Chez ces derniers, des mères de substitution apprennent très tôt aux jeunes à vivre en société. Ainsi, lors de séparations, ils ne présentent que peu de signes de dépression, car ils sont déjà socialisés.

Lors de la réunion avec la mère, il n'a jamais été observé, chez le primate, les phases d'indifférence, voire d'hostilité, décrites chez le jeune enfant (Bowlby, 1973 ; Mary Main, 1988). Ces retrouvailles sont au contraire suivies d'intenses interactions qui peuvent durer plusieurs semaines avant un retour à un comportement normal. Cependant, une grande variabilité individuelle existe, et Rosenblum et Kaufman (1968) ont noté que certains jeunes macaques (Bonnet) ne quittaient pas leur mère adoptive après le retour de leur mère biologique, et ce durant une semaine voire davantage. On peut penser que ce cas particulier est indicatif de l'importance de l'attachement pré-séparation, car ces jeunes-là sont justement ceux qui n'avaient pas ou peu exprimé de détresse lors de la séparation. Il se pourrait qu'étant moins attachés au départ à leur mère biologique, ils se soient plus facilement attachés à la mère de substitution.

Parallèlement à ces aspects comportementaux, de nombreuses études ont démontré que les séparations précoces mère-jeune engendraient de profondes modifications de la plupart des grands systèmes régulant le fonctionnement physiologique de l'individu. Sans entrer dans le détail scientifique de ces études très élaborées, notons que ces altérations concernent essentiellement les systèmes endocrinien, immunitaire et nerveux : diminution significative de la production de l'hormone de croissance et de la capacité de l'utiliser, diminution de la résistance aux infections, diminution (par apoptose) du nombre des cellules nerveuses et des circuits neuronaux, enfin, augmentation durable de la sensibilité au stress. Si, chez l'humain, la plasticité est beaucoup plus importante que chez les autres mammifères, ce qui offre de considérables possibilités de restauration, on peut néanmoins faire des rapprochements entre espèces. Kuhn (1998), par exemple, qui a étudié à la fois les primates et les humains, compare les retards de croissance observés chez les primates séparés précocement avec ceux des grands prématurés, dont la croissance est minime tant que leur état de santé ne permet pas les stimulations kinesthésiques, et qui se mettent à grandir dès qu'il est possible de les toucher, de les caresser, de les masser.

Conclusion

Les quelques expériences décrites chez les mammifères supérieurs non humains démontrent les bouleversements qu'une séparation précoce peut produire dans des cas extrêmes, c'est-à-dire chez un animal qui vit déjà les conditions anormales de la captivité. Ce genre d'expérimentations est en effet pratiquement impossible à effectuer sur des animaux en liberté. Mais on peut penser que les comportements cités sont des situations exagérées comme le sont, chez l'humain, la prison ou les orphelinats tels qu'ils ont pu exister en Roumanie, avec des enfants ayant des stimulations et des contacts insuffisants, et peu ou pas de possibilités d'attachement.

Il est démontré que l'accumulation de stress amplifie les conséquences de chacun. La captivité s'ajoutant à la séparation est donc un moyen, non seulement de pouvoir manipuler les conditions de l'environnement pré- et postséparation, mais également d'amplifier des réactions physiologiques et comportementales qui auraient pu passer indétectées dans les conditions ordinaires de séparation, si leur expression était de plus faible ampleur.

Les études sur les rongeurs, comme celles concernant les animaux domestiques et les primates non humains, vont toutes dans le sens d'une profonde modification du fonctionnement neurophysiologique et comportemental du jeune séparé précocement de sa mère. Que les effets de la séparation soient étudiés sur l'équilibre des réactions neurovégétatives, sur l'axe cortico-hypophysaire et les réactions au stress, sur le développement du système nerveux central, ou encore sur le comportement, certaines conclusions générales s'imposent.

Plus la séparation est précoce, plus intenses en sont les conséquences, pouvant même affecter le taux de survie des jeunes en dépit d'un apport nutritionnel adéquat.

La sévérité de la séparation peut être atténuée par la formation de liens affectifs autres que maternels, tels que ceux d'adultes maternants, de jeunes non séparés comme compagnons et, au pire, de substituts inanimés dotés de certains attributs maternels, de douceur, chaleur et mobilité.

Les conséquences de l'absence maternelle sont également modulées par le type de relation mère-jeune avant la séparation (plus les liens mère-bébé sont étroits, plus les réactions semblent importantes), par la stabilité de la vie prénatale, mais aussi par la nature et la quantité de stimulations positives ou négatives accompagnant la séparation.

Les effets observés sont assez semblables à ceux décrits dans d'autres conditions de stress pré- et postnatals sur l'ensemble du développement anatomophysiologique de l'individu, et les conséquences psychiques et comportementales induites.

La gravité des conséquences de séparations précoces dépend également de l'âge du jeune et donc du degré de maturation de chacun des systèmes physiologiques concernés. Plus la date du sevrage est proche, moins destructrices sont les conséquences de cet événement. Toutefois, pour certaines espèces dont les primates, le sevrage n'implique en aucune façon une séparation naturelle imminente.

Les principaux effets des séparations précoces sont, en résumé : des dysfonctionnements aussi bien de la croissance générale que de la croissance du système nerveux central et des arborisations dendritiques ; une augmentation du fonctionnement de l'axe cortico-hypophysaire qui répond au stress, les animaux demeurant soit hyper- soit hyporéactifs, et ce jusqu'à l'âge adulte ; une augmentation du nombre de décès avant comme après la maturité, particulièrement chez les mâles ; une augmentation de la consommation d'alcool et de drogue lorsque l'animal a le choix d'en consommer ; une diminution de l'efficacité du système immunitaire face à des agressions infectieuses ; une diminution de l'efficacité du système sympathique ; une diminution de l'efficacité de l'apport nutritionnel comme de la digestion.

Du point de vue comportemental, on observe : une hyperactivité généralisée ; une grande anxiété devant tout changement de vie ou d'environnement ; un dysfonctionnement dans les liens sociaux comme dans le comportement sexuel et maternel ; une agressivité accrue ; des comportements stéréotypés comprenant balancements, auto-agrippements et automutilations ; une apathie et un désintérêt pour les jeux auxquels ils participent peu et qu'ils n'initient pas ; des comportements alimentaires déviants.

La liste de ces effets à long terme attribuables à une séparation précoce devrait s'allonger dans les années à venir car les recherches dans ce domaine ne font que commencer.

Chez l'homme, de longues études épidémiologiques seront nécessaires avant de pouvoir en tirer des conclusions valides ; longues du fait de la lenteur de maturation de l'humain, difficiles car de nombreux facteurs de vie, d'environnement et d'éducation modifient les effets de chaque élément étudié. Toutefois, étant donné l'hyperactivité, la violence et l'instabilité émotionnelle de plus en plus souvent constatées chez les enfants des sociétés industrialisées, il paraît indispensable d'entreprendre rapidement de telles études. On peut en effet se demander si ces symptômes ne sont pas liés en partie à des séparations précoces mère-enfant, qui dans certains cas pourraient être évitées, en particulier tout de suite après la naissance, mais aussi pendant les premiers mois de vie.

Nos remerciements les plus sincères vont à Madeleine Paillette, pour la richesse de ses conseils et de ses suggestions éthologiques, à Françoise Bayart, pour la synthèse de ses travaux dans l'équipe de Levine et col., sur les primates non humains, et à Françoise Morel pour ses nombreuses relectures du texte.

TROISIÈME PARTIE

SÉPARATION ET EXCLUSION

Aspects éducatifs et sociaux

L'éducation qui exclut

par Caroline Eliacheff

Petits enfants, petits problèmes, grands enfants, grands problèmes, me disait ma grand-mère qui était une sage. Je m'en moquais un peu, mais c'est parce que j'étais petite…

A-t-elle toujours raison ? Je le crois. Mais c'est des grands problèmes des petits enfants que je vais traiter ou, plus exactement, des grands problèmes que se posent et nous posent les parents des petits enfants qui vont devenir grands.

On aurait pu croire que la transformation de la conception des enfants grâce à la contraception allait changer bien des choses. Nous connaissons en psychanalyse d'adulte le drame de l'enfant qui se sait ou se perçoit comme non désiré. Mais on a largement confondu le souhait conscient (je veux un enfant) avec le désir inconscient, celui de la femme, de l'homme et de l'enfant à venir. Les échecs de l'aide médicale à la conception nous le rappellent tous les jours. « Un enfant si je veux, quand je veux », slogan féministe que nous avons toutes applaudi, est loin de refléter la réalité. Il n'empêche que tous les couples sont amenés à se poser la question de leur « désir d'enfant » ou de leur « projet parental », comme on dit aujourd'hui. Cela est extrêmement récent dans l'histoire de l'humanité et explique peut-être que personne n'ait encore trouvé de réponse sur ce que serait ce désir. On savait qu'il ne suffisait pas de déclarer qu'on ne voulait pour rien au monde d'un enfant pour ne pas en avoir. Il paraissait moins évident qu'il ne suffise pas de dire que l'on veut un enfant pour être enceinte.

On aurait pu croire que l'émergence de l'épanouissement de l'enfant comme valeur éducative en lieu et place du dressage à la soumission et à l'obéissance aurait transformé les relations parents-enfants, apporté un certain épanouissement familial et une disparition de la violence éducative. Notre perception de la maltraitance a certes changé puisque celle-ci est devenue illégale ; mais elle est bien loin d'avoir disparu, comme si la mise à mal de sa rationalisation « c'est pour ton bien » avait fait apparaître intactes la violence et parfois la haine que les parents vouent à leurs enfants ou, à travers lui, à l'enfant qu'ils ont été.

On aurait pu croire, à la lumière des découvertes scientifiques sur les compétences des bébés et des fœtus qui savent tant de choses qu'ils en intimident leurs parents, qu'il serait plus facile de comprendre les enfants qui ne parlent pas encore. Les dysfonctionnements relationnels entre parents et enfants existaient-ils du temps où l'on pensait que le nourrisson n'était qu'un tube digestif ? Ce type de trouble emplit nos cabinets et les structures qui leur sont spécifiquement consacrées.

S'il était possible de qualifier par deux adjectifs ce que disent ressentir les parents d'aujourd'hui, je dirais qu'ils sont *inquiets* et *désemparés*.

Je ne sais pas s'il a un jour été facile d'être parents. Nos ancêtres ne nous ont pas dit grand-chose sur ce sujet. Aujourd'hui, chaque parent, à un moment ou à un autre, a conscience des difficultés qui se présentent, mais se sent démuni pour définir ces difficultés et pour trouver les moyens d'y remédier. Le modèle de notre propre éducation, que l'on cherche à le reproduire ou à s'y opposer, ne suffit pas, alors que cela a été le cas pendant fort longtemps. Pourquoi ? Probablement parce que ce n'est pas seulement notre vision de l'enfant qui a changé mais plus globalement celle de la famille.

Qu'est-ce qu'une famille[1] ? C'est un groupe social, mais pas n'importe lequel car ce groupe n'existe que rapporté à un système symbolique de parenté, institué dans toutes les sociétés humaines même s'il varie d'une société à l'autre. La parenté est une institution qui articule la différence des sexes et la différence des générations. Les familles si diverses soient-elles s'inscrivent toutes dans cette dimension symbolique. Lorsque les homosexuels demandent le droit à l'adoption, ou à l'insémination avec donneur pour les femmes, c'est cette institution qu'ils mettent à mal au niveau de la différence des sexes, et c'est, à mon avis, là que doit porter le choix que fera notre société et non sur leur capacité à élever des enfants.

La famille nucléaire, c'est-à-dire les parents et leurs enfants, croise toujours trois types de liens : le lien de conjugalité, le lien de filiation et le lien fraternel. Et si l'on veut comprendre la transformation de la famille contemporaine et les problèmes éducatifs qui se posent aujourd'hui, on est obligé de se demander comment ont évolué ces différents types de

1. Tout le développement qui suit sur la famille jusqu'à la page 234 est un résumé du rapport d'Irène Théry intitulé *Couple, filiation et parenté aujourd'hui.* Paris, Odile Jacob, La Documentation française, 1998. Je la remercie de m'avoir autorisée à retranscrire ses propos.

liens. En ce qui concerne le lien de conjugalité et le lien de filiation, l'évolution s'est faite de façon totalement opposée.

Le lien fraternel est profondément transformé par la raréfaction des familles nombreuses et l'augmentation des familles dites recomposées, selon la très heureuse expression d'Irène Théry : vivent comme frère et sœur des garçons et des filles qui ont soit leur père, soit leur mère en commun ou aucun des deux lorsque le père de l'un vit avec la mère de l'autre ou vice versa. L'introduction d'un beau-père ou d'une belle-mère pose actuellement la question de leur statut qui, juridiquement, n'existe pas. Les familles sont amenées à inventer des solutions avec plus ou moins de bonheur. Les repères s'élaborent petit à petit, non sans conflit parfois, mais il semble que les enfants arrivent à s'y retrouver quand les parents et les beaux-parents s'y retrouvent, c'est-à-dire quand ils occupent leur place générationnelle et leur fonction éducatrice en la partageant équitablement avec le parent génétique.

Le lien de conjugalité a, lui, totalement changé et nous sommes en train de vivre l'aboutissement d'une évolution séculaire. Ce que nous en voyons, c'est la baisse de la nuptialité, l'augmentation de l'union libre, la progression des séparations et des divorces. Mais on établit rarement une relation claire entre ces transformations du mariage et l'un des traits majeurs de l'évolution des sociétés démocratiques : l'accès des femmes à l'égalité et à la dignité de sujet. Le lien de conjugalité reposait sur l'inégalité des sexes, la maternité des femmes et l'indissolubilité du lien du mariage. L'évolution s'est faite vers l'égalité entre les hommes et les femmes symbolisée dans la famille par l'autorité parentale conjointe, la non-réduction des femmes à la maternité symbolisée par leur engagement professionnel, la responsabilité du couple quant à sa durée symbolisée par le divorce par consentement mutuel et surtout par la montée du concubinage. Ces transformations rendent le lien de conjugalité plus individuel, plus privé, plus contractuel et donc plus précaire qu'il ne l'était.

Le lien de filiation a suivi l'évolution exactement inverse de celle du lien de conjugalité. Au début du XIXe siècle, les naissances illégitimes sont fréquentes et les naissances non voulues se succèdent. Mais les bâtards n'ont aucun droit. Dans les familles légitimes, la puissance paternelle est un pouvoir quasi absolu incluant le droit de correction et la possibilité de demander l'incarcération de l'enfant. Tout cela n'empêche pas l'amour parental d'exister mais l'enfant mis au travail dès cinq ou six ans, sauf dans les classes privilégiées, est, s'il survit, d'abord une force de production même si elle est inférieure à celle d'un adulte.

L'évolution s'est faite vers la spécification de l'enfance et la reconnaissance de l'enfant comme une personne en devenir. Cela va révolutionner le lien de filiation. Les facteurs fondamentaux de cette évolution sont la révolution démographique, la révolution sociologique, la révolution intellectuelle et scientifique, et la révolution économique.

La révolution démographique, c'est la baisse de la mortalité infantile et le contrôle de la fécondité. Les abandons ne sont plus une fatalité et l'enfant est de plus en plus désiré, sa naissance programmée.

La révolution sociologique mène de l'enfant producteur à l'enfant écolier cependant que les parents sont soumis à un contrôle accru des pouvoirs publics. Nous assistons aujourd'hui à ce sujet à un double mouvement. D'un côté, une extension de ce contrôle sous-tendue par l'idée que la pire menace qui pèse sur les enfants, ce sont ses parents. L'exemple le plus récent est la prévention de la maltraitance dans les maternités, voire pendant la grossesse, c'est-à-dire avant même que l'enfant soit né. D'un autre côté, une politique de soutien à la parentalité dont le sens n'est pas univoque. S'agira-t-il d'une forme plus subtile de contrôle étatique ou, ce qui serait un réel changement, une forme de reconnaissance que les parents — même « carents » — ne sont pas les plus mal placés pour élever leurs enfants ?

La révolution intellectuelle et scientifique est indissociable de la précédente qu'elle légitime et renforce. Tous les pays développés possèdent aujourd'hui des laboratoires de recherche dont un aspect de l'enfant est l'objet : cognition, éthologie, psycholinguistique, neurophysiologie, génétique, reproduction, etc. Les domaines concernés au premier chef par l'enfant n'ont jamais été aussi nombreux. L'éducation et l'instruction lui restent consacrées. De même, la pédopsychiatrie, la psychanalyse pour enfants, la pédiatrie et ses surspécialisations, la néonatalogie et la fœtologie.

Quant à la révolution économique, c'est la plus récente, avec l'apparition d'un marché de l'enfance, l'enfant consommateur devenant un enjeu de plus en plus important pour le marché colossal qu'il représente : la presse (celle qui parle des enfants et celle qui s'adresse à l'enfant), l'édition, la publicité, le cinéma, la télévision, le jouet, la parapharmacie, les loisirs ou l'habillement. L'institut de l'enfance estime que les moins de dix-huit ans gèrent 40 milliards de francs[1].

1. *Marketing Magazine*, janvier 1997.

Cette quadruple révolution a pour conséquence une nouvelle forme de liens entre les parents et les enfants. L'enfant est devenu un bien rare et durable, et l'impératif de qualité se substitue à la valeur quantité. La responsabilité parentale s'en trouve plus affirmée. Elle vise notamment à assurer à l'enfant une qualité de soins et d'éducation conforme aux représentations nouvelles des besoins de l'enfant. Le rôle de chaque parent a également changé sans pour autant devenir interchangeable, ce que craignaient d'éminents psychanalystes lorsqu'on a commencé à parler des « papas-poules ».

En se personnalisant et en s'affectivant, le lien de filiation s'affirme toujours davantage comme un lien inconditionnel. Remarquons que cette inconditionnalité ne prend effet qu'après la naissance. Avant, c'est plutôt l'exigence de perfection qui prime. Certains couples ne sont-ils pas prêts à demander l'avortement pour une malformation ou une maladie curable ou tout simplement parce que l'enfant ne vient pas à point ?

Une fois l'enfant venu au monde, les parents lui doivent de l'aimer, le soutenir, le protéger quoi qu'il arrive, rester son parent quels que soient les aléas du couple, que l'enfant soit beau ou pas, intelligent ou pas, handicapé ou pas et même, d'une certaine façon, délinquant ou pas. Nos ancêtres qui enfermaient au couvent les filles rebelles et rejetaient les fils indignes étaient loin d'une telle inconditionnalité. Il s'agit donc d'une mutation structurelle, mais il semble que les principales difficultés qui surgissent au sein des familles soient liées au fait que cette mutation est inachevée et surtout inassumée.

Entre hommes et femmes, la conquête de l'égalité en droit se conjugue avec le maintien de fortes inégalités en fait. Alors qu'aujourd'hui la majorité des femmes travaillent comme les hommes, on est en train de voir apparaître une forme nouvelle d'inégalité entre les femmes elles-mêmes avec, d'un côté, celles qui bénéficient à la fois d'une carrière intéressante, bien rémunérée, leur permettant une prise en charge des enfants compatible avec leurs horaires de travail, un logement confortable et qui peuvent mener de front féminité, maternité et accomplissement personnel, et à l'autre pôle, les femmes qui subissent de plein fouet la précarisation de l'emploi, le manque de moyens pour la garde des enfants, les heures passées dans les transports et la totalité des tâches ménagères. Celles-là se sentent flouées comme femmes, mères et salariées.

Entre parents et enfants, l'affectivation des liens et le souci de l'enfant vont de pair avec un désarroi profond sur les fondements de la transmission générationnelle. Le nouveau « pacte de filiation » demeure incertain et la place qu'occupe actuellement la maltraitance comme la principale menace pesant sur les enfants en est le témoin. La sécurité et la stabilité du lien de filiation ne sont pas non plus assurées en cas de séparation. On observe une forte inégalité entre le père et la mère, la sécurité du lien étant axée principalement sur la mère, et l'on sait que, dans un quart des cas de séparation, il y a rupture totale des liens père-enfants.

La mutation de la famille est inachevée et aussi inassumée. Les articles, les revues, les livres annonçant la fin ou la crise de la famille sont là pour le prouver. S'il s'agit de la famille considérée par rapport aux références traditionnelles, on aurait lieu en effet de s'inquiéter. Mais si l'on considère la configuration familiale qui a été longtemps la plus ignorée et la plus invisible, à savoir la famille recomposée, on peut se réjouir de la capacité de notre société à innover, à recréer des références nouvelles permettant aux individus (en particulier aux beaux-parents) de définir une place générationnelle sans menacer la place généalogique. Or cette évolution ne trouve jusqu'à présent aucun véritable relais social. De fait, les individus affrontent ces situations de façon très inégale : certains triomphent des pièges de l'incertitude identitaire tandis que d'autres composent ce que l'on appelle maintenant les « familles sans repères » que les travailleurs sociaux connaissent bien.

Face à ces transformations, qu'en est-il de l'éducation ? L'éducation est indissociable de la perception que nous avons de l'enfant et cette perception a, elle aussi, radicalement changé en très peu de temps. Cette perception, si juste qu'elle nous paraisse, est toujours une construction à un moment donné, elle n'est jamais une vérité. Souvenons-nous qu'il n'y a pas si longtemps, le bébé était considéré comme un simple tube digestif aveugle, sourd, muet, ne comprenant rien. On pensait aussi qu'il ne souffrait pas physiquement et on l'opérait sans anesthésie. Ses sensations étaient réduites à éprouver la faim, la soif et peut-être l'inconfort. Néanmoins, ce tube digestif était d'emblée soumis au dressage et on conseillait de ne jamais céder à un caprice de peur que l'enfant recommence. Les parents devaient être le moins possible dérangés par la présence des enfants. L'enfant n'accédait que très tard, voire jamais à une relation égalitaire avec ses parents ou ses maîtres. Il y avait certainement des problèmes éducatifs dans les familles car tous les enfants ne se soumettaient pas au dressage sans casse. Mais le rapport de forces était toujours en faveur des parents et plus particulièrement du père, jusques et y compris dans les choix professionnels et maritaux des enfants. Ceux qui ne se soumettaient pas rompaient, ce qui était le signe de leur bonne santé psychique, ou souffraient en silence. La rupture était certainement douloureuse pour les parents et la souffrance des enfants très peu prise en compte.

Actuellement, nous vivons sous le règne de l'épanouissement de l'enfant comme valeur éducative, la reconnaissance de l'enfant comme un autre soi-même avec les droits qui en découlent et la reconnaissance simultanée de droits spécifiques liés à la minorité. On peut aussi parler d'idéalisation de l'enfance dans la mesure où les devoirs des enfants, quel que soit leur âge, n'ont pas été formulés et ne peuvent être pensés en termes juridiques.

Françoise Dolto a parlé d'une éthique du fœtus et d'une éthique de chaque stade de développement. Il est heureux que, peut-être parce que cela paraît un peu folklorique sauf à ceux qui pratiquent réellement avec les enfants et à ceux qui ont une fonction éducative, personne ne se soit avisé de formuler ces éthiques en termes juridiques.

Les situations que nous pointons comme pathologiques aujourd'hui sont schématiquement de deux ordres : celles où la place de l'enfant est « trop égale » et celles où elle ne l'est pas assez.

Ce « trop d'égalité » peut se manifester dès la naissance alors même que le nourrisson, totalement dépendant quant à ses besoins physiologiques et affectifs, ne peut encore se différencier de la personne qui les lui prodigue. Dans la mesure où le corps du nourrisson est répétitivement stimulé et apaisé, on dit qu'il est totalement érogène. Tous les orifices le sont, tous les sens aussi et même les appareils internes : la bouche, l'anus, la peau, l'ouïe, l'odorat, la vue, les appareils digestif et respiratoire (pour ne citer qu'eux).

L'image inconsciente du corps, concept clé de la théorie de Françoise Dolto, se constitue précisément à partir de ces expériences corporelles. Cette dépendance initiale totale est cependant destinée à laisser place progressivement à une autonomie réelle, sous réserve que l'enfant puisse aller à son rythme. Ce que nous observons en clinique, c'est ce que Michèle Montrelay appelle le « rapt des pulsions[1] », c'est-à-dire l'utilisation abusive des pulsions de l'enfant pour s'en satisfaire, pour s'en sentir comblé sans jamais ouvrir aucun espace de séparation, réalisant une sorte de fusion incestueuse dans la mesure où aucun tiers n'est inclus, pas plus le père que les intérêts professionnels ou autres de la mère. Contrairement à Michèle Montrelay qui pense que ces rapts précoces ne sont pas décelables sur le moment — peut-être parce qu'à ma connaissance elle ne fréquente pas professionnellement les nourrissons —, je pense qu'ils le sont.

Ce sont les troubles somatiques répétitifs qui doivent nous y faire penser, associés à la façon dont la mère s'en accommode trop bien ou, à l'inverse, les ressent de façon persécutive, à elle adressés sans qu'elle puisse les maîtriser. Ces troubles ne rendent pas seulement l'enfant malade physiquement. Ils sont le signe d'une mutilation psychique d'une zone corporelle.

Il m'est arrivé, bien que ce soit exceptionnel, de rencontrer cette fusion incestueuse entre un père et son nourrisson, une fille, relation excluant totalement la mère qui avait ses propres raisons inconscientes pour se laisser exclure. Pour une raison inconnue de moi, le père a laissé tomber sa fille à l'âge de six

1. In *La disposition perverse,* sous la direction de Patrick Guyomard, Paris, Odile Jacob, 1999.

mois. Bien que la mère ait pris le relais au niveau des soins, le bébé a failli en mourir.

Plus souvent, les pères, voire les grands-parents, entretiennent ces relations que je qualifie de trop égales, plus tard, sur le mode de la complicité, complicité ambiguë quand elle est fondée sur l'exclusion ou la déconsidération des tiers affectivement liés à l'enfant, entraînant ce que Dominique Guyomard a appelé la « confusion des sentiments[1] ».

Quel que soit l'adulte concerné par ce que je viens de décrire, il est clair qu'à vouloir considérer l'enfant comme un partenaire exclusif, cet adulte exerce sa toute-puissance et abuse de son pouvoir, le plus souvent au nom de l'amour.

L'autre face de l'abus de pouvoir est bien sûr la maltraitance. La place de l'enfant n'est alors pas assez égale, au sens où sa dépendance est synonyme d'inhumanité, ses besoins perçus comme illégitimes voire persécutants.

Boris Cyrulnik nous annonce que tous les enfants maltraités ne deviennent pas des parents maltraitants. Ceux d'entre nous qui ont sur leur divan ces anciens enfants maltraités le savent depuis longtemps. Ce sont précisément ceux qui ont les moyens de venir en parler ou de choisir un métier tel que juge, avocat ou médecin qui leur permettra, d'une manière ou d'une autre, de ne pas rester seuls avec cette souffrance. Deviendront des parents maltraitants ceux qui n'ont que l'issue de maltraiter leurs enfants pour faire reconnaître ce qui leur est arrivé à eux.

Mais revenons à l'éducation. En poussant un peu, on en est venu à se demander si, l'enfant sachant tout, et pourquoi pas même avant de naître, ce n'est pas lui qui avait tout à apprendre

1. *Ibid.*

à ses parents. Le maniement aisé du magnétoscope et des ordinateurs en tout genre par de jeunes enfants de toutes les classes sociales a introduit même de façon limitée mais répétitive une situation qui ne se produisait jamais : les parents ont besoin des enfants au sens où ceux-ci savent effectuer des tâches qu'eux-mêmes ne savent pas faire ou beaucoup plus lentement.

Si la psychanalyse en particulier nous apprend que les êtres humains quel que soit leur âge sont à égalité de désir (ce qui en soi est totalement subversif par rapport à ce qui était dit précédemment), cela n'a jamais voulu dire qu'un enfant soit un adulte en miniature. Son humanisation passe précisément par son éducation. Les sauvageons stigmatisés par Jean-Pierre Chevènement existent. La question est de savoir si les lois de la société ne leur ont pas été enseignées ou s'ils ne les ont pas intériorisées. La réponse répressive, celle qui vient de l'extérieur, que l'on oppose souvent à la réponse éducative (qui veut qu'à terme, par la persuasion, l'enfant reprenne à son compte les interdits) conduit à une question essentielle : est-il possible d'éduquer sans faire usage de l'autorité ? ou à quoi éduque-t-on par la négociation ? On ne renonce pas si facilement aux valeurs anciennes. Les parents qui veulent avant tout que les enfants obéissent et qui, ayant tout lu, s'y prennent par la négociation sont déçus : les discussions sont interminables, les enfants n'obéissent pas, le contrat devient un chantage et la crise de nerfs n'est pas loin.

Or il n'y a pas d'éducation sans apprentissage des lois qui sont avant tout des interdits. La question n'est donc pas de savoir s'il faut interdire, il le faut, mais comment interdire sans détruire. C'est tout à fait possible car nous avons à notre disposition cet instrument inégalable qu'est le langage.

En tant que parent, le principal interdit que nous ayons à enseigner à nos enfants est l'interdit de l'inceste, inceste parent-enfant, inceste frère-sœur et inceste familial un peu plus large (oncle, tante, beau-père, belle-mère). On ne dit pas toujours que cela implique du côté des parents qu'ils se l'interdisent en premier et n'entretiennent pas avec leurs enfants des privautés, une absence de chasteté, une interdiction de fait d'aller vers les autres qui le bloque dans son accession à l'autonomie.

En revanche, le désir que nous aurions, là aussi relativement nouveau, que nos enfants nous aiment inconditionnellement est très mauvais conseiller. Accepter de déplaire, voire d'être momentanément haï peut aider dans bien des circonstances. C'est par exemple le cas des femmes qui travaillent et se sentent coupables de ne pas s'occuper assez de leurs enfants, craignant entre autres que l'enfant leur en veuille. Il n'est en rien nocif qu'un enfant se rende compte qu'il ne comble pas sa mère et qu'elle prend du plaisir à être ailleurs avec des personnes de sa génération. L'enfant se rend compte qu'on n'est pas pareil quand on est petit et quand on est grand. Devenir grand devient plus tentant que de rester petit. Mais il faut aussi que la mère accepte que, présente ou absente, son enfant puisse se tourner vers d'autres adultes qu'elle, à qui elle fait confiance et à qui son enfant peut aussi faire confiance.

Françoise Dolto dit que « la castration pour une mère, c'est d'aimer son enfant la désaimant — car il lui en veut de l'avoir lâché pour un autre, adulte — et c'est de lui donner tous les autres de la société comme aussi valables qu'elle-même[1] ».

1. Françoise Dolto, *L'échec scolaire. Essai sur l'éducation,* Paris, Ergo Press, p. 102.

A un moment ou à un autre, il est angoissant d'être parent parce que nous sommes constamment confrontés à notre impuissance, alors que la dépendance première de nos enfants nous donne un sentiment de puissance même si nous n'en abusons pas.

Le dressage, c'est-à-dire l'exercice de cette puissance, n'ayant plus cours, nous sommes obligés, en permanence, d'assumer cette impuissance. C'est justement quand on ne l'assume pas qu'on peut parler de démission. La vie et les relations qu'entretiennent les parents restent un modèle pour les enfants. Assumer son impuissance, c'est reconnaître que ce modèle n'est pas la perfection et introduire l'enfant aux contradictions et aux difficultés plutôt que de tenter de dissimuler ce qu'il perçoit fort bien. Et c'est extrêmement fatigant. Autrement dit, considérer ses enfants comme sujets, c'est leur faire confiance et aussi se faire confiance. Aucun spécialiste qui se prétend compétent ne peut donner de réponses qui seraient des modes d'emploi. Il s'agit plutôt d'indiquer qu'entre parents et enfants, c'est une sorte de contrat de confiance qui peut s'établir. Et il commence dès les premiers jours de la vie. Les parents peuvent et savent maintenant de plus en plus qu'ils peuvent communiquer avec leur enfant dès la naissance et même avant.

C'est au moment où surviennent les moments difficiles de la vie, voire les drames dans la famille, que ce contrat de confiance s'éprouve et surtout prend tout son sens. La psychanalyse nous a appris que l'on ne protège pas un enfant en lui taisant ou en le tenant à l'écart de ce qui se passe, bien au contraire. Si l'on ne peut mettre de mots sur ce que les enfants perçoivent, non seulement ils imaginent toujours le pire mais surtout ils pensent toujours être responsables de ce qui arrive. Dire les faits, si douloureux qu'ils puissent paraître, est toujours moins inquiétant et même toujours plus rassurant que de laisser un enfant dans le non-dit et l'incertitude, que ce soit à propos d'une mort, d'un divorce, d'un départ, de la perte d'un travail ou d'un acte délictueux. Cela est valable à tous les âges, tant qu'on n'est pas séparé de ses parents.

Que nous en prenions conscience ou non, nous revivons à travers les différents âges de nos enfants, les différents âges de notre enfance. En particulier la femme pour ses filles et l'homme pour ses fils. Chaque enfant perçoit inconsciemment ce que nous revivons et c'est une fonction essentielle des parents de parler d'eux-mêmes à l'âge qu'ont leurs enfants. Il est fréquent qu'en venant nous consulter pour des actes de désobéissance, un manque de concentration, des petits vols ou tout autre chose, on découvre en parlant avec les parents que le parent du même sexe à l'âge qu'a son enfant a vécu une blessure mal cicatrisée, refoulée comme nous disons, et que le comportement de l'enfant est à comprendre en relation avec l'histoire de ses parents.

C'est certainement au moment de l'adolescence, que beaucoup de parents redoutent, que le contrat de confiance a le plus de sens. Comment accepter, recevoir, percevoir comme saine l'angoisse de nos enfants adolescents ? Si ce n'est souvent en avouant, en constatant, en expliquant notre impuissance, en lui parlant, mais d'abord de nous-mêmes avant de les questionner et de les engueuler, ce à quoi il n'y a pas à renoncer. Ne pas démissionner c'est exactement cela, puisqu'il s'agit de reconnaître l'autre, humain, différent comme il est et non comme on aurait voulu qu'il soit.

Je ne puis terminer sans vous rappeler le mot de Freud parlant de l'éducation : « Quoi que vous fassiez, vous ferez toujours mal. » Je ne dis pas cela pour vous rassurer ni pour vous inquiéter selon les cas, mais pour essayer de comprendre ce que Freud a voulu dire car cette phrase est plus énigmatique qu'il n'y paraît. Je crois qu'on peut la comprendre aujourd'hui de la façon suivante : c'est quand votre enfant devenu grand jugera de façon négative l'éducation que vous lui avez donnée que vous pourrez être sûr d'avoir réussi. Cela signifie en effet qu'il a la capacité de juger d'une part, et d'autre part de faire confiance à son jugement. N'est-ce pas ce à quoi nous disons que nous aspirons pour nos enfants ?

Parents exclus, enfants exclus

par Micheline Blazy

Notre service de l'hôpital du Vésinet est un service public hospitalier, pour moyens séjours, disposant de deux étages : l'un de vingt lits en prénatal, l'autre de vingt et un lits en post-natal et de vingt-trois berceaux. Les femmes qui y sont hospitalisées présentent, pratiquement toutes, plusieurs critères d'exclusion et se trouvent, à cette période cruciale de leur vie, en situation de grande détresse. A ce moment très particulier de la grossesse, nous intervenons dans leur vie sur trois plans : médical, psychologique et social. (Il paraîtrait dérisoire en effet de s'occuper des abcès cutanés d'une toxicomane sans s'intéresser à son état psychique et sans l'aider si elle ne dispose d'aucun logement.) Notons aussi que, dans ce service, le financement, extrêmement complexe, fait intervenir à la fois la Sécurité sociale (pour les rares qui y sont affiliées), l'Aide sociale à l'enfance (au titre de la protection de l'enfant), l'AME (pour les femmes en situation irrégulière) et la CMU (pour les femmes ayant de faibles ressources : RMI, API, Assedic).

Toutes ces femmes — dont le parcours personnel d'« infans » s'est lui-même avéré difficile — s'interrogent, nous le verrons, sur l'avenir de leur bébé (ce bébé souvent exclu déjà de toute relation avec son père) et sur leurs capacités maternelles.

De notre côté, en les accueillant, nous les trouvons dans une situation susceptible de retentir tant sur la grossesse que sur les relations précoces mère-enfant ; notre objectif de soins est d'assurer, du point de vue médical, psychologique et social, le meilleur déroulement possible de la grossesse ; et dans la période postnatale — les pathologies psychosociales pouvant avoir des répercussions négatives sur les interactions parents-enfants — d'observer, d'aider et de soutenir la relation mère-bébé, mais aussi d'évaluer les capacités parentales de la mère. Lorsqu'il y a risque pour l'enfant de négligences graves, voire danger nécessitant un signalement judiciaire, ce qui représente environ 10 % des cas, nous prenons le temps de préparer et d'accompagner le placement, mise à distance toujours douloureuse pour l'enfant comme pour la mère, et nous cherchons à faire que toutes les conditions soient réunies pour éviter à la fois que cette séparation mère-enfant devienne une rupture (on sait à quel point est importante la préservation du lien, pour la mère et pour l'enfant) et qu'une nouvelle grossesse survienne immédiatement, qui entraînerait, dans un mouvement de répétition induite, un nouveau placement.

Pour faire face à ces objectifs de soin, nous formons une équipe pluridisciplinaire composée d'une gynécologue-obstétricien chef de service, d'un psychiatre à mi-temps, d'un pédiatre à mi-temps, de deux assistantes à temps plein en médecine générale et d'un vacataire spécialiste du sida. La pathologie obstétricale chez les femmes enceintes en grande difficulté s'avérant extrêmement fréquente et parfois grave, les sages-femmes sont présentes de jour comme de nuit. Les infirmières et les auxiliaires de puériculture s'occupent de l'étage réservé à la période postnatale, et chaque patiente se voit attribuer une infirmière référente, chaque bébé une auxiliaire référente. De plus, toutes les patientes sont dès leur entrée confiées à une psychologue qu'elles voient au moins une fois et à une assistante sociale (il existe deux postes à temps plein de psychologue et, de même, deux postes d'assistante sociale).

Ces situations d'exclusion s'accompagnent souvent d'une pathologie médicale ou psychiatrique qu'il convient de traiter tout en apportant un soutien social. Du point de vue psychologique, nous essayons de proposer une palette diversifiée, permettant de s'adapter à chaque patiente, à ses capacités linguistiques et d'élaboration, de répondre à ses désirs et à ses besoins tout en tenant compte du temps dont nous disposons nous-mêmes, qui est bien court. Suivant les cas, il peut s'agir d'une psychothérapie avec un versant analytique, d'haptonomie (encore que malheureusement les pères soient souvent absents, ce qui en modifie la perspective), de sophrologie ou encore d'hypnose, technique particulièrement adaptée dans les suites de traumatismes indicibles (guerre, viol, inceste).

Quels signes d'exclusion rencontrons-nous dans le service ? L'exclusion se définit par l'absence d'un ou de plusieurs éléments d'intégration sociale. Les exclus sont des personnes « sans ». Et il est rare que cette absence soit unique, qu'il ne manque qu'un élément. Ainsi l'absence de papiers entraîne-t-elle une vie dans l'illégalité, et souvent une situation de rupture avec les traditions, les coutumes, la langue maternelle et la famille restée au pays. Absence de couverture sociale, de logement, de revenus, de travail régulier, niveau scolaire souvent faible, voire très faible sont les signes les plus fréquemment rencontrés. Certaines jeunes femmes (20 % environ) sont mineures et très isolées, certaines toxicomanes ou alcooliques, et nombreuses sont celles affligées d'un handicap ou d'une pathologie somatique non ou mal traitée. Les problèmes psychiatriques patents représentent environ 30 % de nos pathologies, avec psychoses, dépressions et syndromes déficitaires. L'isolement affectif est la règle, souvent accompagné d'une solitude mal vécue entraînant chez les femmes non mariées, ou dont le conjoint est absent ou maltraitant, un isolement social.

Lorsqu'on se penche sur ce qui a précédé ces signes d'exclusion, on découvre souvent des antécédents de maltraitance, de sévices sexuels, de persécution, ainsi que l'exposition précoce à des ruptures de lien, des abandons, des négligences graves, ou encore des antécédents de perte brutale d'objets d'attachement. Enfin, on retrouve presque systématiquement dans l'histoire de ces jeunes femmes une forme de transmission, d'une génération à l'autre, d'un dysfonctionnement familial.

Ces signes d'exclusion, le plus souvent cumulés, donnent lieu à un fort sentiment de honte, exprimé par ces jeunes femmes dès leur entrée dans notre service : honte d'avoir à dire qu'elles n'ont nulle part où aller ; honte d'avouer qu'elles n'ont jamais fait d'études ou ne savent pas lire ; honte d'avoir été rejetées ou abandonnées par leurs parents ; honte que leur compagnon soit parti (qu'il ait désiré ou non la grossesse) et se soit dérobé à sa paternité ; honte de sourire parce que les dents sont gâtées (phénomène quasi systématique dans cette population) ; honte d'avouer une absence de projet, une absence d'espoir dans l'avenir, d'avouer aussi que cet enfant n'a pas été désiré ; honte de ces échecs répétés, que la maternité ne vient pas forcément soulager (mais parfois, si...) ; honte enfin d'affronter, dans les maternités, le regard et les remarques désobligeantes des « inclus » (« Vous avez vingt-deux ans, déjà trois enfants et seulement le RMI, et vous ne connaissez pas la contraception ? »). Source d'aliénation et d'incommunicabilité, de repli sur soi, cette honte (dont on sait bien qu'elle n'attend qu'une inexorable confirmation) suscite une forme de répétition puisqu'elle devient à son tour facteur d'exclusion, venant décupler tous les autres.

Dans le cadre de cette réflexion sur l'exclusion, certaines situations cliniques rencontrées dans notre service méritent particulièrement qu'on s'y arrête.

Je pense d'abord à ces jeunes femmes qui s'excluent de la maternité en prenant la décision de faire adopter leur bébé juste après la naissance. Face à cette décision si difficile, nous avons mis en place dans le service un accompagnement au cours duquel nous leur expliquons leurs droits, les différentes possibilités qui s'offrent à elles, et nous leur proposons un travail psychologique, qui peut être intense si elles le souhaitent, à la fois en entretiens individuels et en groupe, avec d'autres jeunes femmes ayant le même projet. Nous nous efforçons aussi de préparer plus particulièrement le jour de l'accouchement, toujours très chargé d'émotion, et l'« après » pour l'enfant comme pour la mère. La jeune femme souhaite-t-elle être accompagnée le jour de l'accouchement ? Veut-elle voir le bébé le jour même ? le lendemain ? Désire-t-elle lui donner son nom ? un ou des prénoms ? Compte-t-elle lui laisser une lettre ? avec ou sans son identité ? un objet ? Nous proposons à la patiente de remplir une feuille répondant à toutes ces questions, feuille qui l'accompagne en salle de naissance. Elle permet d'une part un travail de préparation, d'anticipation, d'élaboration, « à froid », c'est-à-dire en dehors du contexte émotionnellement bouleversant de l'accouchement, mais aussi une transmission à la sage-femme de la salle de naissance, l'amenant à respecter les choix de la jeune femme sans y mettre son propre jugement moral. Nous encourageons ces femmes à laisser des traces, en expliquant leur importance pour l'enfant. Nous les aidons parfois à rédiger une lettre. Pour ce qui est de laisser l'identité, nous restons neutres.

Enfin, un travail institutionnel est indispensable. En effet, l'image de la maternité idéale que chaque soignant, dans ce type de service en particulier, porte au fond de lui, est singulièrement mise à mal et vole en éclats. Et à chaque nouveau recrutement de personnel, ce travail est à recommencer. Les soignants, médecins y compris, ne sont pas du tout préparés à affronter ce type de situation. En dehors d'un groupe de parole mensuel, nous faisons des réunions de synthèse chaque semaine et une réunion institutionnelle chaque mois.

Le cas d'Iris me paraît assez représentatif de ces jeunes femmes qui préfèrent s'exclure de leur maternité pour ne pas être exclues de leur famille, de leur culture, de leur religion.

Iris a dix-huit ans lorsque nous faisons sa connaissance, elle vient avec le projet d'accoucher sous X et c'est pour cette raison qu'elle nous est adressée. Issue d'une famille portugaise habitant la province, très religieuse, plutôt rigide, elle lui est extrêmement attachée. Son déni de grossesse est totalement partagé par l'ensemble de sa famille et par elle-même jusqu'à six mois et demi, moment où elle consulte son médecin pour des douleurs abdominales. La grossesse lui est alors révélée, mais elle continue à la cacher à sa famille et à son ami avec lequel elle n'a aucun projet. Elle vient à l'hôpital du Vésinet à sept mois de grossesse, faisant croire à sa famille qu'elle effectue un stage dans la région parisienne. Elle bénéficie alors d'un soutien psychologique et fait partie d'un groupe de parole de jeunes femmes faisant le projet de confier leur bébé à l'adoption. C'est là qu'enfin elle s'autorise à pleurer, larmes retenues depuis longtemps, et qu'elle peut faire part de son ambivalence à l'égard de son bébé. En fin de grossesse, son choix est clair, et elle maintiendra sa décision de le faire adopter.

Autre facteur d'exclusion important : la maladie. Qu'il s'agisse de pathologies somatiques chroniques ou handicapantes, du sida (très mal vécu par la population africaine chez qui, pour des raisons culturelles et sanitaires, le sida est complètement tabou car facteur immédiat de rejet par le groupe social) ou encore de maladies mentales, tous ces maux ont sur le déroulement de la grossesse de lourdes répercussions.

Le cas de Mathilde l'illustre bien.

A vingt-quatre ans, elle nous est adressée à la fois parce qu'elle souffre d'une « fragilité psychologique » et qu'elle est en situation d'hébergement précaire ; on nous demande donc une évaluation de la relation mère-enfant.

Mathilde s'est révélée psychotique depuis l'adolescence mais n'a jamais été suivie ni prise en charge sur le plan psychiatrique. Elle vivait chez sa mère qui élevait en même temps un fils présentant un grave handicap psychomoteur et une autre fille trisomique. Dans la fratrie, Mathilde paraissait donc la moins handicapée. Le père de Mathilde avait quitté le foyer quand elle était encore enfant. Quant au futur père de l'enfant de Mathilde, c'était un homme beaucoup plus âgé, qu'elle connaissait depuis son adolescence après qu'il l'eut violée. Cette grossesse n'était désirée ni par elle ni par le père de l'enfant.

Pendant la grossesse, elle reste allongée dans son lit, parle peu, bouge peu, ne ressent aucun mouvement actif. Cette indifférence totale au fœtus qu'elle porte nous pousse à lui parler d'adoption. Elle se met alors à sangloter et nous parle des deux IVG qu'elle avait fait pratiquer précédemment et dont elle garde une grande culpabilité. C'est pour ne pas recommencer, nous dit-elle, qu'elle avait décidé de garder ce bébé.

Après avoir accouché à terme d'une petite Karine, elle revient dans notre service en postnatal. Comme nous le faisons généralement dans les cas de prise en charge lourde où la vigilance est de rigueur et l'évaluation nécessaire, l'enfant est gardée vingt-quatre heures sur vingt-quatre en nurserie, et la maman est invitée à venir lui donner ses biberons, le bain, les soins. Or Mathilde reste prostrée, ne se déplace pas toujours pour donner le biberon et lorsqu'elle le donne, elle laisse pendre la tête du bébé sans regarder ce qu'elle fait, ne réagit pas lorsque, la tétine coulant trop vite, Karine s'étrangle, et ne supporte pas de croiser le regard de son enfant, au point qu'elle lui ferme les yeux dès qu'elle rencontre son regard. Et tandis qu'elle ne manifeste aucun affect, aucune préoccupation maternelle, les pleurs de l'enfant la plongent manifestement dans un état de profonde détresse, de sorte que toutes deux se trouvent dans un corps-à-corps extrêmement difficile.

De son côté, le bébé manifeste abondamment son besoin de contact physique avec les soignantes, ne joue pas spontanément avec son corps, ne se réveille que pour manger, tète sa langue avant et après les biberons, et lorsqu'on l'installe sur le tapis elle ne fait rien, comme si elle manquait de vie personnelle. Par la suite, au bout de quelques semaines, Karine, tout en étant une très jolie petite fille éveillée et souriante, se montre souvent raide ou au contraire hypotonique.

Après un mois d'hospitalisation, l'équipe décide de faire un signalement judiciaire. Pendant la préparation au placement, le travail psychologique et psychiatrique est intense : avec la psychiatre, Mathilde a pu parler de son passé, de son enfance, parfois en présence de sa mère. Parallèlement, même si ses capacités maternelles se révèlent encore très en deçà du nécessaire, un lien commence à se créer : Mathilde vient de plus en plus souvent à la nurserie pour savoir si sa fille a bu son biberon, elle assiste au bain que l'auxiliaire donne à Karine. Et bien que le corps-à-corps ainsi que le croisement des regards soient toujours impossibles, un lien commence à se nouer entre elles deux. Il s'est maintenu jusqu'à aujourd'hui (un an après). Karine est allée en placement spécialisé, et Mathilde a été admise dans un organisme où elle accomplit de menus travaux rémunérés. Elle va régulièrement voir son bébé.

Ces ruptures que nous constatons dans le passé de ces jeunes femmes, et souvent aussi chez la génération précédente, se jouent autant avec leurs parents, leur fratrie, les familles d'accueil, qu'avec les institutions ou encore leurs conjoints ou leurs enfants aînés. Et ce sont toutes ces ruptures, à la fois sociales et affectives, personnelles et transgénérationnelles, qui leur font craindre — et nous font craindre — une nouvelle rupture avec leur bébé.

Pour illustrer ces infernales répétitions d'exclusion, j'ai choisi l'exemple tout à fait caractéristique de Jeanine. Dans notre vie professionnelle, nous avons tous connu des histoires similaires ; elles sont loin, malheureusement, d'être rares. Mais il m'a semblé qu'évoquer celle-ci dans son entier mettait bien en relief les différents points de rupture et ce, sur trois générations. La multiplicité des cahots, des soubresauts, des rebondissements — rendant parfois difficile la compréhension de cette existence — laisse bien imaginer à quel point cette jeune patiente pouvait elle-même manquer à la fois d'un cadre sécurisant et de repères générationnels.

Au moment de son admission, nous avions été surpris d'apprendre que Jeanine, âgée de dix-sept ans, avait déjà une première enfant placée, et qu'elle était enceinte une deuxième fois du même homme. Voici donc son parcours.

Jeanine naît en juin 1979. Ses parents, couple marié, ont déjà une petite fille de dix-huit mois et vivent alors chez la grand-mère paternelle de Jeanine, grand-mère qui sera très présente dans son histoire et constituera en quelque sorte son port d'attache. Dès novembre 1979, les deux petites sont hospitalisées pour mauvais traitements, une aide éducative en milieu ouvert est décidée. Jeanine a cinq mois.

En octobre 1980 naît un troisième enfant, un garçon qui ressemble physiquement beaucoup à Jeanine et qui suivra le même parcours qu'elle. Dès août 1981, le couple éclate et Jeanine est placée en pouponnière avec son frère tandis que la sœur est gardée par la grand-mère maternelle. Peu de temps après, la mère de Jeanine sera incarcérée pour toxicomanie.

En 1982, Jeanine retourne brièvement chez sa grand-mère paternelle, où la situation est explosive puisque y vivent, sous le même toit, la mère et le père de Jeanine ainsi que la nouvelle compagne de celui-ci et, de plus, les deux enfants du nouveau couple. Ce retour ne se prolonge donc pas longtemps et dès 1983 Jeanine et son frère retournent à la pouponnière. L'année suivante, tous deux sont placés en famille d'accueil où ils ne recevront que peu de visites, et uniquement de la grand-mère paternelle.

En septembre 1989, Jeanine est inscrite en internat scolaire et retourne tous les week-ends dans sa famille d'accueil. Un peu plus tard, de 1991 à 1993, elle retournera vivre en foyer avec sa mère et son nouveau compagnon ; mais la violence dans le couple est telle que le huitième enfant de la mère de Jeanine, comme les sept précédents (quatre demi-frères sont nés dans l'intervalle) est placé dès la naissance. Deux des demi-frères côté maternel de Jeanine seront adoptés.

En 1992 Jeanine, qui a treize ans, est replacée dans un foyer d'où elle fugue. Elle retourne alors chez son père et la nouvelle compagne de celui-ci, tous deux au chômage. Jeanine fait une première IVG.

Dès l'année suivante, le couple est en conflit et ses enfants maltraités ; le couple se sépare. Jeanine alors déménage à nouveau, habite un squat et part à la recherche de sa mère, qui entre-temps a disparu. Elle va la retrouver en hôpital psychiatrique, où elle séjourne pour désintoxication. C'est dans son squat que Jeanine fait la connaissance de Marc, avec qui elle vit. Elle se désintéresse de sa formation de coiffeuse, qu'elle venait à peine de commencer, et rend de nombreuses visites à sa mère.

En 1995, à sa demande, elle entre dans un foyer de jeunes travailleurs, et Marc la suit. Elle est enceinte de lui mais leurs conflits incessants et passionnels les font bientôt exclure tous deux de ce foyer. Jeanine retourne alors chez sa grand-mère paternelle tandis que Marc, que la grand-mère ne supporte pas, reste à la rue.

En février 1996 Jeanine est admise, du fait de sa grossesse avancée, en centre maternel. En mai elle donne naissance à Mina, que Marc reconnaît. Il vient souvent voir sa compagne et sa fille, et dès qu'ils ont un peu d'argent, ils passent tous les trois un week-end ensemble à l'hôtel. Cette vie, qui ressemble à une vie de famille presque normale, ils tentent de la reproduire chez la mère de Marc, à partir de juin 1996, à un moment où celle-ci vient de sortir de prison (elle avait été incarcérée pour avoir vendu de la drogue). Cependant, la violence qui s'instaure alors dans le couple amène Jeanine à retourner au foyer. Marc, peut-être pour la contraindre à revenir, tente alors d'enlever Mina, ce qui aboutit rapidement au placement de la petite en pouponnière. Quelques semaines plus tard, en septembre, Jeanine est à nouveau enceinte et s'installe chez sa grand-mère. Et Marc, lui, vit à nouveau dehors.

C'est en mai 1997 qu'elle arrive, enceinte donc, à l'hôpital du Vésinet. Elle reste une semaine environ en prénatal, avant d'accoucher, et dès cette première semaine, la prise en charge se révèle difficile. Si Jeanine est très jolie, le charme est rapidement rompu dès qu'elle ouvre la bouche : très agressive, elle utilise un vocabulaire vite ordurier et en veut au monde entier. Seules comptent pour elle Mina et sa future petite fille. Elle ne voit plus son propre père et croise de temps à autre sa mère, toujours toxicomane, qui mendie dans le métro. De sa famille, elle ne voit plus que sa grand-mère paternelle, dont on s'apercevra rapidement que les limites de sa bienveillance à l'égard de Jeanine sont vite atteintes.

Jeanine accouche en juin 1997 de Sally que, là encore, Marc reconnaît. Après avoir fêté ses dix-huit ans, elle revient au Vésinet en postnatal. Dans la même semaine, à la suite d'une confusion de bouteille, elle met du détergent dans le biberon ; gravement brûlée à l'œsophage, Sally est hospitalisée en ORL tandis que Jeanine retourne vivre chez sa grand-mère, et nous faisons un signalement judiciaire. Mais la juge ne se saisit pas et nous demande de réadmettre Jeanine et Sally dans notre service. Ce que nous faisons. La prise en charge, toutefois, s'avère extrêmement difficile. Tout est occasion de conflits : le ménage de la chambre, les exigences de Jeanine à l'égard du personnel, les incessantes disputes avec Marc mènent l'équipe au bord de la rupture. En revanche, Sally est correctement soignée. Quant à Mina, elle vient régulièrement voir sa mère et sa petite sœur, et l'on constate que les deux parents investissent beaucoup leurs deux enfants, qui se développent de façon satisfaisante et semblent également très attachées à leurs parents.

En juin, on envisage donc de trouver un lieu d'hébergement et d'encadrement qui pourrait accueillir ce très jeune couple avec Sally, la cadette ; Mina quitterait la pouponnière pour venir les rejoindre dans un second temps. Nous faisons valider ce projet par le juge.

En août 1997 les problèmes disciplinaires prennent de nouvelles proportions : les insultes au personnel ne se comptent plus, Jeanine est insupportable, on désespère à nouveau de trouver une solution, et un jour qu'a lieu avec Marc une dispute particulièrement violente, nous décidons de renvoyer Jeanine trois jours par mesure disciplinaire. Il fallut alors déployer des trésors de diplomatie et de persuasion pour que, pendant ces trois jours, la grand-mère « bienveillante », le seul port d'attache de Jeanine, accepte de l'héberger. En septembre 1997, Jeanine et Marc rompent. Cette rupture, dont nous avons pensé au départ que comme les autres elle serait provisoire, s'est avérée définitive.

Perplexes, nous tentons d'élaborer un deuxième projet : il s'agit de trouver pour Jeanine et Sally une solution de sortie, Mina venant les rejoindre ensuite. La deuxième audience que nous demandons alors au juge, pour faire valider ce projet, ne nous sera pas accordée.

En octobre 1997, Jeanine, qui déteste la collectivité, ne tient décidément plus en place et l'équipe explose. Nous trouvons alors une solution provisoire à l'hôtel, Sally restant en nurserie et Jeanine venant s'occuper d'elle pendant la journée tout en poursuivant ses démarches. Cette situation dure quelques jours.

C'est au moment où nous avons demandé le financement de l'hôtel par l'Aide sociale à l'enfance que Sally, brutalement, et sans que nous en ayons le moins du monde été informés, s'est retrouvée placée par la brigade des mineurs dans la même pouponnière que Mina. Cette décision, qui nous a tous plongés dans l'incompréhension, nous a confrontés à une terrible crise de confiance non seulement de la part de Jeanine, mais aussi des quarante autres patientes hospitalisées.

Très rapidement après, en décembre 1997, Jeanine à nouveau enceinte vient demander une IVG à notre centre de planification familiale. En janvier 1998, à la suite des démarches que nous poursuivions, Jeanine a été admise à la Cateh (Communauté d'accueil thérapeutique chez l'habitant), association de la banlieue parisienne à laquelle nous avons pu passer le relais en toute confiance. Le changement de département ayant entraîné un changement de juge, Jeanine a pu récupérer ses deux enfants dès l'automne 1998. Malgré de grandes difficultés caractérielles qui rendent le travail de la Cateh difficile, elle s'occupe plutôt bien de ses deux filles. Leur père, quand il n'est pas alcoolisé, vient les voir une fois par semaine.

En mars 1999, je la vois tous les trois mois en consultation de gynécologie. Heureuse, souriante, elle vit dans un appartement à la Cateh, avec ses deux enfants qui vont à la crèche ; Marc vit à Toulouse, où il travaille dans un garage. Les éducateurs de Jeanine trouvent qu'elle va beaucoup mieux. Elle suit une formation pour transporter les handicapés. « Eux au moins ne me jugeront pas », dit-elle.

Je l'ai revue début 2003. Mûrie, posée, très belle, méconnaissable aux yeux des soignantes qu'elle avait poussées à bout, elle a tenu à remercier chacun. Revisitant le service, elle l'a trouvé « calme » !

Pour conclure, je pense que la question qui se pose à nous, face à ces séparations et à ces ruptures en chaîne, qui entraînent des situations d'exclusion, est : comment éviter que la séparation ne se transforme en rupture, déclenchant ce cycle infernal de répétitions ? Quelle chance donner ? Que peut-on endurer ? Combien de temps faut-il se donner ?

Il nous paraît essentiel, pour ces jeunes mères en difficulté, de pouvoir se poser, regarder leur enfant, et qu'une parole puisse naître et un lien se créer entre elles et leur bébé. Ainsi pourra aussi s'accomplir un travail avec la petite fille qu'elles ont été, et la mère qu'elles ont eue. Il est essentiel que, grâce au travail d'équipe, cette relation mère-enfant, et parfois parents-enfant, puisse être accompagnée de façon précoce et prolongée, et ce, même si un placement s'avère indispensable, cette relation perdurant alors au-delà de la séparation.

Au cours de ce travail, ce lien doit être transmis en relais aux autres intervenants, car c'est notre lien interinstitutions qui sera, dans de telles situations, le garant du lien parents-enfant. En effet, si l'on veut lutter efficacement contre l'exclusion et la souffrance qu'elle engendre, c'est aux institutions de s'adapter à ces familles en difficulté. Et non l'inverse.

Le bébé exclu de sa culture

par Maurice Titran

Nous savons aujourd'hui qu'à l'intérieur de l'utérus le bébé ressent, agit et interagit avec la femme qui le porte, qui deviendra sa mère et qui interagit elle-même avec son environnement.

C'est Françoise Dolto qui, la première, a attiré notre attention sur le fait que, dès la vie anténatale, le bébé pouvait être à l'écoute des rythmes : rythme cardiaque de la mère, rythme respiratoire, alternance des périodes d'activité et de repos, mais aussi perception de la voix de la mère et des bruits de l'environnement dans lequel elle vit, ce qui est grandement facilité dès que le bébé est en présentation céphalique, c'est-à-dire lorsqu'il a placé sa tête loin de son placenta, ce qui a lieu au cours du dernier trimestre de la grossesse. En outre, lorsqu'il déglutit le liquide amniotique, il en perçoit aussi les odeurs et les goûts, qui varient en fonction de l'alimentation de la mère. Frans Veldman, puis Catherine Dolto sont venus compléter ces informations en mettant en évidence l'éveil affectif du bébé in utero, en relation avec les émotions de sa mère. Quand celle-ci parvient à établir ce lien affectif avec son bébé, il lui suffit de penser, de penser à son bébé pour que son bébé puisse à son tour se manifester de façon sensible et adaptée, à condition que le tonus musculaire et la disposition affective de la mère le permettent.

Pendant sa vie anténatale, le bébé a donc expérimenté des sensations complexes, associant à une perception polysensorielle sans doute non discriminée les ressentis et les émotions de la mère, en particulier des sensations de peur, de stress, et aussi de bien-être. Mais attention : cela ne signifie pas qu'une femme qui dit ressentir, pendant sa grossesse, de la peur, du stress, de la colère ou du dépit, fera ressentir la même chose à son bébé. S'il éprouve sans aucun doute des ressentis, ceux-ci — éminemment variables d'un bébé à l'autre — seront constitués de tout l'ensemble des perceptions qui accompagnent l'état embryonnaire et fœtal, autrement dit, aussi, de tout ce qui accompagne l'ensemble de la situation telle qu'elle est vécue par la mère. On ne peut se passer de cette analyse polysensorielle, qui fait notamment que les ressentis affectifs, interactifs entre le bébé et sa mère, y compris la prise de médicaments ou de molécules psychoactives retentissant sur le lien affectif, peuvent tromper le bébé en lui faisant croire au moins en partie que c'est de son talent de bébé embarqué à bord de cette femme qu'il tire la capacité de recréer du lien pouvant apaiser les tensions. Nous en reparlerons à propos de l'alcool et du tabac, ainsi que des drogues interdites.

Mais revenons au bébé in utero. Au chaud, à 38°, dans l'humide et l'apesanteur, baignant dans son liquide amniotique, toute sa musculature, par la tension de ses fuseaux neuromusculaires innervés par les fibres gamma amyéliniques, est réglée pour agir et interagir avec la femme qui le porte. A partir de là, la naissance représente pour lui une rupture cataclysmique. Son entrée dans le froid, le sec, s'accompagne de l'expérimentation nouvelle de la pression atmosphérique, de la solitude et de la prise de distance par rapport au corps de sa mère qu'il connaissait si bien, et sur lequel il avait déjà une illusion de maîtrise. Mais surtout, il a perdu quatre parties de lui-même : son placenta, son cordon ombilical, son liquide amniotique, ses membranes ; et par là, la possibilité de se sentir en pleine complicité de l'intérieur.

Exposé au regard de cette femme, dans le froid, le sec, écrasé par la pression atmosphérique, il doit pour résister remplir ses poumons et pousser ce premier appel qui, s'il a le talent de l'adresser à une mère suffisamment bonne, fera qu'elle saura, en temps opportun, le parler, le penser, le porter, le blottir contre elle, le nourrir, le présenter au monde, tous ces actes constituant un véritable rattachement culturel préconscient lui permettant de retrouver son premier milieu culturel utérin qu'il connaissait si bien et où il bénéficiait de ce lien affectif noué par la pensée, la parole, le holding et le tonus musculaire de la mère, sa respiration et son rythme cardiaque. Ainsi les éléments de son nouveau milieu culturel, grâce auxquels il naîtra au monde, seront la chaleur du corps, l'humide du sein, l'apesanteur d'un câlin, l'odeur d'une présence, et surtout l'illusion que c'est par lui que tout cela survient. Mais que se passe-t-il lorsque, pour une raison étrangère au bébé, la femme qui le porte et se propose de devenir sa mère voit ce véritable travail rendu difficile ou impossible par les circonstances de la vie ?

Depuis longtemps, la femme s'est préparée affectivement à apporter dès la grossesse à son bébé ce qu'elle, en tant que femme, estime essentiel pour elle comme pour lui. Depuis qu'elle est petite fille en effet, elle a rêvé de la compétence qu'elle aura à devenir mère. Mais comment sera-t-elle aimée, soutenue et comprise par son compagnon qui sera à ses côtés pendant ce grand événement ? Comment exposera-t-elle son état de femme enceinte à sa famille, à ses familles, à la cité ? Comment rêvera-t-elle ce moment souvent très idéalisé ? Quand le réel survient, jamais il ne rejoint exactement le rêve. Il existe toujours un décalage, dans lequel surgissent interrogations, perplexité, peurs, dépit, etc. A ce moment-là, pour avoir l'impression de répondre aux besoins de son enfant, la femme éprouvera un besoin « fondamental » de puiser des forces dans ses propres origines, dans son histoire, dans sa culture. Mais que se passera-t-il pour cette femme si, au moment où elle est sollicitée par ce petit bébé blotti dans son giron, au moment où elle voudrait tout pour ce bébé et être pour lui la meilleure des mères possible, elle se trouve à des milliers de kilomètres de toutes ses références culturelles qui jusque-là ont fait sa vie ? Que fera-t-elle si — pire ! — elle est entourée de personnes qui s'imaginent être mieux placées qu'elle pour savoir ce qu'il faut faire et pour l'instruire, la surveiller, l'aider à faire naître son bébé ?

Il faut rendre hommage, ici, au talent de nombreux professionnels, sages-femmes et médecins obstétriciens, qui, tout en maîtrisant de mieux en mieux les connaissances scientifiques concernant la grossesse, l'accouchement, le monitoring fœtal et les règles de l'analgésie, ont su en même temps déployer des compétences de plus en plus grandes pour écouter ce que disent et ressentent les femmes dans de telles circonstances. Certes ils ne peuvent pas, comme par magie, transporter ces femmes auprès de leurs mères, de leurs tantes, de leurs amies, au milieu de ces habitudes et de ces traditions pleines de valeurs mais aussi de différences. Mais ils ont l'art respectueux d'écouter, de parler en usant de cette capacité évocatrice qu'a la parole, de combler le manque et l'absence, comme de Guiche avant le combat évoquait pour les cadets de Gascogne, au son du fifre et du tambour, leur enfance et leur vie de bergers, recréant ainsi le lien sacré qui unit tous les Gascons.

Ainsi peut-on lutter, simplement, contre l'exclusion culturelle : en conciliant et en rendant accessibles tous les progrès techniques de l'obstétrique, de l'analgésie, de l'art de faire naître les bébés, tout en intégrant cette réalité de l'histoire de la famille venue à nous vivante, jusqu'à nous faire naître ce bébé. Nous, professionnels, nous en serons les témoins et nous nous devons de lui rendre la richesse de son histoire et de reconnaître la valeur de ses origines.

Là où les choses se compliquent, c'est que bien souvent, si les hommes ont effectué une démarche volontaire pour venir travailler dans nos contrées, c'était pour une durée déterminée ou encore pour rester en vie, parce qu'ils n'avaient pas d'autre choix. Et les femmes qui les accompagnaient ou qui les ont rejoints n'ont jamais été écoutées, sauf par quelques sociologues — et je pense ici au témoignage de Yamina Benguigui dans le magnifique document qu'est *Mémoires d'immigrés*. Elle raconte bien comment ces femmes n'ont eu d'autre choix que de rejoindre leur mari, pour aller vers une civilisation prétendument meilleure pour elles et leurs enfants. Or personne à l'époque ne pensait à les écouter ni à faire la part de leurs ambivalences, parfois de leur désespoir. Cependant, pédiatre en maternité, il m'arrivait d'accueillir ces nouveau-nés hypotoniques, mangeant mal, refusant le sein, présentant des amaigrissements spectaculaires et plusieurs autres signes où j'entendais un « J'ai mal à ma mère » comme si, pour le bébé, c'était lui qui n'avait pas la compétence nécessaire pour permettre à cette femme, sa mère, de naître à une jubilation suffisante.

Dans ces cas-là, le rôle du pédiatre était fondamental. Il fallait trouver les mots justes, savoir légitimer le chagrin de cette femme tout en rassurant le bébé sur trois points :

— ce n'est pas de toi que vient le chagrin de ta mère ;

— je vais, comme adulte témoin de la souffrance de cette adulte qu'est ta mère, essayer de mettre en place une stratégie de reconnaissance et d'aide ;

— quant à toi, tu es le plus beau bébé que j'aie jamais vu et tu vas nous servir, si tu le veux bien, de partenaire dans le projet de vie que tu vas construire avec ta mère, avec ton père, avec tes ancêtres et dont moi, le professionnel, je serai le témoin, et cela de grossesse en grossesse.

Voilà ce que nous aurions dit si nous avions un peu de lettres et d'esprit… mais cette prise de conscience, bien sûr, n'a pu se faire que lentement et très progressivement.

Que sont aujourd'hui ces bébés devenus ? Que sont devenus ceux qui ont gardé au fond de leur cœur ce sentiment de solitude, d'impuissance peut-être, de culpabilité, cette certitude d'avoir été celui par qui le malheur arrive alors qu'il n'en était que le révélateur ?

Cet enfant en souffrance, cet humain méprisé dès ses origines, où et comment nous donne-t-il à voir et à comprendre sa souffrance ? Pour exister, où va-t-il puiser son énergie vitale ? Quel besoin de justice et d'apaisement exprime-t-il ? et de quelle manière ? Quelle est sa quête d'identité ? de vérité ?

Dans la mesure où le bébé, à la naissance, est incapable à partir de ses propres émotions et ressentis de faire la part entre ce qui vient de lui et ce qui vient de l'autre, dans la mesure où c'est la mère qui met du sens sur ce qu'il éprouve, toute personne qui peut aider cette femme aide aussi ce petit humain à prendre conscience de sa valeur, renforçant du même coup sa mère dans ses capacités et valorisant ainsi leurs histoires respectives et l'histoire de leurs ancêtres.

On ne peut parler d'exclusion culturelle sans citer le cas de ces bébés qui naissent dans des familles où, depuis des générations, l'expérience d'être au monde n'est faite que de pénibles processus d'adaptation à des crises extrêmement brutales, violentes et douloureuses, marquées souvent par des ruptures de liens qui, si elles permettent par l'éloignement de sauver des vies, risquent parfois de faire perdre le sens. Tout se passe alors comme si cette mémoire à ne pas perdre, ce souvenir dont le sens s'est perdu devait être, par le mode d'accueil de l'enfant, mis en scène dans une recherche désespérée de ce sens.

Partir de ce que la famille considère comme son vrai problème ; essayer de comprendre — ce qui ne signifie pas admettre — le point de vue de la famille, sa culture, sa logique ; associer toute personne significative et utile ; chercher des aspects positifs et adaptatifs dans le comportement des parents ; telles sont la stratégie et l'évaluation qui permettent de se frayer un chemin vers la quête de sens si importante pour ces familles. Ce qui ne va pas étant évident, il convient de chercher ce qui va et ce sur quoi, nous professionnels, nous pouvons nous appuyer pour agir — et ce sur une durée suffisamment longue. Ajoutons encore que tous les aspects positifs doivent être soulignés, et pas seulement ceux que l'on peut amplifier ou ceux qui flattent notre propre narcissisme. Ainsi, à condition d'en prendre le temps, peuvent être trouvées des voies supportables pour chacun : familles, enfants, professionnels. Ainsi les ruptures peuvent-elles être évitées.

Mais que se passe-t-il quand la femme, par excès de solitude, par impossible rencontre, par incompréhension de la problématique, ne trouve autour d'elle personne qui la comprenne et soit en mesure de l'aider ? Pour cette femme confrontée à trop de solitude, le risque est alors la rencontre avec des molécules psychoactives (tabac, alcool, drogues illicites, médicaments, parfois en association ou alternativement). Or on sait que pour le bébé in utero, qui va faire connaissance avec ces différentes molécules, certaines auront sur sa santé un rôle catastrophique, non seulement par l'effet cytotoxique qu'elles induisent, mais aussi par les lésions anatomiques qu'elles provoquent (vasoconstriction et nécrose cérébrale pour la cocaïne, défaut de migration et cytotoxicité pour l'alcool, surtout lorsqu'il est associé au tabac).

On dit bien, d'ailleurs, que pendant la grossesse il ne faut pas prendre n'importe quel médicament, ni boire d'alcool, ni fumer, ni se droguer, et ce message simple atteint sans difficulté la majorité des femmes qui, pour vivre, n'ont pas besoin de consommer ces produits. Mais les autres ? Elles sont une minorité, heureusement, mais que va-t-il se passer, pour elles qui sont dépendantes et en ont besoin pour vivre, quand elles vont essayer de se passer du produit incriminé ? Elles vont éprouver soit des souffrances existentielles insupportables pour elles, soit la souffrance du manque. Et dans cette souffrance qui est la leur, elles perdent immédiatement tout contact affectif avec le bébé qu'elles portent, je veux dire cette impression qu'elles ont d'être secrètement en lien, de l'intérieur, avec leur bébé. Ainsi, les choses ne sont pas si simples... Car souffrant du manque, la femme éprouve maintenant l'impression supplémentaire d'être abandonnée par son enfant et de l'abandonner, et cette souffrance, elle ne peut l'apaiser — et c'est là le paradoxe — qu'en consommant le produit responsable. Or, en le consommant et trouvant par là cet apaisement, elle éprouve le contraire de ce qu'on lui a dit. On lui a affirmé : « C'est bon pour votre bébé d'arrêter le produit » ; elle a essayé et elle a ressenti l'inverse : de la souffrance pour elle, une souffrance dont elle craint bien sûr qu'elle se communique au bébé.

Et du côté du bébé ? Rien ne nous dit que ne s'imprime pas chez lui, quelque part dans sa mémoire, cet apaisement ineffable que le produit apporte à sa mère ; rien ne nous dit non plus que cette expérience précoce ne contribuera pas à mettre en place une vulnérabilité à la dépendance à ce produit ou à un autre, débouchant sur d'autres formes d'usage de tels produits — et je pense ici à certaines ivresses pathologiques.

Ces quelques considérations montrent comment les exclusions s'enchaînent les unes les autres, comment l'exclusion culturelle de la mère peut entraîner aussi l'exclusion de son enfant, avec pour lui des conséquences incalculables.

Aussi la grossesse est-elle vraiment le temps où la femme doit pouvoir se rattacher avec fierté et gaieté à la valeur de ses origines. Cette dimension culturelle est fondamentale. Et il est indispensable que les scientifiques et les professionnels que nous sommes s'inspirent aujourd'hui des travaux accomplis par les chercheurs en sciences humaines.

Ne laissons pas le bébé seul dans le ventre de sa mère. Sachons à la fois entendre la solitude de cette mère et apporter à ce bébé, avec respect et humilité, et par l'intermédiaire de la femme qui le porte, les messages apaisants et compréhensibles qui confirmeront cet enfant dans l'humain qu'il est, en reconnaissant la valeur de ses racines.

Le jeune enfant exclu de la cité

par Brigitte Dumont

L'enfant exclu de la cité, c'est aussi, ne l'oublions pas, la mère exclue de la cité, le père exclu de la cité, et souvent ce sont également les grands-parents et les arrière-grands-parents qui ont été exclus.

Traditionnellement, ces familles apparaissent comme les moins fortunées, les moins repérées dans le temps et dans l'espace, les moins bien logées, les moins cultivées, les moins performantes sur le plan scolaire, les moins en demande de consultations médico-psychosociales (et même s'il y a demande, les moins cohérentes dans cette demande), et les moins représentatives sur le plan de la vie du quartier et de la ville.

Elles s'affirment en revanche comme étant les plus souvent absentes aux convocations de toutes sortes, comme les plus repérées dans le quartier et les plus repérées aussi par les services médico-psychosociaux et par les services de justice (notamment ceux concernant la protection de l'enfance), et enfin comme les plus déstructurées sur le plan générationnel. Et pourtant, ce sont elles qui sont le plus en souffrance, et ce en permanence, les plus vulnérables face aux événements quotidiens, les plus réceptives aux critiques ou aux éloges concernant leur vie et leurs personnes, les plus en demande de reconnaissance quant à leurs compétences, enfin les plus en demande d'aimer et d'être aimées.

L'exclusion apparaît donc à la fois comme un état et un processus. Produit ou résultat d'un défaut de la cohérence sociale globale, elle se présente aussi, sur le plan plus individuel, comme un défaut d'insertion ou d'intégration. Il s'agit donc d'un ensemble de mécanismes de rupture, rupture notamment des différents liens sociaux reliant habituellement les hommes entre eux.

Selon les auteurs, le terme « exclusion » est employé différemment suivant que l'on cherche à mettre l'accent sur des situations, des catégories de population (les sans-abri, les sans-qualification, les détenus, les ex-détenus, les chômeurs de longue durée, etc.) ou encore sur un domaine plus spécifique dans lequel s'exercent les politiques sociales de lutte contre l'exclusion (« travail et emploi », « ville, justice, solidarité », etc.).

Pour lutter contre l'exclusion, il faut avant tout appréhender ce phénomène dans une perspective incluant l'exclu et l'entité qui le rejette. La question qui se pose alors est celle des modes d'intervention sociale à mettre en œuvre, sachant que l'assurance, l'assistance ou encore les différentes formes de travail social généralistes ont jusqu'ici montré une relative inefficacité à endiguer un mouvement d'augmentation permanente des populations exclues.

Un certain nombre de services travaillent en première ligne auprès de l'enfant et de sa famille, et cette prestation s'accompagne d'une approche particulière des problèmes sociosanitaires de la population ainsi que d'une conception générale des réponses à leur apporter.

L'enfant, l'être humain dans l'âge de l'enfance, est un support important puisque si tous les humains ne sont pas parents, tous les humains ont été enfants. Cependant, n'acquérant que tardivement, contrairement au petit du règne animal, sa véritable autonomie, il a besoin pour survivre des soins que lui apporteront ses parents, et cela sur une durée assez longue. De ce fait, et aussi parce que les pratiques médico-sociales ont évolué, il bénéficie dans les structures et les discours de l'action sociale d'une situation tout à fait particulière.

Au fil du temps, l'enfant a pris dans le fonctionnement familial et social une place de plus en plus effective, et il faut reconnaître que les attitudes sociales à son égard, qu'elles soient individuelles ou collectives, sont peu rationnelles et oscillent le plus souvent entre le « trop » et le « pas assez ». En outre, même lorsque les familles sont issues du même milieu culturel que le nôtre, leur histoire, leur cheminement, leurs traditions les placent dans des trajectoires bien spécifiques, différentes des nôtres, qui font que nous ne partageons pas leur destin. Quelles que soient les valeurs que nous partageons éventuellement avec elles, nos enjeux, nos intérêts, nos objectifs sont différents. Que dire alors des familles plus lointaines encore, qui vivent des problèmes multiples et auxquelles nous avons de plus en plus souvent affaire ! Ces familles dont les parents, il y a vingt ou trente ans, ont expérimenté les mêmes difficultés, et dont le jugement se réfère à des expériences passées douloureuses et négatives ; ces familles dans lesquelles les références au travail n'existent pas et n'existeront peut-être jamais… Difficultés de logement (expulsions, foyers successifs, etc.), problèmes médicaux (addictions — alcool, drogue —, psychopathologies diverses, etc.) viennent compliquer encore le fait que les références à l'école sont quasi absentes, ou négatives, et les liens sociaux le plus souvent inexistants.

Or tout le monde s'accorde à dire qu'il n'y a pas de société durable et vivable sans l'existence d'un lien social, si ténu et fragile soit-il. C'est donc à restaurer ce lien social que s'attachent les travailleurs sociaux, et c'est à eux généralement que l'on fait appel pour aider et accompagner les personnes en rupture totale de lien.

Dans bon nombre de cas, c'est l'enfant qui se trouve, à son insu, être l'instigateur de la rencontre de ses parents avec les travailleurs médico-psychosociaux : soit du fait d'une grossesse — dans ce cas, la rencontre avec ce type de « travailleurs » est quasiment systématique —, soit parce que l'enfant, comme ses parents, se trouve dès les premiers mois exclu d'un type de fonctionnement dit « habituel ». Tantôt l'enfant est repéré par les parents comme ayant des difficultés, des attitudes bizarres, tantôt il est repéré à l'école par les commissions, par les bilans médico-sociaux, comme étant en marge de son groupe, tantôt encore il est repéré dans le quartier comme victime de maltraitance, active ou passive. Soit qu'il fréquente peu la halte-garderie ou les loisirs du centre social, soit qu'il s'absente souvent de l'école, ces signes vont amener à le faire repérer par un système qui, à partir de là, devra prendre aussi en compte la souffrance des parents. Car dès lors, ceux-ci vont également se sentir exclus de ces mêmes systèmes, qui pourtant fonctionnent de façon satisfaisante pour ceux qui font partie de la norme.

Notons que, bien souvent, les parents ayant repéré chez leur enfant des comportements étranges n'osent guère en parler, par crainte de se sentir ridicules. Cependant, malgré les apparences, le plus souvent ils ne restent pas inactifs : ils multiplient au contraire les démarches auprès des spécialistes (quitte à se retrouver en état de choc à l'annonce d'un diagnostic) ; ou encore, pour obtenir les services dont leur enfant a besoin, un peu comme ils feraient du porte-à-porte, ils procèdent par tâtonnements, essais, erreurs, répétitions, etc.

Face à ces situations où la multiplicité des difficultés laisse entrevoir peu de possibilités de transformation de la condition de ces familles, les équipes médico-psychosociales et les enseignants sont souvent découragés. De leur côté, les familles craignent la rencontre avec les travailleurs médico-sociaux. Dans cette disposition d'esprit réciproque de « non-rencontre », il va pourtant falloir que la rencontre ait lieu.

La rencontre

Il n'y a pas une façon unique de se rencontrer, chaque rencontre est particulière, et tout peut en être l'occasion : joies, peines, réussites, échecs, drames, bonheurs. Mais ce que nous savons, c'est que cette première rencontre avec la famille sera déterminante dans la possibilité qu'elle aura, à un moment donné, de mettre en œuvre une inversion du processus.

En revanche, si cette rencontre n'a pas lieu, si nous ne parvenons pas à créer avec l'enfant et sa famille un lien durable, ceux-ci s'enfonceront dans une solitude accompagnée de souffrance, d'angoisse, de désordres somatiques divers. Parce que, contre leur « mal-être », la solitude est souvent leur seul refuge.

Le cheminement

Pour qu'un accompagnement médico-social soit effectif auprès des familles en situation d'exclusion, la priorité absolue consiste à prendre en compte, au moment de la rencontre et dans le cheminement qui s'accomplit ensuite, ce qui, pour la famille, est essentiel.

Certes, ce qui est essentiel pour la famille est généralement d'ordre concret (absence de vivres en fin de mois, coupure de l'électricité, errances dues à l'alcoolisme, maladie de l'enfant, expulsion du logement, etc.) et ne coïncide pas nécessairement avec l'idée que l'on se fait de l'urgence sociale. Notons toutefois que la notion même d'urgence sociale reste très problématique et doit tenir compte de plusieurs paramètres. Surtout, il faut se garder de confondre priorité et urgence, manque de prévision et urgence. Nous connaissons tous des situations qu'on a laissées se dégrader parce qu'on imaginait qu'il n'y avait aucune possibilité d'amélioration. Face à ces situations, quel est le rôle du travailleur social ? Quel est précisément son mandat et a-t-il la possibilité d'innover sans en déborder ?

Etablir une adéquation entre nos exigences et celles des familles est difficile et souvent les réponses apportées sont autoritaires. Or l'expérience montre que le meilleur accompagnement se fait, non pas à partir de ce genre de décisions, mais à partir de la prise en compte de leurs propres urgences par l'équipe médico-sociale, qui doit être à la fois accessible (gratuité) et très disponible pour ces familles, c'est-à-dire facile à rencontrer, à joindre.

Ces conditions sont essentielles pour établir le climat de confiance partagée permettant l'échange nécessaire à toute négociation. Dans l'accompagnement en effet a lieu un échange qui s'effectue dans une dimension affective ; c'est un moment vécu en commun de façon intense et authentique. Pour que la négociation ait lieu, il faut que cet échange soit réciproque et adapté. Sans nous montrer déçus (ce qui serait vécu comme une agression), nous devons pouvoir faire part aux familles de nos doutes, de nos incertitudes, de nos interrogations ; et supporter aussi leurs agressions verbales, fréquentes chez ceux qui se trouvent en situation d'exclusion et qui peuvent s'expliquer comme une stratégie de défense pour masquer leurs manques (non-accès à la lecture ou à l'écriture, absence de travail, impression d'être de mauvais parents, etc.). Si nos exigences s'avèrent démesurées par rapport aux possibilités réelles de ces familles, si nos discours sont incompréhensibles, notre vocabulaire inadéquat, alors tout ce que nous leur dirons restera lettre morte. Comme si nous étions des étrangers parlant une autre langue. Et si nous parlons alors parfois de la résistance des familles par rapport aux « projets » que nous leur proposons, la question est peut-être plutôt celle de notre propre adaptation à leur situation réelle, qui nous permettra de les rejoindre dans leur souffrance, et de « faire avec » (ce qui entraînera souvent la réactivation des processus familiaux) pour ensuite « faire ensemble ».

Lorsque parents et enfants ont à affronter à la fois des difficultés sur le plan personnel, sur le plan socio-économique et socio-culturel, le travail d'action communautaire auprès de ces personnes est un outil nécessaire.

Participant depuis dix ans maintenant à un travail de ce type, il m'apparaît comme un moyen et un outil pour soutenir des familles qui ne se sentent incluses ni dans l'action médicale, ni dans l'action sociale, ni dans l'action pédagogique. A condition d'avoir confiance au départ dans la capacité qu'a toute personne de prendre en main son existence pour en améliorer le fonctionnement, à condition de faire preuve de souplesse dans l'accueil de ces personnes qui souffrent souvent de se sentir mauvais parents, mauvais citoyens, et de ne pas être reconnues dans cette souffrance, à condition de ne pas étiqueter ces familles comme pauvres, marginales, alcooliques, incestueuses et les enfermer dans cette représentation négative, un accompagnement utile pourra s'effectuer. On s'aperçoit en effet que, mises dans des conditions de vie proches des nôtres, ces familles progressivement révèlent leurs propres compétences, jusque-là demeurées cachées, leurs capacités « à faire », « à dire », « à être », qui pourront alors être soutenues au quotidien par le professionnel ou le bénévole.

Ainsi, plus les relations entre le professionnel et la famille seront fondées sur la réciprocité et la confiance, plus fécond sera l'accompagnement (qui s'inscrit toujours dans une durée assez longue) et plus les décisions à prendre ensemble s'en trouveront facilitées, notamment celles concernant la « mise à l'abri » de l'enfant pendant les périodes de crise.

Au terme d'un cheminement bien mené, nous nous rendons compte que ce n'est pas nous qui avons transformé les familles, mais que ce sont elles qui se sont transformées elles-mêmes. Devenues capables d'accéder aux soins, de fréquenter les structures habituelles de vie, les centres sociaux, les comités de parents d'élèves, les administrations, etc., et ce de façon « banale », elles deviennent par là même capables d'y faire accéder l'enfant. Une fois restaurés les liens sociaux fondamentaux, à l'intérieur comme à l'extérieur de la cellule familiale, les crises trouveront à se gérer plus facilement, dans la mesure où ces liens mêmes serviront d'appui, d'ancrage.

Le rôle du professionnel est alors celui de facilitateur de lien : dès que les parents ne se sentent plus simplement objets de soin ou de prise en charge, mais deviennent sujets de leur propre vie, ils peuvent devenir aussi demandeurs de soins, pour eux comme pour leur enfant, demandeurs de vaccination, de thérapie, de scolarisation, de culture, etc.

Grâce à cette approche globale et communautaire auprès des familles en difficulté, on parviendra finalement à restaurer non seulement les liens sociaux de base, mais aussi la citoyenneté, l'accès au droit, la participation sociale en général. Si, comme je l'ai montré, il est nécessaire pour cela de tenir compte des besoins réels des familles, il est également indispensable de travailler en concertation avec d'autres équipes — médicales, sociales, éducatives, scolaires —, de façon à appréhender autant que possible les difficultés de tous ordres que rencontrent ces familles. Dans ce travail de terrain qu'implique la concertation, chacun a sa place, aucun n'est supérieur aux autres, et le regard que portent les uns sur les autres tous les professionnels, critique ou au contraire respectueux des compétences de chacun, aura également des effets sur la prise en charge des familles. Les limites des uns et des autres — des familles comme des professionnels — ne sont pas en effet un empêchement à l'action, mais au contraire une forme de point de départ, à condition que le partage des doutes et des espérances, des inquiétudes et des certitudes, se fasse dans un climat de confiance réciproque.

Pour terminer, rappelons le joli poème de Charles Perrault, dans « Le Petit Poucet » :

On ne s'afflige point d'avoir beaucoup d'enfants
Quand ils sont tous beaux,
Bien faits et bien grands,
Et d'un extérieur qui brille ;
Mais si l'un d'eux est
Faible ou ne dit mot,
On le méprise, on le raille,
On le pille ;
Quelquefois cependant, c'est
Ce petit marmot
Qui fera le bonheur de toute la famille.

Une alternative au placement du jeune enfant : l'accueil de la famille en CHRS

par Michel D'haene

En France, 150 000 enfants sont placés à la suite de décisions administratives ou judiciaires : c'est davantage, en proportion, que dans de nombreux autres pays d'Europe.

Les années 2000-2001 auront été marquées par la production de plusieurs rapports concernant la protection de l'enfance : rapport de Pierre Naves et Bruno Cathala, rapport de Jean-Pierre Deschamps, rapport de Claude Romeo, la loi contre les exclusions, etc.

Les commissions rappellent que tout doit être fait pour permettre aux enfants d'être élevés par leurs parents, en raison de quoi les soutiens doivent être orientés d'abord vers l'ensemble de la famille (avis rendu de la commission administrative des droits de l'homme en 2001 concernant les placements d'enfants).

De même, les rapporteurs insistent sur la priorité qui doit être donnée à la prévention entendue comme offre d'accompagnement de la famille et non comme renforcement du contrôle.

Des adultes et des familles qui connaissent de graves difficultés (économiques, familiales, de logement, de santé ou d'insertion) peuvent être accueillis, à leur demande et au titre de l'Aide sociale, dans des centres d'hébergement et de réinsertion sociale (CHRS).

En 1998, 745 établissements accueillaient, en France, ces personnes. Les statistiques officielles montrent que la plupart des adultes hébergés vivent seuls et sans enfant (67 %), les autres vivent en famille : adultes isolés avec enfants, adultes en couple avec ou sans enfants[1].

Les couples avec enfants représentent moins de 11 % de la population des CHRS en France, soit environ 2 500 personnes, malgré les nombreuses demandes comme le confirment les SAMU sociaux.

Dans le Nord, il n'est pas rare de voir des familles en grande détresse être hébergées dans des hôtels par manque de place (avec un financement de l'Aide sociale). L'établissement que j'ai dirigé recevait trois demandes par jour, été comme hiver.

Les rapports proposent des alternatives au placement : médiation familiale, soutien d'aide à la parentalité, lieux d'accueil parents-enfants, etc., mais n'abordent pas la question des CHRS comme lieux de prévention à l'éclatement des familles. Certes, le budget 2001 prévoyait la création de 500 places supplémentaires en CHRS, dont une partie serait affectée à l'accueil des familles (conférence de presse de Ségolène Royal à la Sorbonne en septembre 2000).

La question financière ne peut être retenue puisque le coût moyen du prix de journée en CHRS, en France, est de 45 euros contre plus de 135 euros en établissement de l'Aide sociale à l'enfance.

1. Source DRESS.

Un détour par l'histoire de la Ddass pourrait permettre de comprendre et de repérer les résistances, les fantômes qui hantent encore les structures médico-sociales à l'égard des parents « défaillants ». Au XIXe et au début XXe siècle, l'institution s'est substituée à eux en s'appropriant l'enfant. Préserver et perpétuer cette image de « mère parfaite et toute-puissante » était souvent le but premier des établissements. La protection de l'enfant était-elle la seule préoccupation des philanthropes de l'époque ? Je ne le pense pas. Les enfants « abandonnés », « trouvés » du XIXe siècle pouvaient aussi être perçus, à l'image de leurs parents de classes défavorisées, comme une fraction de la population dangereuse et à risque. Comment, aujourd'hui, concevoir l'accueil des parents avec enfants ?

Quand l'association La Cause des Bébés m'a proposé de réfléchir sur le thème « Le bébé et la séparation/le bébé et l'exclusion », j'y ai vu l'occasion de témoigner de l'intérêt de ce mode de prise en charge particulière en CHRS : l'accueil et l'hébergement des couples avec bébé confrontés à la précarité psychique et socio-économique.

Durant neuf années, j'ai assuré la responsabilité d'un centre d'hébergement familial dans le nord de la France. Dans le cadre de cette activité professionnelle, j'ai pu recueillir les paroles de ces parents, de ces enfants en proie à la désinsertion sociale, à la séparation, voire à l'exclusion. Ces personnes ont connu antérieurement plusieurs séjours dans les établissements du secteur social. J'avais déjà rencontré certains de ces jeunes adultes en établissement de l'Aide sociale à l'enfance voici vingt ans. A cette époque, je travaillais en qualité d'éducateur spécialisé. Ces précieux témoignages m'ont permis la rédaction d'un mémoire de DEA en sociologie et je tiens à nouveau à les en remercier.

J'essaierai ici de partager quelques-unes de mes réflexions concernant le soutien à la parentalité, mais surtout de témoigner de certains décalages qui persistent entre nos discours professionnels et nos interventions sociales.

L'accueil de la famille en CHRS

Comme le souligne Robert Redeker, philosophe, « accueillir n'est pas héberger. L'hébergement prête un toit, l'accueil qui abrite construit une relation ». Personne singulière, l'accueilli est toujours nouveau. Au moment de l'admission, les parents et les enfants se trouvent en grande détresse sociale et familiale. Très vite, la question de l'« aveu » (la confession de Foucault) se pose pour obtenir une aide.

Un père de famille relate comment il s'est senti assujetti quand le professionnel chargé de l'admission lui a posé la question : « Vous avez un tatouage à la main, avez-vous été en prison ? Parlez-moi de vous. » Ce papa a préféré quitter l'établissement.

Les jeunes parents qui ont vécu plusieurs années en foyer ont compris les attentes des institutions. Ils ont souvent un discours emprunté : « J'ai un projet, je veux un logement et un travail, je veux m'occuper de mes enfants, j'ai besoin d'aide, vous seul pouvez m'aider », ou un discours insistant sur le caractère d'urgence : « Mon mari est alcoolique, violent, je n'ai plus de lait ni de couches pour mon bébé. »

Il est difficile d'envisager une demande d'admission en CHRS formulée ainsi : « Mon mari s'alcoolise, certes il me frappe, mais je l'aime. Notre vie de couple n'est pas toujours facile. Nous n'avons pas beaucoup d'argent, nous avons tout dépensé en achetant une voiture. Notre relation avec le bébé est difficile, parfois je ne le supporte plus. Nous avons été virés d'un autre foyer. »

Dès cette première rencontre, les familles remplissent un dossier d'admission et doivent signer le formulaire Cerfa n° 61-2120 qui a conservé quelques idées récurrentes de la Ddass ancestrale, notamment la forte tonalité de travail obligatoire. On peut y lire : « Je m'engage à assumer le travail que l'on me demandera et à accepter le règlement de l'établissement. » Un projet contractualisé est alors proposé.

Plusieurs personnes expliquent combien il est difficile de définir un projet lors d'un moment difficile : « Je n'ai pas la tête à penser. »

Pourtant il leur faudra de ce malentendu signer un « contrat individualisé ». Ce contrat présente souvent un décalage profond entre les attentes des familles et les représentations des professionnels qui souhaitent un projet planifié par étapes, des engagements significatifs, des temps de synthèse.

Il est intéressant de constater que les travailleurs sociaux en formation se trouvent parfois dans cette situation lors d'une demande de stage en institution. Certes, les enjeux sont moins primordiaux, mais les travailleurs sociaux en formation doivent souvent se présenter, lors de leur demande de stage, avec « un projet de stage clairement défini ». Le stage sera contractualisé, évalué, sanctionné. Pourtant, les travailleurs sociaux conviendront souvent en fin de stage que leur projet de départ n'était pas adapté, que seul le temps de la rencontre et de l'expérience professionnelle, humaine, importait.

Le contrat s'articule souvent sur les difficultés repérées chez la personne « sans » (sans papiers, sans logement, sans amour). On oublie souvent que ces difficultés sont la conséquence et non la cause de leur désarroi. Nous abordons rarement les familles comme des personnes « avec » (avec des compétences parentales, avec des savoir-faire). En fin de compte, c'est souvent l'institution qui décide et évalue à son rythme.

Comme le pense Maria Mailat, anthropologue sociologue, un parent pauvre ou démuni n'est pas en mesure de prendre position d'égal à égal face aux institutions et d'exiger des comptes ou de faire l'évaluation de nos interventions éducatives. Or, « seul un regard qualifiant sur leurs capacités à être de bons parents serait susceptible d'aider les familles en situation de grande pauvreté à faire émerger leurs potentialités cachées par des années de misère, d'humiliation et de mépris », estime Marie-Cécile Renoux, permanente du mouvement ATD Quart Monde.

Lors de l'admission, les familles demandent un logement « à soi » et un soutien amical, humain. Une mère raconte son arrivée au CHRS : « Quand je suis arrivée ici et qu'on m'a donné les clés en me disant : "Voilà, vous êtes chez vous", je ne pouvais pas y croire. Quand j'y repense, j'en tremble encore. Sitôt qu'il (le directeur) est parti, je me suis ruée sur la porte et j'ai fermé à clé. Et ça a duré un bon moment. Chaque fois que je disais : "On rentre à la maison"— ça paraît bête — eh bien ! cela sonnait bizarrement à mes oreilles... »

La question de l'accueil du père est souvent posée dans les institutions médico-sociales. Comme le souligne Evelyne Sullerot, quand rien ne va plus au sein de la famille, c'est le père qui apparaît comme le maillon faible de la chaîne familiale et de nos interventions sociales : « Le fusible qui saute au premier court-circuit dans le couple. Dans ces structures de familles, c'est le lien mère-enfant qui demeure le pivot central de nos interventions sociales. » En revanche, l'absence d'emploi et de formation adaptée, qui occasionne une épreuve narcissique éprouvante pour les jeunes pères, est souvent absente de nos interventions éducatives. C'est ainsi que, face à cet isolement social, les hommes ont souvent recours à des conduites à risque.

L'allocation de parent isolé peut renforcer cette mise à l'écart du père : « De toute façon, dit une jeune mère, j'ai mis tous ses habits dans des cartons sous le lit et j'ai dit qu'il habitait chez sa mère. S'il y a un contrôle, je jette les cartons par la fenêtre. »

De plus, la naissance d'un enfant vient souvent poser la question de la place de l'homme dans la famille. Il n'est pas rare de voir les pères « disparaître » les jours suivant la naissance et c'est pourquoi le CHRS devra se montrer très à l'écoute de ces papas et entendre parfois la violence. Les professionnels se sentent souvent victimes. Pourtant, ils ne sont pas nécessairement l'objet de la violence « fondamentale » (pour reprendre l'expression de Jean Bergeret). La mise en place de lieux de « recomposition masculine », hors de la sphère féminine, au sein du CHRS, favorise le maintien du père de l'enfant. Des ateliers de bricolage, de jardinage, de formation sont précieux pour les hommes.

Si le père est occulté à la naissance de l'enfant, en revanche un autre personnage réapparaît au sein de la famille au CHRS : la grand-mère maternelle. L'arrivée du premier enfant permet à la « mamy », au « papy » (parfois), de reconquérir leur place perdue de parents. C'est un moment propice à travers ces liens intergénérationnels pour débusquer ces fantômes qui hantent la chambre du bébé.

Il faudrait aussi aborder la question de l'accueil des animaux dans les CHRS. Boris Cyrulnik précise que la présence d'un animal vaut parfois la prise d'anxiolytiques. Les bienfaits pédagogiques, voire thérapeutiques, des animaux ne sont plus à démontrer. L'animal peut être comme un miroir : il peut nous permettre de mieux comprendre l'enfant, l'adulte dans sa relation. Les discours hygiénistes n'ont plus raison d'être.

Je suis resté étonné, lors de l'admission en CHRS, et quand j'informe que les animaux peuvent être accueillis, de voir des familles partir immédiatement rechercher le chien à la SPA avant de s'installer dans l'appartement.

« Ô temps, suspends ton vol ! »

De nombreux parents regrettent que nous leur « volions leur temps ».

La prise en charge en CHRS est fixée pour une durée déterminée de six mois. Le décret du 3 juillet 2001 prévoit qu'à l'expiration de cette durée d'accueil, le responsable du centre d'hébergement et de réinsertion sociale peut demander au préfet la prolongation de l'admission à l'Aide sociale. Ce décret est judicieux car il ne fixe plus des séjours de courte durée comme auparavant.

Paradoxalement, nous constatons que les séjours restent inférieurs à six mois. Des responsables de CHRS rencontrés motivent ce choix par les demandes massives d'admissions mais aussi par une certaine crainte de chronicité, d'enfermement chez les familles accueillies. La prise en charge est alors entrecoupée de temps d'évaluation : préadmission, bilan du premier mois, appartement de semi-autonomie puis d'autonomie, etc.

Or ces familles connaissent souvent d'autres accompagnements sociaux, d'autres contrats (RMI, AEMO, tutelle, suivi psychologique...). Ainsi leur séjour est-il souvent consacré à rendre des comptes.

Les familles rencontrées dans le cadre de ma recherche demandent qu'on leur laisse leur temps : le temps de se poser, de se rencontrer. Pour certains, la désinsertion sociale et la souffrance psychologique les ont plongés dans l'abîme du temps et de l'espace.

Il faut bien qu'un jour, ces adultes puissent avoir le temps et le droit de pleurer ces larmes qu'ils n'ont pu verser voici des années, le temps de se souvenir des « bons souvenirs », de cette éducatrice rencontrée durant l'enfance, etc. Pour d'autres, c'est du temps du pardon qu'ils ont besoin, le pardon pour cet enfant qui a été « bousculé », « maltraité », le temps de la réparation. Ce temps n'est pas que le temps de trouver un logement et un travail.

Pour les professionnels, à travers des temps formels et informels, le plus important est de prendre le risque d'une vraie rencontre, dans laquelle nous gardons la capacité de nous étonner, de nous émerveiller, de faire confiance. C'est cette attitude-là qui fait surgir chez les parents des désirs enfouis, des capacités insoupçonnées, qui les aident à surmonter leur peur d'aller vers l'inconnu.

Nous pouvons les aider, mais ce sont eux qui savent ce qui leur est nécessaire. Cela nécessite de la part du professionnel une présence suffisante et bienveillante à l'égard des personnes accueillies.

Pour beaucoup de parents, les souvenirs sont rapportés avec détail et froideur. Au départ, l'affect associé à ces expériences est souvent oublié. En permettant le temps de cette rencontre « vraie », on peut tenter de faire disparaître ces fantômes et transformer la détresse de ces parents en capacité à protéger leurs enfants contre la répétition de leur propre passé conflictuel.

Peut-être est-ce ce temps-là que nous craignons ?

Une donnée fondamentale de toutes les sciences sociales, comme le montre ingénieusement Georges Devereux dans les années 1960, est ce qui se passe à l'intérieur de l'observateur, au sens large, ses propres réactions de « contre-transfert » en tant qu'être humain spécifique.

Pour citer encore Robert Redeker : « Accueillir suppose donc de l'accueillant un travail sur lui-même qui le prépare à accueillir, un travail qui institue en lui une disposition cultivée à l'accueil. »

Des familles me racontent leurs difficultés face à des « administrations sans entrailles » (l'expression est d'Alphonse de Lamartine) : un couple se souvient de s'être rendu avec son bébé auprès d'une administration car ils ne touchaient plus le RMI. On leur a répondu que c'était « à cause de l'ordinateur ». La mère de famille, ne supportant pas cette réponse, a écrasé la couche souillée du bébé sur le clavier de l'ordinateur. Quand la famille ne remplit pas les papiers, « c'est de leur faute » ; quand l'administration commet une erreur, « c'est de la faute de l'ordinateur ».

Le temps des interventions sociales est souvent le temps de l'urgence au détriment du temps de la prévention et au risque d'une politique sociale à deux vitesses. Il existe en effet une hiérarchie dans le mode de prise en compte d'un problème social et pour qu'un accompagnement soit décidé. Cette hiérarchie est surtout fonction des charges émotionnelles, plus que de la gravité des handicaps. Ainsi, la société sera très émue par un fait divers d'abandon d'enfant. Elle est très touchée par les accidents de la route des jeunes le samedi soir et renforce les contrôles routiers. La société sera moins émue par des enfants et des familles vivant en situation de grande précarité en France.

Malheureusement, pour qu'une question puisse devenir un problème social, il faut qu'elle perturbe les relations sociales et devienne visible, c'est-à-dire qu'elle fasse l'objet d'une publicité au sens où elle fait effraction dans l'espace public et occasionne une fracture dans le fonctionnement de la société (par exemple, les incendies de voitures dans les quartiers « chauds », etc.).

Le rapport annuel de l'Observatoire de la pauvreté et de l'exclusion sociale remis le 6 février 2002 à Elisabeth Guigou confirme le durcissement des discours dans l'opinion publique sur les personnes en difficultés, hypothéquant finalement le développement d'actions fortes contre la pauvreté : « C'est précisément quand la situation économique s'améliore que la compassion, l'indulgence diminuent tandis que la sévérité des jugements et la responsabilité individuelle des personnes (...) se développent. »

De l'usager à l'individu sujet

Pour reprendre la définition du sociologue Vincent de Gaulejac, la question du sujet s'inscrit au carrefour de trois univers théoriques et champs disciplinaires : l'univers de la Loi, des règles, des normes où l'individu est « sujet de droit » ; l'univers de l'inconscient où l'individu est « sujet de désir » ; l'univers de la société, de la culture, de l'économie, des statuts... Un univers où l'individu est « sujet socio-historique ».

C'est dans la confrontation des regards portés par ces trois univers que nous pouvons proposer une intervention éducative en CHRS, et non en pensant qu'un univers est dominant. Nous retrouvons cette réflexion dans la définition de la parentalité. Didier Houzel et son groupe de travail étudient la notion de parentalité selon trois axes : l'exercice de la parentalité, l'expérience de la parentalité, la pratique de la parentalité.

Nos réunions de « synthèse » peuvent devenir très vite le lieu d'un enjeu de pouvoir entre les différents partenaires : qui est le mieux placé pour décider de l'avenir d'un enfant, le juge, le psychologue, l'éducateur ?

Le secteur social et médico-social vient de se doter d'une loi garantissant les droits de ses usagers. Des outils sont proposés : livret d'accueil, participation directe de l'intéressé à son projet de vie, recours à un médiateur, conseil de vie sociale, etc. Le législateur s'attache à placer l'« usager » au centre des interventions sociales.

L'adoption de la loi du 2 janvier 2002 rénovant l'action sociale et médico-sociale prévoit l'instauration soit d'un conseil de la vie sociale, soit d'autres formes de participation afin d'associer les personnes bénéficiaires des prestations au fonctionnement de l'établissement ou du service. Mais les parents restent encore trop souvent les grands absents du secteur sanitaire et social.

Le décret du 31 décembre 1991 prévoyait la création d'un conseil d'établissement (qu'on nommera aujourd'hui « conseil de la vie sociale ») dans les institutions médico-sociales. Combien d'établissements ont mis en place ces conseils ? Les parents participent-ils aux réunions de synthèse ? Peuvent-ils accéder aux dossiers ?

Au moment de conclure ce témoignage, je repense aux paroles d'une jeune mère accueillie en centre d'hébergement avec son ami et un bébé. Nadia a vingt-quatre ans. Elle connaît des problèmes de toxicomanie. Elle se trouve dans un lieu collectif de l'établissement où elle discute de façon informelle avec d'autres mères tout en buvant le café. La discussion tourne autour d'une question lancée par Nadia : « Faut-il mettre le bébé sur le dos ou sur le ventre la nuit ? » Très vite, elles abordent le bercement des bébés. Nadia se met à parler de ses difficultés d'endormissement. Elle raconte qu'elle se balance la nuit dans son lit et que son ami n'est pas content car elle le « cogne » avec sa tête. Après un temps de réflexion, elle s'étonne : « Mais je ne me balance plus maintenant ! » Je lui demande : « Depuis quand ? » Elle répond : « Six mois. » Je pose la question : « Depuis quand êtes-vous arrivée dans l'établissement ? — Six mois », répond-elle, puis elle ajoute : « Eh ben ! c'est le foyer qui me berce ! »

Peut-être est-ce cela, le temps d'« une prise en charge en CHRS relevant de l'Aide sociale » : le temps pour les parents de se laisser bercer, sans se cogner, pour aller à la rencontre de leur enfant.

Les enjeux de la parentalité

par Hervé Hamon

La situation la pire pour un juge des enfants est d'être confronté à la séparation précoce, quasiment à la naissance. C'est dans le domaine de l'assistance éducative et non dans celui de l'enfance délinquante, faut-il le préciser. Mais on est surtout dans le domaine du tout ou rien. Or l'art de juger tel que les juges des enfants le conçoivent consiste précisément à sortir du tout ou rien, notamment en tentant de se prémunir de notre propre passage à l'acte que constitue l'ordonnance de placement provisoire au début de la vie. Comment ? En tout cas pas seul. Il y a des pistes que je vais essayer d'explorer avec vous en commençant par une déconstruction des différents niveaux de la parentalité. Je vais faire référence à la recherche du professeur Houzel sur les enjeux de la parentalité. Puis je parlerai des moyens de prévention innovants dont j'ai eu connaissance.

Il faut rappeler qu'en France il y a depuis très longtemps, au niveau du ministère de l'Emploi et de la Solidarité, une réflexion sur la question du soin donné aux enfants, concrétisée notamment par l'« opération pouponnière » dans les années 1970. Plus récemment, avant cet enjeu politique et médiatique autour de la parentalité, s'est posée la question de faire un bilan de toutes ces approches, avec l'éternelle question de la séparation, de ses conséquences, du maintien ou non des liens entre enfants et parents en cas de séparation. Jusqu'où peut-on aller dans le maintien ? A quel moment décider de la séparation ?

En 1993, le ministère de l'Emploi et de la Solidarité a chargé le professeur Houzel de conduire une recherche qui s'est achevée en 1998 sur les enjeux de la parentalité. Nous étions une quinzaine de « spécialistes », une majorité de psychologues, psychiatres, pédopsychiatres, psychanalystes ; un juge des enfants, moi-même, une éducatrice, une inspectrice de l'Aide sociale à l'enfance et un médecin psychiatre qui faisait le lien entre le monde psy au sens large et le monde juridique et social.

Ce travail a été mené à partir de la casuistique — des cas lourds, des cas ratés. Pour ma part, j'avais rapporté une situation de syndrome de Münchhausen par procuration, extrêmement compliquée à travailler sur un plan judiciaire, éducatif et thérapeutique.

A partir de ces cas, nous avons essayé de déconstruire les « axes de la parentalité » et de trouver des invariants. Nous avons mis en exergue trois niveaux d'analyse et trois axes de la parentalité. Nous nous sommes aperçus qu'en ce qui concernait l'appréciation objective des ruptures, par exemple dans la construction d'un dossier du juge des enfants, il y avait des ruptures qui n'apparaissent pas forcément, et encore moins la représentation de ces successions de ruptures. La rupture à la naissance est une rupture fondamentale certes, mais très souvent on fait l'économie d'une réflexion sur les conditions de la rupture. Et dans la construction des dossiers, faute d'une analyse et d'une élaboration suffisantes de la question des ruptures, on arrive à une sorte d'escalade qui ressurgit souvent à l'adolescence avec encore de nouvelles ruptures.

Le deuxième niveau d'analyse, c'est la stabilité des représentations. On voit déjà poindre à quel point les équipes pluridisciplinaires peuvent être en conflit sur les représentations de la parentalité. Je me souviens de synthèses extrêmement difficiles où les psys, les travailleurs sociaux et les juges en arrivaient à s'affronter du fait de représentations complètement antagonistes de l'avenir de l'enfant. Derrière ces questions, ce sont souvent des représentations antagonistes de la parentalité qui sont à l'œuvre.

Troisième niveau d'analyse : les processus d'induction et de contagiosité psychiques dont font l'objet les équipes concernées. Nous sommes tous aux prises avec les mécanismes pathologiques à l'œuvre au sein du groupe familial. Les réunions de synthèse pluridisciplinaires sont des façons de se prémunir d'y être pris à titre individuel, mais on voit bien que, derrière le mythe du pluridisciplinaire qui va tout résoudre, on se trouve confronté à de grandes difficultés d'élaboration et de conduite de ces synthèses.

A partir des cas, nous avons mis en avant trois grands axes de la parentalité en sachant que cette déconstruction est artificielle mais qu'elle peut être opératoire pour débrouiller des cas complexes. *L'exercice de la parentalité* est le premier axe, celui qui nous concerne le plus. Il est entendu ici dans un sens voisin du sens juridique. C'est l'exercice d'un droit définissant un domaine qui transcende l'individu, sa subjectivité, ses comportements. C'est lui qui fonde et, jusqu'à un certain point organise la parentalité en y associant des droits et des devoirs. Il y a une dimension anthropologique de la question juridique. Dans nos sociétés apparemment policées, en tout cas industrialisées, ce sont plutôt les aspects juridiques qui apparaissent. Mais derrière le droit, et d'égale importance, il y a des éléments psychologiques du droit et des constructions imaginaires autour de la notion des droits et des devoirs dont il importe de tenir compte. En ce qui concerne plus précisément l'exercice de l'autorité parentale (qui est inclus dans l'exercice de la parentalité), on peut dire que c'est davantage le domaine des juristes et des inspecteurs de l'Aide sociale à l'enfance. Cela implique la question des statuts juridiques, la notion de danger, de déclaration d'abandon, de délégation ou de retrait de l'autorité parentale qu'on appelait il n'y a pas si longtemps « déchéance ». Derrière ces catégories juridiques et ce jeu judiciaire autour de l'autorité parentale, il y a aussi des représentations de la parentalité et des affrontements de sens.

Le deuxième axe, c'est *l'expérience de la parentalité* : expérience subjective, consciente et inconsciente du fait de devenir parent et de remplir les rôles parentaux. Cette expérience comporte de nombreux aspects que l'on peut néanmoins regrouper sous deux rubriques : le désir d'enfant et la transition vers la parentalité ou parentification.

Sur l'expérience de la parentalité, nous avons constaté qu'il y avait une littérature psychiatrique et psychanalytique assez abondante sur les processus de parentification côté mères, et assez pauvre côté pères. Au niveau des cas pratiques étudiés, on retrouvait cette pauvreté à tous les niveaux, psy, social et juridique.

Le troisième axe, c'est *la pratique de la parentalité* englobant tout ce qui touche à l'attachement et au lien.

A travers ces trois axes, on commence à apercevoir les enjeux des discussions dans les réunions de synthèse. Ces trois niveaux sont trois niveaux logiques différents d'une conception de la parentalité. Souvent on ne parle pas de la même chose ou on observe des glissements de compétence puisque, fréquemment, le psy va parler de la loi et du droit et le juge des enfants qui va parler de l'attachement ou des processus de parentification. L'expérience montre que, si on n'arrive pas à distinguer les niveaux logiques, on arrive à prendre des décisions — en tout cas le juge des enfants, puisque c'est son rôle — qui aboutissent à des catastrophes.

Parmi les cas étudiés, trois ou quatre posaient la question du placement à la naissance et celle d'un affrontement acharné entre l'Aide sociale à l'enfance, la pouponnière et le juge des enfants autour d'une conception différente des statuts juridiques. Nous avons évoqué le cas assez extraordinaire d'un enfant admis en pouponnière avec une mère errante et intermittente. Le juge des enfants restait dans ses articles 375 et suivants du code civil, avec la question du danger ; la pouponnière pensait délégation de l'autorité parentale du fait de l'intermittence de la mère, et l'Aide sociale à l'enfance pensait déclaration d'abandon et adoption. Ces trois projets différents concernant le statut juridique de l'enfant n'étaient pas compatibles et ne pouvaient se rencontrer. Mais au-delà de cette incompatibilité, personne ne travaillait avec la mère sur ces questions, faisant ainsi l'économie d'une élaboration sur la parentalité. Le statut juridique venait radicalement gommer la réflexion sur la parentalité. Distinguer les axes que j'ai cités et s'apercevoir que, dans l'affrontement, on ne parle pas forcément du même niveau permet de sortir du tout ou rien. Le juge des enfants est le garant des droits, de l'autorité parentale, mais il doit aussi penser à ce que les autres axes de la parentalité soient travaillés.

Enfin, le groupe de recherche avait mis en avant un concept de parentalité partielle impliquant un système de réponses à la carte selon les difficultés, les défaillances, ou les moindres compétences des parents.

Dans le cadre judiciaire, on peut par exemple travailler sur un hébergement ou un placement très étayé, très souple en concordance avec la pratique réelle de la parentalité. On peut travailler aussi différemment, à partir d'une notion de milieu ouvert sans placement, mais étayé par des hébergements partiels.

L'inspectrice de notre groupe, qui est maintenant directrice de l'Aide sociale à l'enfance du Gard, nous a beaucoup parlé du « placement paradoxal ». C'est un placement judiciaire, énoncé et porté par un juge des enfants, l'enfant restant dans sa famille d'origine. La force de ce paradoxe, c'est qu'effectivement la famille vit le placement. L'intervention de l'équipe éducative, reliée à un foyer, est très différente au niveau juridique des obligations particulières du milieu ouvert. De ce paradoxe naît une créativité importante. Cette expérience est portée depuis quinze ans par une équipe stable de juges des enfants et d'inspecteurs de l'Aide sociale à l'enfance. C'est une construction qui concerne 40 à 50 % de leurs placements. On voit bien comment, avec des variations du cadre si spécifique qu'est le cadre judiciaire, on peut innover dans la pratique.

Le rapport Houzel avait été commandé à un moment où on ne parlait pas beaucoup de bons et de mauvais parents. Les mineurs délinquants n'intéressaient personne. Avec l'explosion des chiffres de la délinquance, le politique s'est emparé de ce problème et la notion de parentalité a émergé. Est-ce que les parents des mineurs délinquants sont des mauvais parents ? Si oui, s'inaugure le débat autour du degré zéro de tolérance : si les mineurs délinquants ont de mauvais parents, c'est que ceux-ci sont eux-mêmes délinquants ; s'ils sont eux-mêmes délinquants, il faut les punir. D'un autre côté, on entend des discours sur les compétences parentales, le soutien à la parentalité, etc. Derrière ces conceptions divergentes, les réponses politiques ne peuvent que s'affronter.

Nous sommes passés de la puissance paternelle à l'autorité parentale, puis à l'exercice conjoint de l'autorité parentale. Il y a tout un courant qui voudrait aller vers une responsabilité parentale. Le politique déplore que les parents aient de moins en moins d'autorité, et l'évolution juridique va plutôt à l'encontre de cette plainte-là. La commission Dekeuwer-Defossez, qui a produit un des derniers rapports rendus au garde des Sceaux, reste fermement attachée au concept d'autorité parentale.

Un juge des enfants, en principe, ne touche pas au fond de l'autorité parentale. Il « bricole » sur les carences ou les excès de l'autorité parentale et peut, à partir de la notion de danger, limiter les excès ou essayer de suppléer les carences. Mais il n'a pas le pouvoir de toucher au fond. Seul le tribunal de grande instance — en général le juge des affaires familiales — a ce pouvoir de travailler au fond la question de l'autorité parentale. Cette fiction juridique est telle qu'un juge des enfants peut envoyer un travailleur social en milieu ouvert, l'enfant restant dans la famille, sans attenter à l'exercice de l'autorité parentale. Or injecter du travail social dans une famille touche à l'intimité et à l'autorité parentale, mais, sur un plan juridique, on affecte de ne pas y toucher. Seule la mesure de placement touche partiellement au fond à cette question. Et l'évolution législative aussi, puisque l'autorité parentale est un découpage de droits dont le principal est le droit de garde. Or toutes les réformes autour du divorce visent à supprimer la référence à la garde dans les textes législatifs qui sont de la compétence du juge des affaires familiales, comme du juge des enfants. Au moment où l'on reproche aux parents de ne pas être assez attentifs, on supprime la notion de garde au profit de celle de résidence, dans l'idée d'une coparentalité sereine. C'est comme si, en faisant disparaître des textes le concept de garde, les parents allaient mieux s'entendre et moins se disputer autour d'un enfant. Je crois qu'on est effectivement dans de la fiction. Autant le concept de coparentalité, d'autorité parentale conjointe et de résidence peut tout à fait être opérant pour des familles qui, malgré les difficultés de la séparation, sont suffisamment compétentes, attentives pour faire la part des choses, autant, pour les situations beaucoup plus graves, le concept de résidence n'est pas forcément aidant. On voit bien les limites entre une volonté politique affichée, le droit et la réalité.

La difficulté pour un juge, c'est de savoir qu'il n'est pas tout-puissant. Heureusement le juge des enfants qui gère les conséquences de ses décisions est contraint à une certaine humilité. Mais il peut y avoir une confusion entre lien juridique et lien tout court. Et cette confusion n'est pas propre au juge des enfants. Elle concerne aussi bien les travailleurs sociaux, que les psychologues et les psychiatres qui travaillent avec nous. Quand on passe d'une mesure de placement provisoire à un placement dit définitif, qui est un moment souvent extrêmement important, puisque la phase de placement provisoire reste en général assez dynamique avec les parents, on voit bien que pour les parents, même si on révise cette décision tous les ans ou tous les deux ans, c'est vécu comme une fin. Il y a collusion entre le droit et le lien parental : c'est comme s'ils n'étaient plus parents.

On retrouve le même problème avec le retrait de l'autorité parentale. Ça n'est pas parce qu'on retire aux parents l'autorité parentale qu'ils ne sont plus parents. Les notions de parenté et de droit sont d'un niveau logique différent. Or souvent le débat et les enjeux ainsi que l'absence de culture de réflexion autour du droit et des statuts juridiques entraînent la confusion. On en arrive à des ruptures effectives de liens quand le droit est pris au pied de la lettre. Mais si le droit est pris au pied de la lettre, il y a une responsabilité des professionnels, magistrats compris.

Il faut aussi vraisemblablement réfléchir aux limites de l'ordonnance de placement provisoire par les procureurs de la République. Les placements à la naissance sont souvent décidés en urgence, avec très peu d'éléments, par le procureur de la République qui en a le pouvoir. Celui-ci doit saisir dans les quinze jours un juge des enfants, mais ce dernier n'a pas d'obligations suffisamment précises pour convoquer les familles. A ce jour, il n'y a pas de limitation à l'ordonnancement du placement. Le rapport Nave-Cathala a dénoncé cet état de fait. Nous l'avons aussi dénoncé dans la commission sur la communication des pièces du dossier d'assistance éducative[1].

Et puis il y a des expériences innovantes. J'ai fait le tour des maternités avec l'autorisation et le soutien de Marie-Thérèse Hermange. Une culture différente est en train de se mettre en place. Pour nous très concrètement, dans le cas où ces grossesses sont suivies avec ce mixage des cultures hospitalières et de terrain, il est évident qu'au moment de la naissance, on est beaucoup moins dans le tout ou rien, puisqu'il y a déjà un travail d'élaboration. Beaucoup de signalements ne nous parviennent pas à ce moment-là grâce à la collaboration entre les maternités, la PMI et la pédopsychiatrie. Je ne dis pas qu'on déplace le problème. Pour les quelques cas qu'il m'a été donné d'étudier, un bon fonctionnement en réseau est quelquefois suffisant. Pour des cas plus lourds, on manque cruellement d'unités mère-enfant, de suivis à domicile. Il y a vraisemblablement des nouveaux concepts à mettre en place — je pense à l'unité de soin à domicile de Mme Jardin ou au projet de Dominique Brengard, pédopsychiatre, psychanalyste, thérapeute familial, actuellement médecin-chef de l'intersecteur de pédopsychiatrie des 9e et 10e arrondissements de Paris, qui a élaboré un projet qui va, je pense, se mettre en place sur le nord, nord-ouest parisien, basé sur la clinique de la non-demande et du déficit du lien en allant vers les familles. Ces types de projet sont en synergie avec le découpage de la parentalité en essayant de trouver des solutions au cas par cas, beaucoup plus variées. Le droit et la loi vont

1. Il est à noter que le décret du 15 mai 2002 a mis fin à ce flou juridique. Au terme de l'article 5 du décret, le juge des enfants convoque les parties dans un délai qui ne peut excéder quinze jours à compter de la saisine.

devoir se lancer dans des bricolages qui posent des points de droit extrêmement compliqués autour des notions de garde et de découpage de l'autorité parentale.

Pour terminer, je ne peux manquer d'évoquer les problèmes d'utilisation d'enfants par des organisations criminelles en France. La question du droit et de la justice des mineurs prend une coloration différente. Les juges des enfants de Paris notamment sont confrontés de plus en plus à des phénomènes de prostitution, d'errance et de délinquance organisée.

Pour un certain nombre de pays, l'entrée dans l'Europe implique de leur enjoindre de se doter d'une justice spécialisée pour les mineurs. Les articulations du droit et de la parentalité sont des questions essentielles car le droit est aussi une façon de structurer la parentalité et de faire respecter un certain nombre de choses. Le combat à venir au niveau européen n'est pas qu'une harmonisation des législations sociales : c'est aussi de construire un espace européen qui puisse protéger efficacement les mineurs de ce que j'appelle les « appartenances dangereuses ».

Quelle réponse à la souffrance parentale précoce ?

par Marie-Thérèse Hermange

Chaque enfant naît dans un cadre parental bien spécifique et dans un environnement familial qui n'est superposable à aucun autre. Aussi, si tout doit être convoqué sur le plan technique et médical pour cette naissance, tout doit aussi être convoqué pour ce projet parental, avant mais aussi après la naissance, pour toujours mieux accueillir nos enfants.

Après un constat sur notre politique de périnatalité, je formulerai quelques propositions pour une politique que je nomme « périnatalité sociale » et qui met en son cœur le principe de prévenance.

LE CONSTAT : UNE POLITIQUE DE PÉRINATALITÉ À PARFAIRE

En France, le plan gouvernemental de périnatalité élaboré sous l'autorité de Marie-Madeleine Dienesch a certes permis, entre 1970 et 1980, d'améliorer la situation sanitaire liée à l'accouchement. Cependant, malgré ce plan, le rythme de l'amélioration des principaux indicateurs de naissance était moins rapide que dans d'autres pays industrialisés, notre pays se trouvant au treizième rang des pays de l'OCDE.

Cette situation a notamment été décrite dans un rapport du Haut Comité de la santé publique intitulé « La sécurité et la qualité de la grossesse et de la naissance : pour un nouveau plan de santé publique », publié en janvier 1994. Celui-ci établissait un certain nombre de constats et de recommandations qui abordaient : les problèmes institutionnels, les systèmes d'informations sanitaires, la formation du personnel, la sensibilisation, l'information et l'éducation du public, la recherche.

A la suite de ce rapport, le gouvernement d'Edouard Balladur a élaboré, sous l'autorité de Simone Veil, le « plan gouvernemental de périnatalité » du 2 avril 1994. Celui-ci se fixait quatre objectifs : diminuer d'une part la mortalité maternelle de 30 %, de l'autre la mortalité périnatale de 30 % ; réduire le nombre d'enfants de faible poids à la naissance de 25 % et de moitié le nombre de femmes peu ou pas suivies au cours de leur grossesse. Il les traduisait en cinq priorités : accroître la sécurité lors de l'accouchement, améliorer le suivi de la grossesse ; améliorer les soins au nouveau-né, humaniser les conditions de l'accouchement, évaluer la politique suivie.

A cet effet, il mettait en place seize mesures : élaborer des normes minimales opposables de sécurité, impulser une politique régionalisée favorisant la mise en réseau des divers acteurs et établissements concernés ; responsabiliser les femmes enceintes en les informant et réduire le nombre de femmes ayant moins de trois consultations pendant la grossesse ; améliorer la qualité de la surveillance de la grossesse comme la qualité des échographies obstétricales ; améliorer l'efficacité des techniques de réanimation à la naissance et rendre obligatoire la présence ou l'astreinte d'un pédiatre ; éviter les transferts inutiles en pédiatrie et valoriser le rôle des pédiatres en maternité ; lutter contre la douleur au cours de l'accouchement ; limiter la séparation mère-enfant ; renforcer le rôle des commissions techniques consultatives de la naissance ; mettre en place un système d'expertise des cas de mort maternelle ; améliorer la connaissance épidémiologique des causes de décès néonatals ; disposer à intervalles réguliers d'indicateurs de santé fiables et actualisés dans le domaine périnatal.

Les décrets « périnatalité » du 9 octobre 1998[1], publiés sous le gouvernement de Lionel Jospin, ont amplifié la volonté du plan périnatalité de 1994, avec le souci d'améliorer la qualité de la surveillance des grossesses et d'assurer, par un maillage sanitaire en réseau conciliant sécurité sanitaire et proximité de l'accueil des mères, la mise en place d'une organisation destinée à assurer l'orientation des prises en charge en fonction des pathologies et des moyens disponibles[2].

L'enquête nationale périnatale réalisée en 1998 témoigne que la prise en charge de la grossesse continue à s'améliorer : si le taux de césariennes continue à s'accroître, passant de 15,9 à 17,5 entre 1995 et 1998, comme le taux de prématurité (de 5,9 à 6,8), les femmes sont plus nombreuses à consulter l'équipe

1. Les décrets 98-899 et 98-900, du 9 octobre 1998, précisent l'organisation des soins périnatals : quant à la définition des objectifs des diverses unités de soin (obstétrique, néonatalogie et réanimation néonatale), quant aux précisions concernant les locaux et le personnel des divers secteurs, quant à la constitution de réseaux de soins périnatals.

2. Au moment où ce texte est présenté, il convient de noter qu'en la matière, Jean-François Mattei, ministre de la Santé, a demandé à Gérard Bréard de lui remettre un rapport sur la périnatalité.

médicale qui les prendra en charge au moment de la naissance et à bénéficier des séances de préparation à la naissance[1]. Il n'en reste pas moins vrai que l'objectif de la sécurité de la mère et de l'enfant à l'accouchement, comme la mise en place d'un suivi postnatal adapté à la mère et à l'enfant, nécessite une vigilance constante dans la recherche de l'amélioration de la qualité du suivi de la grossesse, d'autant que la santé de l'enfant pendant la vie intra-utérine conditionne largement son développement ultérieur[2].

Quand les indicateurs épidémiologiques parlent

Les indicateurs de mortalité[3] périnatale montrent que si « la France a accompli depuis plusieurs décennies de sensibles progrès, les résultats obtenus ne la situent pas encore au rang des meilleurs. Si les pays de l'Europe de l'Est se caractérisent toujours par des taux particulièrement élevés de mortalité infantile, un certain nombre de pays de l'Europe du Nord obtiennent des résultats meilleurs que nous avec des politiques tout aussi différentes que celles des Pays-Bas, de l'Allemagne ou de la Suède.

1. « La situation périnatale en France en 1998 », Direction de la recherche, des études, de l'évaluation et des statistiques, *Etudes et résultats*, n°73, Paris, juillet 2000.

2. Il existe, en effet, de plus en plus de données scientifiques suggérant que de nombreuses pathologies adultes, telles que le diabète et les maladies cardio-vasculaires, sont liées au développement in utero, selon la note de Bread G. et Uzan S. transmise le 15 mars 2001 à Marie-Thérèse Hermange.

3. Définitions : — mortalité infantile : nombre de décès de moins d'un an au cours d'une année rapporté aux naissances vivantes pour 1 000 habitants ; — mortalité néonatale précoce : nombre de morts-nés et décès de moins de 7 jours rapporté aux naissances vivantes ; — mortalité néonatale : nombre de décès de 8 à 28 jours rapporté aux naissances vivantes ; — mortalité fœto-infantile : nombre de morts-nés et décès de moins d'un an rapporté aux naissances d'enfants vivants et morts-nés.

Bien plus encore, et au-delà de ce constat général, ce qui frappe surtout aujourd'hui, c'est l'existence de fortes disparités régionales et infrarégionales, et plus encore des différences importantes selon les groupes socio-économiques. « La mortalité maternelle reste toujours peu évoquée, alors que le taux de décès, 11,3 pour 100 000 naissances, ne place pas la France à un taux d'excellence (la Finlande et le Royaume-Uni sont à des taux voisins de 7) ! La moitié de ces décès serait évitable. Le nombre des femmes enceintes après 35 ans, qui est plus élevé qu'ailleurs, n'explique pas complètement cette surmortalité[1]. »

Sur ce point, des efforts doivent être consentis envers les femmes plus démunies qui, selon les résultats présentés, ont une grossesse moins bien suivie et des indicateurs de santé systématiquement défavorables. De même, la situation dans les départements d'outre-mer semble moins favorable qu'en métropole.

Quand l'organisation des soins est à perfectionner

L'organisation des soins en maternité a été profondément modifiée afin d'éviter, dans la mesure du possible, les transferts des nouveau-nés en les soignant si possible en maternité, et/ou en les faisant naître dans une maternité adaptée à leur risque prévisible et dotée, dans les cas les plus sérieux, d'une réanimation néonatale et/ou d'un service spécialisé à la pathologie détectée pendant la grossesse.

1. « La politique périnatale de l'ARH du Languedoc-Roussillon », rapport présenté par le Dr Alain Crovez, février 2001 ; « Contrats d'objectifs et de moyens » (version modifiée), ARH Languedoc-Roussillon/CHU Montpellier, mars 2001.

C'est dans cette optique que le groupe d'étude en néonatalogie et urgences pédiatriques de la région parisienne (Genup-RP) a défini différents niveaux de soins néonatals répartis selon les besoins des nouveau-nés[1]. Les maternités (de niveaux I, II et III) sont, elles, organisées en fonction des soins de néonatalogie dispensés aux nouveau-nés[2]. Elles se voient attribuer en fonction de leur statut les équipes médicales et paramédicales nécessaires. A cet égard, deux constats doivent être faits.

Au regard de l'état des lieux des structures obstétricales et néonatales en France

Cet état des lieux, réalisé à la demande des responsables de la conférence de consensus organisée par le collège d'obstétriciens[3], montre une légère « prédominance des lits de niveau 1 (13 390) par rapport aux lits de niveaux 2 et 3 », « six régions ne disposant pas de lits de maternité situés à proximité d'une

1. Le niveau de soins 1 concerne les nouveau-nés bien portants ; le niveau de soins 2 concerne les nouveau-nés présentant des pathologies mineures ; le niveau de soins 3, destiné aux nouveau-nés présentant des pathologies, nécessite une unité de néonatalogie implantée ou non dans la maternité ; quant aux niveaux 4 et 5, ils sont dispensés en service de soins intensifs. Les niveaux de soins 1 et 2 doivent pouvoir être dispensés dans des maternités de niveau I, les soins de niveau 3 dans des maternités de niveau II, les soins de niveau 4 et 5 dans des centres prénatals.

2. « Les maternités de niveau 1 ne sont pas associées à un service de néonatalogie ou de réanimation néonatale situé à proximité, les maternités de niveau II disposent uniquement d'un service situé à proximité ou de soins intensifs néonatals, les maternités de niveau III disposent d'un service de réanimation néonatale situé à proximité, le critère de proximité étant la possibilité d'un transfert sans véhicule », in Ruffie A., Deville A., Babeaud A., « Etat des lieux des structures obstétricales et néonatales en France », *Journal de gynécologie obstétrique et biologique de la reproduction*, « Conférence de consensus. Prise en charge de la femme enceinte et du nouveau-né selon leur degré de risque », décembre 1998, p. 37.

3. *Ibid.*, p. 34-51.

unité de réanimation néonatale[1] ». Cette disparité dans l'organisation de l'offre des soins peut avoir des conséquences sur le niveau des soins, dans la mesure où, dans de nombreuses régions, les centres référents de niveau III sont saturés du fait de leur notoriété, mais aussi dans certains cas de leur incapacité à organiser les transferts nécessaires (après période critique) des nouveau-nés. Or cette relative indépendance de fonctionnement dans différents niveaux de maternité peut avoir des conséquences sur l'enfant dès sa naissance puisque, en cas de naissance de grands prématurés, les décès per partum sont multipliés par huit si l'accouchement a lieu dans une maternité de niveau II ou III et par douze s'il a lieu dans une maternité de niveau I, et les risques de handicap par sept si ces mêmes naissances ont lieu hors maternité de niveau III[2].

Dans les cas contraires, et avec une meilleure orientation anténatale si nécessaire vers les maternités les mieux équipées, il est possible de réduire de façon significative le taux de mortalité. C'est dire combien d'une bonne organisation des soins néonatals peut dépendre, dans les cas extrêmes, l'avenir du tout-petit.

Au regard de l'encadrement médical des structures obstétricales et néonatales

Comme tous les métiers liés à la petite enfance, la démographie médicale de ce secteur doit être prise en considération.

1. *Ibid.*, p. 42.
2. Truffert P., Goujard J., Dehan M., Bréard G., « L'effet protecteur du statut d'*inborn* sur la survie sans séquelle de grands prématurés », 5es Journées parisiennes obstétrico-pédiatriques, Assistance publique - Hôpitaux de Paris, *Les Cahiers de l'AP-HP,* Paris, 1997.

C'est ainsi que l'encadrement des sages-femmes est « sensiblement supérieur dans le secteur public puisque le nombre d'accouchements par sage-femme est de 64,2 alors qu'il est de 100,8 dans le secteur privé[1] ». Par ailleurs, il laisse apparaître des inégalités flagrantes d'une région à l'autre, allant de 38 accouchements par sage-femme en Lorraine à un ratio de 107 en Picardie. Quant aux 4 844 gynécologues obstétriciens, leur densité est de seulement 32,3 pour 100 000 femmes en âge de procréer, avec là aussi des disparités importantes d'une région à l'autre. L'anesthésie apparaît comme le « facteur limitant » des soins néonatals, dans la mesure où la possibilité pour un établissement d'avoir une activité obstétricale est subordonnée à la disponibilité d'un anesthésiste. Or cette discipline, compte tenu de sa démographie médicale, est le parent pauvre de la médecine. Ainsi, selon l'état des lieux établi lors de la conférence de consensus en 1998, « au total, si l'on considère les effectifs des sages-femmes, des gynécologues et des anesthésistes, on compte seize maternités privées et publiques qui avaient à la fois moins de six sages-femmes, moins de trois gynécologues et moins de trois anesthésistes, avec un service de chirurgie dans l'établissement ». Enfin, « la faible proportion de néonatalogistes, en particulier pour les maternités de niveaux II et III, joue le rôle de facteur limitant pouvant gêner la prise en charge de grossesses à risque ».

Au regard de ce constat, qui laisse apparaître un certain nombre de disparités, il apparaît nécessaire de disposer d'une démographie médicale adéquate pour mettre en harmonie cette nouvelle politique périnatale avec la réalité du terrain.

1. Ruffie A., Deville A., Babeaud A., *op. cit.*, p. 45.

« Elle réclame une action résolue du niveau central pour éviter de voir s'aggraver les déséquilibres[1]. »

Quand la précarité empêche le suivi périnatal

36 % des femmes peu ou pas suivies n'ont pas de couverture sociale, pour 4 % des bien suivies. Les obstacles administratifs — surtout pour les femmes étrangères —, les difficultés familiales, l'absence de connaissance de la réglementation, enfin la non-compréhension de l'intérêt d'un suivi, tout comme les obstacles financiers, sont les principales raisons d'un mauvais suivi, puisque le taux de renoncement aux soins « par unité de consommation pour des raisons financières peut être conséquent, variant de 7 pour les revenus de 8 000 FF à plus de 26 pour les revenus de moins de 3 000 FF[2] ».

L'ensemble de ces données nécessite de la part de tous — administrateurs hospitaliers comme conseils généraux qui ont la charge des politiques de prévention — une vigilance constante à apporter à notre dispositif d'accès aux soins quant au suivi périnatal.

Quand les comportements à risques des femmes enceintes ont des incidences sur l'enfant

Le fœtus peut déjà pâtir d'un environnement déficient et de conduites erratiques, puisque l'absence de suivi médical

1. *Ibid., p. 51.*
2. De Kervasdoué J. (dir.), *Le carnet de santé de la France en 2000*, Paris, Editions Syros, 2000.

régulier, mais aussi les comportements à risques des femmes enceintes, notamment les conduites addictives, comme les difficultés de nature psycho-relationnelle, peuvent avoir des conséquences sur son évolution ultérieure.

Au regard des conduites addictives

Les conduites addictives peuvent avoir des effets néfastes sur le développement de l'enfant. En effet, l'usage de drogues induit « un risque élevé de pathologies organiques graves chez le nourrisson, telles que la prématurité, le retard de croissance intra-utérin, la souffrance fœtale aiguë et les infections en particulier par les virus (hépatite, VIH). S'il ne met pas en jeu le pronostic vital, il contribue à rendre ces enfants peu valorisants pour les mères et perturbe gravement la relation mère-enfant », d'autant que « l'avenir de ces enfants peut être menacé par de nombreux autres facteurs péjoratifs, tels que taux élevé de séparation mère-enfant, violence, précarité, délinquance, logements insalubres, prostitution et dépendance vis-à-vis des drogues illicites[1] ».

Quant à l'usage du tabac, celui-ci doit aussi être pris en considération, d'autant que le nombre de femmes qui fument pendant leur grossesse ne cesse d'augmenter (25 % en 1998 contre 14,5 % en 1981[2]). Or « il s'agit de facteurs importants à prendre en compte au regard de faibles poids de naissance[3] ».

---

1. Delour M., « Conférence de consensus. Prise en charge de la femme enceinte et du nouveau-né selon leur degré de risque », *Journal de gynécologie obstétrique et biologique de la reproduction,* décembre 1998, p. 139.

2. Unité Inserm 149, dir. Bréard G., « La situation périnatale en France, évolution entre 1981 et 1995 », *Journal de gynécologie obstétrique et biologie de la reproduction*, 1997, n° 26, p.770.

3. Delour M., *op. cit.,* p. l39.

Quant à la consommation d'alcool, qui concerne un quart des femmes, celle-ci peut avoir des conséquences sur le fœtus et provoquer « avortements spontanés, morts fœtales, prématurité, faible croissance *in utero*[1] » et dans certains cas un syndrome d'alcoolisation fœtale entraînant de nombreux troubles, voire diverses malformations. Le témoignage du professeur Michel Reynaud[2], de l'unité d'addictologie de l'hôpital Paul-Brousse, est à cet égard éloquent : « Dans les toutes dernières années, on s'est aperçu qu'il peut y avoir des troubles du développement du fœtus sans déformation apparente. (...) On dit beaucoup aux futures mères de ne pas fumer. Mais le risque lié à l'alcool est réel. Contrairement au tabac, l'alcool a des effets sur le développement mental ultérieur de l'enfant. Ce problème concerne un nouveau-né sur cent, et on le laisse de côté[3]. » C'est dans cette optique qu'un appel en faveur d'une campagne nationale de prévention a récemment été lancé.

Au regard des difficultés relationnelles mère-enfant

Pendant la grossesse, de nombreuses modifications vont bouleverser l'équilibre fragile de la femme. « A la jonction de deux plaques tectoniques de l'existence de la femme — celle de l'adolescence et celle de la maturité — comme en géologie, cette zone est le siège de nombreuses éruptions, parfois violen-

1. *Ibid.*
2. Intervention lors d'un colloque de l'Assistance publique-Hôpitaux de Paris (AP-HP) sur les addictions, du 24 avril 2001.
3. Propos recueillis dans l'article « Boire ou être enceinte, il faut choisir », Matthieu Ecoiffier, *Libération,* jeudi 26 avril 2001.

tes, qu'il est du devoir des soignants, sinon de prévenir, du moins de prédire, pour en atténuer les effets[1]. »

Ainsi, la grossesse peut activer ou « réactiver des expériences douloureuses de rupture », induire « des schémas relationnels dysharmonieux », conduisant à un mauvais « accordage affectif », selon l'expression du docteur Daniel Stem, et révéler des dysfonctionnements de la fonction parentale[2].

En effet, l'expérience de nombreuses équipes, comme les travaux de Michel Soulé, témoignent que des indicateurs de risques, dénommés « clignotants » (grossesse ayant fait l'objet d'une demande d'interruption volontaire de grossesse, enfant mal venu, antécédents obstétricaux, psychiatriques ou personnels, antécédents de séparation ou de maltraitance, conditions de vie ou encore grossesse antérieure non suivie) peuvent présager pendant cet itinéraire de la maternité « une certaine vulnérabilité, voire une douleur méconnue, parfois cachée, parce que toujours présentée comme honteuse[3] ». C'est dire qu'au confluent de plusieurs structures, le lieu même de la maternité est bien celui qui peut permettre d'assurer une politique de santé globale de prévention du lien mère-enfant, dès le début du processus vital. Or les maternités n'ont pas toujours pris conscience qu'elles sont ce carrefour privilégié pour l'observation de ce lien parental et la prévention de dysfonctionnements éventuels. Sans doute parce que la médecine s'est de plus en plus technicisée. Sans doute aussi, comme

1. Diquelou J.-Y., « Le dépistage prénatal des dysfonctionnements majeurs mère-enfant et leur prise en charge dans un service de gynécologie obstétrique », mars 1998, document confié à Marie-Thérèse Hermange.

2. Delour M., *op. cit.*, p. 140.

3. Diquelou J.-Y., *op. cit.*

le souligne le docteur Dominique Girodet, pédiatre et vice-présidente de l'Association française d'information et de recherche sur l'enfance maltraitée (Afirem), parce que « les situations de maltraitance ne font pas appel aux schémas de pensée classiques, ni aux pratiques que requièrent les situations médicales ordinaires. En effet, en ce qui concerne le diagnostic, il n'y a pas de marqueur, pas de symptômes spécifiques ; au niveau thérapeutique, pas de traitements valides ; au niveau préventif, la nécessité d'une action à long terme rend son efficacité beaucoup plus difficile à mesurer que le résultat d'un vaccin[1] ». Pour autant, les expériences, comme les travaux élaborés par Michel Soulé, Janine Noël et Anne Frichet doivent être pris en considération. C'est dire que « le travail préventif auprès des familles avant et aussitôt après la naissance apparaît essentiel dans toute politique de prévention précoce », dans la mesure où il peut éviter des dépressions maternelles postnatales graves, comme des hospitalisations plus lourdes[2].

Quand les suites de couches nécessitent un meilleur suivi

Si, pendant le temps de la grossesse, mère et enfant sont scrutés par la sonde de l'échographe, une fois accomplis les actes strictement médicaux, parfois quarante-huit heures après la naissance, les jeunes accouchées sortent généralement

1. Girodet D., actes du colloque « Regards européens sur la protection de l'enfance », Marie-Thérèse Hermange (dir.), M & M Conseil, p. 203.
2. Soulé M., *op. cit.*, p. 752.

de l'hôpital en pleine montée de lait et de baby-blues, celui-ci pouvant se transformer parfois, quelques mois plus tard, en dépression post-partum. « Les effets négatifs de la dépression maternelle sur le développement du bébé sont connus, et les enfants qui y sont exposés sont considérés comme une population à risque psychologique[1]. » C'est dire combien l'impact des risques somatiques, comme des risques psychosociaux, nécessite un accompagnement de la mère sans rupture et avec une cohérence minimale dans le suivi avant et après la naissance.

Juste après l'accouchement, les femmes ressentent bien souvent un vide les entraînant vers un état dépressif et mélancolique, et ce d'autant plus que ce n'est plus vers elles que se tourne l'attention de l'entourage et du corps médical. Bénéficiant rarement de soins à domicile, et comme mises à la porte de la maternité, sans aucun soutien psychologique, ces nouvelles mères vont tâtonner pour arriver à comprendre leur enfant, s'épuiser et bien souvent se décourager. « Jamais une société humaine n'a laissé les jeunes mères aussi seules, sans aide pratique, ni soutien moral, ignorant souvent tout de ce qu'est un vrai bébé », témoigne une professionnelle[2].

Face à ce constat, et afin de ne plus se contenter de « rêver à une politique de la naissance qui reconnaisse l'aspect social de la maternité », mais de la concrétiser, plusieurs recommandations peuvent être formulées, d'autant que l'attention portée aux situations de vulnérabilité peut, grâce à un travail en réseau dès la période prénatale, mais aussi au moment de

1. Delour M., *op. cit.,* p 140.
2. *Ibid.*, p. 138.

l'accouchement et dans la période du post-partum, grâce à une stratégie bien individualisée, éviter de nombreux drames.

PROPOSITION : POUR L'INSTAURATION D'UNE POLITIQUE DE PÉRINATALITÉ SOCIALE

Le progrès technique en obstétrique et en néonatalogie ainsi que l'amélioration de la surveillance périnatale ont conduit ces dernières années à des avancées considérables permettant de traiter ou de prévenir le handicap au stade fœtal. Ces progrès posent aussi, cependant, de nouvelles et graves questions, et interrogent médecins, juristes et citoyens. Les récentes décisions de la Cour de cassation, relatives à la réparation du préjudice d'enfants nés handicapés, ont provoqué une vive émotion de la part d'associations de parents d'enfants handicapés, d'hommes et de femmes politiques comme de médecins qui craignent une régression du diagnostic anténatal et une multiplication des avortements thérapeutiques au moindre risque potentiel[1]. C'est dans ce contexte que les généticiens, les échographistes et les gynécologues obstétriciens sont

1. La Cour de cassation a rendu, le 13 juillet 2001, trois arrêts en matière de réparation du préjudice d'enfants nés handicapés, lesquels étaient attendus par le corps médical et les juristes. Il s'agissait d'examiner le cas de trois enfants nés mal formés, dont les parents demandaient, en leur nom, la réparation du préjudice que leur aurait causé leur naissance. La Cour a maintenu la jurisprudence dégagée le 17 novembre 2000, quand elle avait accordé le principe d'une indemnisation à Nicolas Perruche, 17 ans, né handicapé parce que la rubéole de sa mère n'avait pas été décelée par les médecins. Dans les trois affaires, les juges ont accepté d'accorder des indemnisations aux parents, mais ils ont refusé de le faire pour les enfants, au motif qu'« il n'y a pas de lien de causalité directe entre les fautes constatées des médecins et l'état » des enfants.

de plus en plus souvent conduits à se poser la question : « Naître ou ne pas naître ? »

Compte tenu de l'ensemble des enjeux liés aux questions de bioéthique, le débat doit être porté devant l'opinion publique lors d'états généraux de la bioéthique, tant au niveau national qu'au niveau européen. Cela aurait le mérite de mieux cerner la problématique en cause, en permettant au citoyen de rencontrer femmes et hommes de science, juristes, philosophes, religieux et experts, et de se forger un point de vue argumenté sur l'un des dossiers majeurs du XXIe siècle, celui de la bioéthique. Notre propos n'est pas ici de développer la réflexion sur ce dossier complexe. Mais si nous l'évoquons, c'est pour saisir, par contraste, et comme un paradoxe de la modernité, qu'au moment où la médecine fait des progrès techniques impressionnants, des situations plus quotidiennes peuvent échapper à la meilleure des vigilances, comme en témoigne le professeur René Frydman, chef de service de gynécologie obstétrique à l'hôpital Antoine-Béclère, acteur d'une grande aventure médicale de cette fin de siècle, la fécondation in vitro : « La médecine a évolué au cours de ces dernières années de telle façon que les progrès technologiques y ont pris une telle importance que le spécialiste, même curieux de la vie psychique de ses patients, a rarement la possibilité d'y prêter attention. En médecine hospitalière, si l'obstétricien peut entendre (...), il a à répondre à une demande spécifique et son approche reste organique[1]. » C'est la raison pour laquelle impulser une politique de périnatalité sociale et

1. Frydman R., préface au livre de Szejer M. et Stewart R., *Ces neuf mois-là*, Paris, Robert Laffont, 1999, p. 9.

prêter une attention toute particulière à des situations de vulnérabilité qui peuvent advenir dès la naissance et fragiliser enfants et parents est une nécessité ; celle-ci s'ordonne autour de sept propositions.

Proposition n° 1 : Développer la mise en place de « staffs de parentalité » au sein des maternités.

Les travaux de Michel Soulé, Janine Noël et Anne Frichet montrent que « le travail préventif auprès de la famille, avant et aussitôt après la naissance, apparaît essentiel dans toute politique de prévention, laquelle doit reposer sur “trois idées-forces” : la notion de précocité, la prise en considération des règles de l'hygiène mentale infantile et la transdisciplinarité, c'est-à-dire le mode de participation de tous les opérateurs médico-sociaux qui interviennent pour quelque raison que ce soit auprès des familles[1] ». C'est dans ce cadre que s'inscrit la proposition de développer la mise en place de « staffs de parentalité » au sein des maternités.

Conçus comme une instance de réflexion, à l'instar des staffs médicaux traditionnels, ils réunissent autour de l'obstétricien tous les acteurs de l'hôpital et hors hôpital : obstétriciens et pédiatres, entourés de leur équipe hospitalière, médecins de PMI, service social polyvalent, responsables de l'Aide sociale à l'enfance, service de pédopsychiatrie. Ils ont pour mission d'évaluer, dès le stade anténatal, les situations présentant des facteurs de risque et de proposer une orientation adaptée au regard des problèmes rencontrés à partir des consultations pré-

1. Soulé M., Noël J., Frichet A., « Le travail préventif auprès de la famille en faveur du jeune enfant », in *Psychopathologie du bébé*, p. 75.

natales et de l'écoute des couples, soutenant ainsi les parents avant la survenue d'un risque éventuel, évitant en cela des souffrances qui peuvent devenir dramatiques, allant jusqu'à l'abandon voire l'infanticide.

C'est ainsi qu'un soutien matériel, psychologique ou plus conséquent si nécessaire peut être proposé avant la naissance, permettant par la mise en synergie des compétences positionnées bien en amont, et par la délibération collective entre les différents acteurs entourant parents et enfants, non seulement de devancer les situations de crise, mais aussi de proposer des réponses adéquates.

Mis en place à Draguignan sous l'autorité de Jean-Yves Diquelou, ils ont été institués à Paris dans les maternités de l'Assistance publique-Hôpitaux de Paris[1]. Chaque département, qui a dans ses compétences le champ de la prévention, pourrait initier une telle démarche, en liaison avec les secteurs hospitaliers et sociaux. Celle-ci pourrait être prise en compte dans le cadre du processus d'évaluation et d'accréditation mis en œuvre actuellement dans les hôpitaux. Ainsi, conçu dans chaque département, se tisserait en France un réseau national de prévention et de protection de l'enfance dès le stade prénatal, d'une dimension exceptionnelle et novatrice dans sa conception.

Proposition n° 2 : Instituer des staffs de parentalité dans toutes les structures dédiées à la petite enfance, l'enfance et l'adolescence.

---

1. Hermange M.-Th., « Comprendre et anticiper : le premier réseau parisien de prévention précoce », 4 juin 1998.

Comme le rappelle Catherine Dolto, médecin haptothérapeute, « ce plaidoyer pour une réelle prise en compte de la fragilité émotionnelle du bébé devrait se prolonger pendant toutes ses années d'impuissance ».

Dans cet esprit, ces staffs de parentalité, avec la même méthodologie et dans un cadre déontologique clair, pourraient être également pensés et mis en place avec les mêmes acteurs dans tous les lieux accueillant des enfants, dans les crèches autour de la directrice de la crèche et du médecin de la PMI, dans les écoles, collèges et lycées autour des enseignants. Ainsi notre pays pourrait se doter d'un réseau national de prévenance de l'enfance intervenant en soutien des parents, voire en amont de la crise.

Une telle démarche partenariale ne peut de toute évidence se décréter. Elle suppose deux niveaux d'adhésion — celui des décideurs politiques et hiérarchiques, mais aussi celui des professionnels — tant il est vrai qu'elle bouleverse les mentalités, demande disponibilité, changement d'état d'esprit et oblige les uns et les autres à remettre en question leurs pratiques dans le champ de la maltraitance.

Notons à cet égard que, lorsque les expériences comme celles conduites par Jean-Yves Diquelou à Draguignan ont porté leurs fruits, il serait regrettable qu'elles restent dans les cartons des experts, notamment lorsqu'elles ont pour objectif de « faire lien », donc de donner du sens et d'inscrire chacun de nous dans l'espace et dans le temps, c'est-à-dire dans la transmission générationnelle et familiale. Or, si cette dernière se brise ou si elle s'établit dans la violence et dans le désordre dès la naissance, c'est la transmission de la chaîne sociale qui est rompue et la cohésion qui s'en trouve distendue.

Proposition n° 3 : Créer des « maisons des bébés et des parents » dans chaque maternité.

Dans cette quête de valeur humaine, fondatrice d'un développement harmonieux, toutes les occasions de soutien mutuel avec d'autres parents, toutes les occasions de rencontre avec des professionnels, quelle que soit leur discipline, doivent être mises à profit. Ainsi, la naissance, l'entrée de l'enfant à l'école, une hospitalisation même, ou toutes occasions de relations ouvrant à l'altérité, peuvent être des moments privilégiés pour proposer aux parents un contexte structurant.

C'est dans cet esprit que je propose de créer des « maisons des bébés et des parents » au sein des maternités. Conçues comme des lieux d'accueil hors de toute prescription médicale, avant et après l'accouchement, elles sont des lieux d'accompagnement ouverts à tous où les parents peuvent trouver conseils et réponses à des questions quotidiennes, livrer leurs inquiétudes, comprendre leur mal-être et établir une relation harmonieuse avec leur enfant. Avec une équipe composée d'une sage-femme et d'une puéricultrice de PMI, elles ont aussi pour vocation d'offrir aux femmes et/ou à leur mari ou compagnon un espace de parole, d'échange et d'information, et de soutenir les mères qui éprouvent un sentiment de vulnérabilité au moment de la naissance.

Occupant de façon temporaire et ponctuelle (une ou deux demi-journées par semaine) des locaux sous-utilisés d'une maternité, ces « maisons des bébés et des parents » seraient animées par une équipe composée d'une sage-femme, d'une psychologue, d'une puéricultrice issues des services du département, avec une coordination assurée par l'équipe hospitalière, qui assurerait la diffusion de l'information de l'existence desdites maisons, tant en anténatal qu'en postnatal.

Plus que sur une technique, ces lieux « à l'écoute des mères » reposent sur un état d'esprit fondé sur l'accueil, la rencontre et le conseil, et permettent, par une démarche appropriée de soutien, de constituer le sas de décompression que représentaient jadis l'entourage et l'accueil familial après l'accouchement.

Elles participent ainsi d'un travail de prévention, en confortant les relations père-mère-bébé, et contribuent à éviter rupture et isolement et, dans certains cas, à désamorcer l'installation de situations de maltraitance ou de trouble du comportement. Là où elles existent (à Paris, au sein des maternités de Tenon et Lariboisière), elles se révèlent être souvent l'occasion de la première sortie après le retour à domicile, et jouent ainsi, au-delà de leur premier objectif, un rôle d'écoute et de socialisation. C'est dans cette optique qu'il convient de les généraliser.

Proposition n° 4 : Mettre en place une structure départementale de PMI au sein de chaque maternité.

La vocation même des services de PMI comme les expériences innovantes conduites ici et là font des acteurs de la protection maternelle et infantile des interlocuteurs privilégiés pour des équipes soucieuses de s'engager dans la prise en charge globale des risques médico-psychosociaux. Or, bien souvent, les liens existant entre l'univers hospitalier et ces services sont trop distendus, ce qui nuit à l'efficacité de l'ensemble du dispositif. En effet, si les consultations périnatales gérées par les PMI se pratiquent en relation avec les équipes obstétricales, celles-ci, étant bien souvent extérieures à l'hôpital, ne permettent pas toujours d'évaluer les conditions psychologiques et sociales du suivi de la grossesse.

C'est dans cet esprit que nous proposons, conformément à la triple mission confiée à la protection maternelle et infantile — lutter contre la mortalité périnatale et la mortalité infantile, promouvoir la santé publique et lutter contre les inégalités —, d'installer dans chaque maternité une structure départementale de protection maternelle et infantile, avec pour objectif de :

• repérer les risques médico-sociaux, afin d'adapter le type de prise en charge de la mère, des parents et du nouveau-né, et ce, conformément aux normes et principes fixés dans les décrets du 9 octobre 1998 ;

• organiser en réseau la prise en charge de la grossesse, de la naissance et du suivi post-partum de la mère et du nouveau-né, selon les facteurs de vulnérabilité médico-psychosociaux ;

• orienter les mères vers des lieux de naissance adaptés aux risques dépistés, et en particulier les femmes à risque d'accouchement très prématuré ;

• soutenir les femmes en difficulté sociale ou psychologique, ou qui ont des pratiques addictives (drogue, tabac, alcool) ;

• assurer le même accès aux soins quelle que soit la couverture sociale des intéressées pour permettre, dans toute la mesure du possible, aux femmes non assurées sociales de recouvrir leurs droits sociaux dans les maternités et de garantir la prise en charge de leurs soins dans la période où elles sont sans couverture sociale ;

• orienter les patientes vers les dispositifs municipaux et/ ou départementaux susceptibles, avant, pendant et après la grossesse, d'offrir des prestations d'accompagnement non médical (fonction de prévention sociale et d'accompagnement familial) ;

• clarifier le rôle de chaque partenaire institutionnel (hôpital, département et caisse primaire d'assurance maladie) dans une logique de partenariat : l'hôpital effectue les actes médicaux, les caisses primaires d'assurance maladie prennent en charge financièrement les actes délivrés aux assurés sociaux, les départements prennent en charge financièrement les actes délivrés aux non-assurés sociaux (selon le ressort de leur mission de prévention), effectuent directement l'ouverture des droits et organisent les actions médico-psychosociales et l'essentiel de la protection infantile.

Une telle proposition, qui a le mérite de dépasser les barrières institutionnelles existantes entre les différents partenaires par la coordination de l'ensemble des professionnels et structures au sein d'un même lieu, prend en compte les observations d'un récent rapport du Haut Comité de la santé publique[1]. Constatant combien les jeunes enfants paraissent mieux protégés des effets de la dégradation de leur environnement social que les enfants plus âgés, celui-ci souligne le rôle majeur du dispositif original de la protection maternelle et infantile que cette proposition vise à renforcer.

Proposition n° 5 : Développer les consultations de tabacologie et d'alcoologie dans les maternités.

Tous les rapports sur le tabagisme démontrent l'accroissement important de la consommation féminine en matière de tabac comme de sa précocité. Les incidences négatives d'un tel phénomène tant sur le développement de l'enfant à naître,

1. « La progression de la précarité en France et ses effets sur la santé », Haut Comité de la santé publique, Paris, Editions ENSP, 1998.

pendant la grossesse, que sur la santé du nourrisson durant les premières années de la vie, ne sont plus à démontrer.

Or cette période périnatale est un moment propice pour mettre en œuvre une aide à l'arrêt du tabagisme de la mère comme de l'entourage familial. Pour atteindre cet objectif, les campagnes nationales successives et les mesures visant à développer dans les hôpitaux des unités de tabacologie doivent s'accompagner de la mise à disposition, au sein des maternités et des services de gynéco-obstétrique, de consultations spécifiques dédiées à cet effet. Cet enjeu de santé publique majeur doit trouver sa concrétisation dans la mise à disposition d'un espace adéquat où chaque femme devrait être accueillie par des professionnels spécialisés et formés dans la prévention des addictions.

De plus, toute femme, à l'occasion d'une consultation de gynéco-obstétrique, devrait se voir proposer de remplir un questionnaire sur son « statut tabacologique » et, selon le cas, remettre une plaquette d'informations générales sur les méfaits du tabac indiquant la possibilité d'une consultation d'aide et de suivi de l'arrêt du tabagisme. On peut espérer de ce dispositif qu'il minimiserait la pratique tabacologique et, par son aspect pédagogique, les risques d'autres addictions.

Proposition n° 6 : Créer des réseaux de suivi de soins et de soutien à domicile.

Après l'accouchement, la continuité du suivi des soins jusqu'au domicile apparaît souhaitable pour l'épanouissement des enfants et de leurs parents. De plus, dans certains cas, les risques de pathologie de la fonction parentale peuvent advenir en raison d'une rupture entre le temps de l'avant- et celui de l'après-naissance.

C'est dans cette optique que nous proposons la mise en place d'un réseau de soins de suivi à domicile, dont l'animation et le fonctionnement seraient assurés par des sages-femmes de PMI, ainsi que par des sages-femmes des services hospitaliers.

Comme c'est le cas aux Pays-Bas, ce réseau offrirait, pendant une durée pouvant aller jusqu'à trente jours, selon évaluation obstétricale, pédiatrique et psychosociale par l'équipe de suivi de couches, une aide sur mesure à domicile. Celle-ci serait assurée soit par une sage-femme, soit par des infirmières puéricultrices, diplômées d'Etat, placées sous la responsabilité de la sage-femme de secteur (financement par les caisses primaires d'assurance maladie), soit par des travailleuses familiales (financement par les caisses d'allocations familiales), soit par des psychologues, travailleurs sociaux, ou encore par des femmes-relais pour des populations transplantées qui se trouvent confrontées à des difficultés amplifiées par des obstacles linguistiques et culturels (financement par les départements).

Cette proposition a pour objectifs :

• d'assurer, malgré une sortie rapide de la maternité, la continuité des soins et l'éducation aux soins de puériculture ;

• d'apporter une aide aux tâches ménagères, aider à l'insertion des mères et observer les conditions d'accueil du nouveau-né sur les plans économique, hygiénique et surtout affectif, ainsi que l'existence, ou non, d'un environnement familial susceptible d'aider les jeunes parents ;

• de prévenir la dépression post-partum, les situations de risque de maltraitance ou de danger pour les enfants, les dysfonctionnements précoces du lien mère-enfant qui auraient pu être masqués à la maternité par la présence de l'équipe soignante ;

• de prévenir les problèmes médico-sociaux avant qu'ils ne deviennent des pathologies lourdes, avec séjours en soins intensifs aux conséquences humaines, sanitaires et économiques souvent très lourdes.

Elle s'appuie sur les normes et principes fixés dans le décret d'octobre 1998 relatif à la périnatalité et à la mise en place des réseaux autour du suivi de la grossesse, de l'accouchement, de la naissance, et du suivi en post-partum de la mère et du nouveau-né ; sur les objectifs définis dans de nombreux schémas régionaux d'organisation sanitaire (SROS) ; sur des pratiques expérimentées, soit dans des pays étrangers (Royaume-Uni, Suède, Canada ou Pays-Bas, où les femmes sont aidées pendant un mois après leur sortie de la maternité), soit sur des expériences françaises (comme celles pratiquées à Montmorency, ou encore autour de la maternité Louis-Mourier, dans les Hauts-de-Seine, ou à Paris autour de la maternité Lariboisière en liaison avec le département de Paris, la caisse d'allocations familiales et la caisse primaire d'assurance maladie).

Ce réseau de soins à domicile nécessite de modifier la nomenclature générale des actes professionnels des sages-femmes, désormais réduite à sept jours, depuis le 27 juillet 1999. Il pourrait être complété pour des pathologies plus lourdes par des dispositifs tels que des unités de soins mobiles parents-bébés.

Proposition n° 7 : Créer des unités de soins mobiles parents-bébés.

Les unités de soins à domicile auraient pour vocation de s'adresser à des familles marquées par un fort potentiel psychopathologique se caractérisant généralement par une absence de demande explicite de soins. Il est alors judicieux de leur proposer, en sus d'autres formes d'aides plus concrètes, un accompagnement spécialisé de la relation mère-bébé, dans la mesure où « le soutien à domicile offre l'avantage de mettre la thérapie dans le quotidien[1] ».

A l'image de l'unité de soins à domicile de l'intersecteur infanto-parental du 13e arrondissement de Paris, gérée par la fondation Rothschild, elles seraient composées d'équipes pluridisciplinaires (médecins, psychiatres, psychanalystes, psychomotriciens, orthophonistes, infirmiers et éducateurs), et auraient pour mission de :

- tenter de répondre d'une autre façon que par l'hospitalisation aux détresses de certaines familles dès le stade postnatal ;
- rechercher des stratégies pour faciliter l'accès aux soins précoces, dès le stade postnatal, au profit des familles et de leurs jeunes enfants ;
- évaluer le degré de gravité du dysfonctionnement du lien mère-enfant et prévenir les répétitions transgénérationnelles des dysfonctionnements familiaux ;
- penser un projet thérapeutique adéquat tenant compte de l'intérêt de tous : parents, bébé, mais aussi professionnels.

Ces unités de soins, articulées à la jonction des différents services et institutions, permettraient : en amont, un travail d'intermédiation et des orientations diversifiées pour faire en sorte que les familles puissent s'articuler correctement avec les services hospitaliers et les associations ; en aval, de tirer le meilleur parti des possibilités médicales et associatives offertes

1. Lamunière M.C., *Vulnérabilités parentales*, Genève, Editions Médecine et Hygiène, 1998, p. 86.

pour les jeunes enfants, afin de nouer ou renouer des liens et créer leurs propres réseaux d'aide.

Pour conclure, la grossesse et la naissance sont des temps où tout parent parcourt son histoire transgénérationnelle, laquelle peut être source de difficultés et entraîner des perturbations susceptibles d'altérer les relations que les parents peuvent construire avec leurs enfants. Parce que notre société a évolué et que les lieux traditionnels qui créaient les liens naturels ne sont plus en mesure d'assurer leur fonction de régulation, de médiation et d'éducation, les parents ont aujourd'hui besoin d'être soutenus pour devenir des acteurs à part entière de l'éducation de leurs enfants. C'est pourquoi l'instauration d'une politique de périnatalité sociale est essentielle, car elle seule permettra de répondre à la souffrance parentale et de redonner du sens au projet de vie dont chaque enfant est porteur dès sa naissance.

En guise de conclusion
Séparation ou rupture ?

par Myriam Szejer

La question de la séparation concerne l'être humain dès avant sa naissance : en effet, si celui-ci s'origine d'une réunion, sa destinée ne l'en dirige pas moins de façon irrémédiable vers la séparation. Cela n'a pas échappé aux premiers psychanalystes lorsqu'ils ont élaboré leur théorie incontournable de la castration, déclinée par leurs successeurs jusqu'à la castration ombilicale.

La séparation ne peut-elle fonctionner que comme rupture ? Peut-on en limiter les effets pathogènes, voire pervers ?

La fréquentation d'une maternité place le psychanalyste au cœur même des enjeux de vie et de mort au sein de la remise en jeu de la filiation. Qu'il s'agisse de situations dramatiques comme les accouchements au secret, des hospitalisations en réanimation ou de la simple mais inéluctable séparation liée à la mise au monde, il y est toujours question de perte, tant pour les parents que pour les bébés.

Naître a priori n'est pas un traumatisme, c'est une étape de la vie humaine. Ce qui peut être traumatique, en revanche, ce sont les conditions dans lesquelles se déroule la naissance et la façon dont elle fait résonance dans l'histoire du sujet et de sa famille. En ce sens l'accueil réservé aux femmes enceintes, aux parents et à leurs nouveau-nés est déterminant, non seulement pour eux, mais aussi pour la façon dont la société prépare son avenir.

Pour le fœtus

Le placenta et les trois premiers mois

Chaque étape du développement embryonnaire correspond à une modalité intrinsèque de vie du fœtus par rapport au corps de sa mère.

Les trois premiers mois peuvent être qualifiés de fusionnels dans la mesure où les hormones nécessaires au maintien de la grossesse sont sécrétées, durant cette période, par les ovaires de la femme enceinte. Au terme de trois mois, le placenta, formé à partir du tissu embryonnaire, sera suffisamment développé pour prendre le relais et assurer à son tour cette fonction. Dès le troisième mois de gestation, on assiste à une forme d'autonomisation de l'embryon rebaptisé alors, traditionnellement, fœtus. Le placenta est le premier élément dans la vie de l'enfant qui vient le séparer de sa mère. Formé par l'embryon, il sera également l'organe dont la médiation permet d'instaurer les premiers échanges. Sa fonctionnalité représente une étape décisive. Elle remet en question la prétendue fusion du fœtus et de sa mère. La fameuse dyade est en fait, dès le troisième mois, une collaboration extrêmement sophistiquée entre deux organismes distincts mais cependant très dépendants l'un de l'autre.

Les envies, le premier discours

Si l'on part de cette position qui consiste à dire que nous avons deux personnes (voire trois si nous incluons le père, tant du point de vue génétique que de l'inconscient et de son influence sur ce que vit son enfant par le biais de sa mère), il est possible de décoder dès la grossesse un premier discours venant du fœtus. Il passe avant tout par le corps de sa mère. Ce dernier a beaucoup évolué depuis qu'il abrite l'embryon. Les perceptions internes de la femme enceinte ont cette particularité de pouvoir véhiculer un langage fœtal éventuellement décodable. Parmi elles, les fameuses envies de la femme enceinte. Telle femme aura un besoin impérieux de manger des oranges ou du chocolat qu'à d'autres moments elle n'affectionne pas particulièrement. Ne peut-on entendre là une demande du bébé de recevoir vitamine C ou magnésium contenus en forte proportion dans ces aliments et dont il manquerait à cette étape de son développement ? Le sens des envies pourrait alors être repensé en d'autres termes que ceux de l'hystérie féminine traditionnellement évoquée dans ces cas. Leur raréfaction actuelle ne serait-elle pas alors à relier aux supplémentations nutritionnelles prescrites aujourd'hui de façon quasi systématique au cours de la grossesse, plutôt qu'à une évolution du statut social des femmes leur rendant le théâtralisme hystérique moins nécessaire ?

L'horloge organique

La technique consistant à mettre en relation tel ou tel symptôme constaté chez un nourrisson pendant les neuf premiers mois de sa vie aérienne avec sa correspondance chronologique pendant la grossesse est utilisée depuis Françoise Dolto par certains psychanalystes. C'est ce qu'elle a nommé l'horloge organique. Tel enfant, par exemple, présentera un épisode anorexique à l'âge de trois mois qui fera rechercher si, au troisième mois de grossesse, il ne serait pas survenu dans la vie de la mère ou dans sa famille un événement particulier pour lequel les mots manqueraient (deuil, séparation, tentative d'avortement ou menace d'accouchement prématuré, par exemple). Si l'on retrouve l'événement et qu'on le restitue en mots à l'enfant, on peut parfois assister à une levée du symptôme, comme si les mots instauraient le sens langagier des perceptions mémorisées que l'enfant réclamait par son symptôme.

La reconnaissance de la sensorialité fœtale

Cette prise en compte particulière du fœtus et de ses parents suppose la reconnaissance par chacun de la sensorialité fœtale. Très tôt pendant la grossesse, vers le troisième/quatrième mois, se mettent en place les prémices de ce qui sera notre sensorialité d'adulte. Certaines des perceptions sensorielles comme le stress par exemple peuvent être déjà mémorisées. Elles ne prendront sens que sous l'influence de la parole après la naissance. Un long chemin reste encore à parcourir, mais ce qui est déjà là, à l'état d'ébauche, est à reconnaître et à prendre en considération. De cette attitude découlera le respect du bébé et de l'homme ou de la femme qu'il deviendra. Les haptothérapeutes mettent en pratique ces connaissances pour aider les parents à entrer en relation avec le fœtus par le biais de la voix et du toucher. Depuis les travaux de Grenier sur la motricité du fœtus, on constate que naître équivaut également à une perte motrice considérable due à la gravité, perte à laquelle doit faire face le nourrisson émergeant du liquide amniotique. Sa vie aérienne le contraint provisoirement à ne plus pouvoir réaliser toute une série de mouvements et de gestes et le condamne à un manque de liberté et d'autonomie qui peut rendre certains assez taciturnes. On comprend d'autant mieux l'importance pour un nouveau-né de la qualité de l'étayage néonatal. Le petit humain est séparé, certes, mais encore très dépendant.

L'interprétation

Ainsi l'on voit que la séparation est déjà présente pendant la vie fœtale, ce qui pourrait autoriser à entendre certaines pathologies de la grossesse, comme les fausses couches spontanées, les menaces d'accouchement prématuré, les morts fœtales in utero, comme autant de manifestations, en partie fœtales, auxquelles on pourrait donner un sens. Il faut cependant se méfier de trop chercher à entendre. En dehors d'une situation d'écoute analytique dans un cadre structuré, toute interprétation « sauvage » autour du désir de vivre ou de mourir attribué à un fœtus en réponse au désir inconscient supposé de sa mère peut s'avérer d'une violence ravageuse. Et même si l'on pense parfois dans certains contextes que ce bébé-là a peut-être eu raison de faire demi-tour, il vaut souvent mieux se dispenser de le dire et laisser le refoulement faire son œuvre chez les parents.

Le désir et le besoin

Chez le fœtus, on peut dire que la question du désir et celle du besoin sont primitivement confondues, leur distinction ne devenant opératoire qu'après la naissance. Que se passe-t-il au moment de l'accouchement ? Un compromis de signaux materno-fœtaux encore mal connus annonce le déclenchement. La naissance nous place au plus près de la couture du corps et du langage. La science ne nous dit encore que peu de choses des effets du psychisme de la mère sur son corps en gestation et sur celui de l'enfant qu'elle porte. Cependant l'intuition humaine, soutenue par la réflexion psychanalytique, à savoir celle qui suppose l'existence d'une parole qui nous dépasse et dans laquelle se définit l'inconscient, nous conduit à penser que, dès avant la naissance, la question de la séparation est un compromis entre deux personnes : le fœtus et sa mère par le corps de laquelle transitent les influences de son inconscient et de tout le milieu écologique et social extérieur. La réflexion doit donc se centrer autour de l'autonomisation, dans ce qui la rend possible et épanouissante ou dans ce qui la barre à cette fonction. Si la séparation est incontournable, voire nécessaire, comment en limiter les effets destructeurs liés à la rupture ? Quelles sont les conditions qui permettent de privilégier le manque dans ses aspects structurants du désir ?

Les dépistages prénataux

Au cours des suivis de grossesse tels qu'ils sont actuellement pratiqués, le dépistage anténatal, et en particulier celui de la trisomie 21 par le test de l'HT21, génère un nouveau questionnement. En effet, lorsqu'une femme se trouve au moment du résultat dans une population dite « à risque », le sol se dérobe sous ses pieds et il semble que pendant tout le temps de la suite du dépistage, soit environ deux mois et demi, certaines mettent leur grossesse comme en suspens, se refusant à continuer d'investir un bébé potentiellement non conforme et pour lequel le résultat du diagnostic anténatal peut conduire à décider une interruption médicale de grossesse, ce qui équivaut à la décision de mettre fin à cette vie.

On peut se demander ce que ce temps de latence, de désinvestissement maternel, voire parental, déclenche chez ces bébés-là. De la même façon qu'un divorce ou un deuil intervenant au cours d'une grossesse atteindront de diverses manières le fœtus, la méfiance envers lui consécutive au diagnostic anténatal, le stress ressenti ou un projet éventuel d'interruption de grossesse n'auraient-ils pas également des répercussions sur la vie psychique du fœtus, voire sur son développement, sa relation à sa mère, son futur ? Il semble difficile de faire abstraction de ces temps de ralentissement ou d'arrêt qui pourront éventuellement se traduire par des symptômes après la naissance : troubles du sommeil, de l'alimentation, du comportement. Ce sont là des désorganisations somatiques ou fonctionnelles dont le sens peut parfois être mis en évidence lors des interventions psychanalytiques auprès des bébés et de leurs parents après la naissance. Il faudrait peut-être systématiquement évoquer ces hypothèses : « Y a-t-il eu une période difficile pendant la grossesse ? Une période de crainte, de doute, de découragement ? » Peut-on lier les événements survenus avant et après la naissance et reconnaître, à travers certains symptômes, la demande d'une mise en mots d'un traumatisme ?

Ce dépistage anténatal des anomalies est tellement générateur d'angoisse qu'il y a de quoi se demander si le fœtus ne fait pas ainsi l'objet d'une première forme de ce qui a été évoqué comme une « maltraitance institutionnelle ».

Nous sommes peut-être excessifs dans notre désir de nous interroger sur les effets du traumatisme sur le fœtus. A l'image du petit-fils de Freud qui symbolisait l'absence et la présence de sa mère en jouant avec sa bobine et en élaborant le fameux « fort-da », variante autrichienne de notre « coucou-caché », c'est au fil des émotions ressenties in utero que le petit d'homme se construira par les alternances de plénitude et de manque, sorte de canevas à son futur statut de sujet parlant et désirant. Là encore, il semble utile de se demander où s'arrête la structuration et où commence le trauma.

L'accouchement

Le trauma

Freud, en son temps, s'était opposé à ses confrères sur la question du traumatisme de la naissance en tant que tel. Ce qui peut faire traumatisme, ce n'est pas la naissance elle-même, qui n'est qu'une étape de la vie humaine, mais ce sont certaines conditions réelles ou symboliques dans lesquelles elle se déroule. Certains chercheurs en viennent même à penser que la prétendue souffrance du bébé naissant serait un leurre, dans la mesure où, la nature faisant bien les choses, ce dernier traverserait cet événement dans un état particulier de sommeil qui réaliserait peut-être une forme d'anesthésie physiologique. Il faut toutefois préciser que cette séparation au cours de l'accouchement peut être plus difficile du côté du bébé de façon inversement proportionnelle à ce que vit sa mère pour ce qui concerne la douleur. En effet, lorsque l'accouchement se déroule sous péridurale, la stimulation artificielle des contractions en augmente l'intensité et le rythme et peut parvenir à réveiller le bébé et donc interrompre l'anesthésie physiologique plus rapidement que lorsque l'accouchement se déroule naturellement, auquel cas l'éveil ne se fait que dans les tout derniers moments de l'expulsion. C'est un argument peu évoqué dans le débat autour de la péridurale.

Quant au fameux cri qui depuis si longtemps signait la viabilité et la vitalité du bébé, et que d'aucuns n'auront pas hésité à provoquer par une fessée néonatale de bienvenue, on sait maintenant que les conditions « douces » de naissance permettent souvent de l'éviter sans aucunement compromettre la vie de l'enfant.

La parole

L'accouchement est un compromis entre la mère et l'enfant. C'est aussi du point de vue de la dynamique familiale un moment de crise où la parole peut venir réaliser l'instance tierce permettant une remise en circulation de l'énergie de vie et de mort en jeu dans une naissance. C'est pourquoi elle peut à elle seule, par les signifiants qu'elle véhicule, modifier éventuellement une dynamique obstétricale et influer sur le déroulement d'un accouchement ; par exemple, lorsque la stagnation de la dilatation cède à la relève de la garde ou à l'apparition de la tête du patron.

La parole peut permettre que la séparation de la naissance ne soit pas un arrachement. Certaines paroles peuvent parfois resituer la femme en la mettant en mesure d'attendre son bébé en quelque sorte à l'extérieur d'elle-même, éventuellement aux côtés du père qui peut, en appelant son enfant à sortir, défaire en douceur le lien intrapsychique qui liait la mère à l'enfant pour commencer à établir le relais par le lien aérien où ils vont désormais renégocier leurs échanges. La présence des pères en salle de naissance est probablement dans ce sens à concevoir autrement que comme celle du figurant coupeur de cordon qui ne dispose même pas d'un tabouret pour s'asseoir.

La césarienne

La césarienne représente, du point de vue du fœtus, et contrairement à tout ce qui peut en être dit, une forme de violence faite à l'enfant. Qu'elle soit itérative ou non, elle a la particularité de court-circuiter tous les phénomènes mis en jeu pendant l'accouchement par voie basse. En urgence, elle est parfois pratiquée sous anesthésie générale et réalise pour l'enfant une forme de sauvetage musclé. Lorsqu'il est possible de pratiquer une péridurale, la naissance peut se dérouler sans rupture de la relation consciente mère-fœtus et semble apporter beaucoup sur le plan psychologique aux trois protagonistes de l'aventure : le père, la mère et le bébé, ainsi qu'à l'avenir de leur relation.

En cas de césarienne programmée, il n'y a pas eu de mise en route du travail et le nouveau-né est cueilli après effraction de l'utérus alors que rien ne l'avait préparé à une aussi rapide vie aérienne. De plus, lorsque le travail est court-circuité, le bébé ne bénéficie pas de ce massage pulmonaire réalisé par les contractions et la traversée de la filière génitale. C'est pourquoi ces bébés sont plus souvent encombrés et mettent plus longtemps à s'adapter à la respiration aérienne. Si nécessaire soit-il sur le plan médical, ce type de naissance réalise pour le bébé un arrachement violent de son milieu sans que ni lui ni sa mère n'en ait manifesté le signal biologique. C'est une indication purement médicale de naissance. Elle devrait être accompagnée d'une préparation spécifique des parents afin de ne pas endommager le lien qui les unit à leur enfant et de s'en servir pour le soutenir au cours de cette épreuve. Rester en communication intérieure avec son bébé pendant toute la préparation et le début de la césarienne est possible pour une mère si elle est assistée en ce sens. Or, le plus souvent, elle est terrorisée par l'aventure que représente une intervention chirurgicale sous péridurale au bloc opératoire et, en fait de préparation de son enfant, elle lui transmet un état de stress majeur qui ne met pas forcément ce dernier au meilleur de sa forme pour son arrivée au monde.

Les bébés arrivent ainsi souvent hypothermiques et tendus. La mise en contact avec la mère devrait se faire systématiquement dès la sortie de l'utérus afin de signifier à l'enfant le maintien de ses repères anténataux. Or cette attitude n'est pas toujours appliquée par les professionnels, et le bébé est souvent emmené dans une autre salle, au nom de soins systématiques dont l'urgence reste très souvent à prouver. Dans les meilleurs cas le père l'accompagne, ce qui apporte probablement au bébé une forme de sentiment de sécurité s'il a pu mémoriser sa voix au cours de la grossesse et la reconnaître alors après la naissance.

La prise en charge dans le post-partum d'une césarienne devrait être également spécifique. Il faudrait une attention toute particulière où le peau à peau et la non-séparation mère-enfant établiraient un continuum entre la vie amniotique et aérienne. Voix, chaleur, odeur, bruits du cœur maternel et voix paternelle, affection parentale, silence, pénombre donnent à l'enfant un sentiment de réassurance, de « mêmeté d'être », comme disait Françoise Dolto, dont on ne devrait pas sous-estimer l'importance simplement parce que leurs effets sont difficilement évaluables et quantifiables par les méthodes scientifiques traditionnelles.

Les déclenchements de l'accouchement

On peut rapprocher de ces situations les déclenchements médicaux de l'accouchement. Malgré la contrainte de naissance qu'ils opèrent, les contractions et le passage de la filière génitale permettent cependant, dans ce cas, une forme de transition entre la vie pré- et postnatale. De plus, les déclenchements, contrairement aux césariennes programmées, ne peuvent être réalisés que dans des conditions physiologiques où les signes de proximité de l'accouchement naturel les rendent possibles, sinon ils échouent. Il reste toutefois à éviter les abus d'indications, comme les déclenchements dits « de confort ». S'il s'agit du confort de l'accoucheur qui pourra passer un week-end tranquille, c'est bien sûr à questionner. Doit-on faire passer l'accoucheur avant la mère et l'enfant ? Parfois peut-être, tout est question d'appréciation des enjeux des uns et des autres. Le mari d'une femme enceinte devait partir pour deux mois à l'étranger pour son travail. L'idée de passer ce temps sans lui était douloureuse, mais celle d'accoucher en son absence plongeait cette femme dans une profonde détresse. Le stress dû à la situation était-il supérieur à celui de l'accouchement provoqué ? Quelle était la meilleure solution pour cette famille ? En l'état actuel des connaissances, personne, je crois, ne peut prétendre détenir la bonne réponse.

La mise au sein précoce

Quel que soit le type d'accouchement, les professionnels des salles de naissance pratiquent souvent la mise au sein précoce mais oublient parfois que le peau à peau, lorsqu'il est possible, la femme souhaitant ou non allaiter, réalise les conditions sensorielles et relationnelles optimales dans les premiers moments de la vie ; en effet, tout en maintenant les repères anténataux, il évite au bébé de se refroidir. Le corps de la mère reste la « couveuse » la plus performante. Il s'agit simplement de poser le bébé couché sur la peau du ventre de sa mère, la main sous son sacrum afin qu'il puisse retrouver les bruits du cœur maternel qui l'ont accompagné tout au long de sa vie prénatale. Une couverture éventuellement chauffante le recouvrira. Dans cette position la majorité des nouveau-nés s'apaisent et trouvent tout seuls, attirés par l'odeur commune du liquide amniotique restée sur leurs mains qu'ils reniflent et celle de l'aréole du mamelon, le chemin du sein en crapahutant, à condition toutefois de ne pas les déranger pendant au moins une heure et en les laissant découvrir le regard rassurant de leur mère dans lequel ils se plongent.

L'allaitement

C'est un sujet de pressions, d'influences, de modes et surtout de débats en périnatalité. Sans y entrer, soulignons simplement que, pour celles qui choisissent de nourrir leur enfant au sein, c'est une séparation douce qui devrait s'opérer avec un bon accompagnement. Elle devrait aboutir à un sevrage progressif en harmonie avec l'évolution de la relation mère-bébé. Malheureusement, c'est souvent la fin du congé de maternité qui en décide le moment, et nombre de bébés dits difficiles à sevrer sont en fait les porte-parole de mères qui ne sont pas du tout prêtes à s'en séparer. Les pays nordiques ont quelques longueurs d'avance sur nous dans ce domaine. Beaucoup aménagent le temps de travail périnatal afin de le rendre compatible avec la poursuite de l'allaitement.

Lorsqu'une femme décide librement, dans nos pays dits riches, d'alimenter son nourrisson au sein ou au biberon, les deux modes peuvent être tout aussi épanouissants, pour ce bébé-là, à ce moment-là. Ce qui peut faire violence en matière de nourrissage, c'est certes un accompagnement défaillant ou de mauvaise qualité, un sevrage difficile, mais aussi tous les allaitements réussis ou ratés qui peuplent l'histoire des familles maternelles et paternelles et qui peuvent venir hypothéquer de diverses manières, au travers de l'alimentation, la qualité des premières relations postnatales. Là aussi il est question de séparation douce ou de ruptures traumatisantes qui viendront alourdir les bagages contenus dans l'inconscient et qui peuvent être transmis aux générations suivantes.

Que nous disent-ils en arrivant ?

Les bébés nous disent dès leur naissance des choses bien spécifiques. On a montré, en étudiant le comportement des fœtus à l'échographie et en particulier celui des jumeaux, comment des traits de la personnalité sont repérables dès la vie intra-utérine. A la naissance, certains ont l'air de se présenter très éveillés, comme curieux de tout ce qui se passe. D'autres, à l'opposé, gardent les yeux fermés comme s'il leur fallait un délai pour accepter de regarder le monde en face. Leur histoire est derrière eux et les a façonnés, c'est ce dont ils témoignent en arrivant.

On dit actuellement que le patrimoine génétique serait pour 20 à 30 % dans le développement de l'humain, et qu'il existerait une influence prépondérante du milieu extérieur sur les connexions neuronales cérébrales, cela dès la vie fœtale, et à vitesse décuplée au cours de la première année. Certains parlent de culture du fœtus. Dans la foulée, les Américains n'ont pas hésité à créer des universités fœtales, où la stimulation prénatale organisée est censée fabriquer des surdoués.

La formidable découverte au cours de ces dernières années de la sensorialité du fœtus et du nouveau-né ainsi que de leurs compétences nous ouvre à une meilleure connaissance de l'être humain et devrait nous conduire à un plus grand respect de sa personne plutôt qu'à une exploitation à des fins adulto-narcissiques de ses capacités précoces.

Post partum

Baby-blues

Voilà notre bébé sorti du ventre maternel. Si tout se passe bien, trois jours vont se dérouler dans la sidération et la fatigue dues à l'événement pour chacun. Bébé est dans les « limbes ». Mais au troisième ou au quatrième jour, tout bascule et, tel un coup de tonnerre dans un ciel serein, la mère s'effondre. Au cours du post-partum la majorité des femmes en effet présente ce qu'on appelle le baby-blues ou dépression précoce du post-partum. C'est un état dont l'étiologie semble échapper à celles qui en souffrent. Il est lié à la reconnaissance mutuelle de l'enfant et de sa mère. Vers le troisième jour, l'enfant est là, mais cette présence doit encore s'inscrire matériellement et socialement. Les psychanalystes ont conceptualisé la notion d'après-coup qui peut ici nous être utile. C'est celui de l'accouchement qui s'incarne dans un corps d'enfant. Les parents doivent en mesurer l'enjeu dans la parole, dans l'ordre symbolique du langage. Du point de vue de l'inconscient de la mère, le baby-blues peut s'entendre comme une réactivation, à l'occasion de cette naissance, de tous les deuils et de toutes les séparations mal symbolisées de son histoire. Cela se passe comme si les portes de tous les placards renfermant les cadavres de l'histoire maternelle et qui peuplent son inconscient s'ouvraient simultanément. La charge affective liée à ces coupures ou à ces non-dits provoque une sorte d'aspiration psychique à l'endroit de l'enfant qui vient y faire sa place comme être de langage. A cette période, les professionnels des maternités disent habituellement que le nouveau-né commence à s'exprimer et les mères, se vantant de la sagesse de leur nourrisson au cours des premiers jours, s'entendent souvent dire : « Oh, il ne va pas tarder à vous en faire voir ! » Dès lors, l'enfant pourra entrer dans son historicité, l'histoire est toujours dernière nous.

Ces moments de blues mettent les parents dans une disposition à parler très particulière. Tout se passe comme si, à la faveur de la réorganisation de la filiation, les contenus langagiers conscients et inconscients remontaient à fleur de peau. Ils sont là, prêts à être dits, avant tout prêts pour l'enfant qui est comme en attente des paroles qui le concernent afin de se les approprier et de fonctionner à son tour de façon autonome en position subjective par rapport à sa propre vie. C'est le moment à proprement parler de la castration ombilicale, qui survient environ trois jours après la naissance, de façon contemporaine à la montée de lait. L'enfant reçoit ainsi son héritage symbolique et en prend possession en son nom.

La séparation néonatale

On peut facilement comprendre l'importance structurante pour un bébé de ses premiers moments passés en compagnie de ses parents, au moins de sa mère. Qu'arrive-t-il lorsque les liens postnataux précoces ne sont pas préservés ? Qu'en est-il des enfants séparés de leurs parents dès la naissance ? Le lien anténatal se faisant au travers du corps maternel, la séparation néonatale entraîne une rupture dans le mode relationnel mère-enfant dont les bases anténatales sont mémorisées chez l'un comme chez l'autre. La perte de ces repères provoque une désorganisation psychologique tant chez les parents que chez l'enfant. Les parents sont en proie à la culpabilité, à l'angoisse, au sentiment d'incompétence et à la frustration. Le bébé, coupé totalement ou partiellement de tout ce qu'il connaît, fragilisé par sa prématurité ou sa pathologie qui le rendent encore plus vulnérable, par les déprivations sensorielles et affectives, se retrouve perdu, seul face à l'inconnu, devant affronter des étrangers et leurs thérapeutiques douloureuses, trop souvent en dehors de toute parole.

Les praticiens de la périnatalité tentent d'éviter au maximum la séparation précoce mère-bébé. Parfois, hélas, elle est inévitable : en cas de pathologie grave, par exemple, imposant le transfert de la mère ou de l'enfant en service de réanimation.

Les unités kangourou

Certains pédiatres ont imaginé et mis en place des unités kangourou qui permettent de préserver ce lien précoce. Il s'agit de modifier le fonctionnement hospitalier habituel en déplaçant les soignants vers l'enfant maintenu auprès de sa mère, plutôt que de conduire le patient, comme on le fait traditionnellement, dans la structure de soins spécialisés. Ces hospitalisations mères-bébés concernent, en fonction des maternités, des bébés légèrement prématurés, ou présentant un petit poids de naissance ou encore une pathologie peu sévère. Les mères sont hospitalisées en maternité, leur nourrisson passe la journée auprès d'elles, dans leur chambre, éventuellement dans leur couveuse lorsqu'elle est nécessaire, et la nuit dans l'unité où ils sont sous la surveillance d'une équipe pédiatrique spécialisée. Dans la majorité des cas, ils quitteront l'hôpital ensemble. Les parents participent activement à la prise en charge et aux soins du bébé. L'entourage et le soutien des professionnels les aident dans ce sens et permettent de privilégier leur relation à leur enfant alors que leur bébé, par ses difficultés, sa petitesse, sa fragilité, peut les renvoyer à un sentiment de peur ou de timidité, d'incompétence, voire de rejet de cet enfant si peu gratifiant. Celui-ci reste dans l'environnement familial et social d'une naissance traditionnelle. Il reçoit des visites, fait connaissance dans la sécurité procurée par ses parents. Il entend de la bouche de ses proches les données de son existence, paroles déterminantes pour son avènement symbolique, l'intronisant dans le monde des humains. Des unités de ce type fleurissent de plus en plus dans les maternités. Il faut souhaiter que cet effort se poursuive. Ainsi l'enfant non séparé est reconnu en tant que sujet de sa propre histoire et membre de sa famille à temps complet, ce qui semble aller dans le sens d'une réduction des temps d'hospitalisation.

La parole

L'être humain est destiné à parler à condition toutefois qu'il ait entendu parler autour de lui, sinon il risque d'en mourir. Son stade de maturité à la naissance ne lui permet pas encore l'accès au langage articulé, cependant les informations fournies par les autres humains lui sont indispensables. C'est à cette seule condition qu'il pourra à son tour y participer sur le même mode. La pensée du bébé, à propos de laquelle les scientifiques commencent à découvrir des compétences passionnantes, plonge ses racines dans la vie anténatale durant laquelle il perçoit et mémorise certaines informations qu'il utilisera ensuite.

Toute séparation chez le nouveau-né, qu'elle soit provisoire ou définitive, est à énoncer à l'enfant. Que la situation soit tragique comme dans le cadre des accouchements au secret ou d'hospitalisation en service de néonatalogie, ou qu'elle puisse être considérée comme ordinaire, lorsque l'enfant est provisoirement confié à une autre personne ou à une institution (crèche, garderie), les paroles donnant à l'enfant le sens de ce qui lui est donné à vivre représentent la garantie minimale pour lui de pouvoir traverser ces épreuves dans la dignité humaine. Ce n'est pas parce qu'un enfant n'est pas en mesure de parler qu'il faut se dispenser de s'adresser à lui. On sait depuis longtemps que les enfants comprennent bien avant de pouvoir parler, nul ne sait à quel moment ils sont en mesure de penser, processus probablement délicat entre la maturation neurologique et l'expérience psychologique. Mais pour penser, encore faut-il disposer des instruments nécessaires, à savoir les mots. Il est facile de se laisser aller à ne pas prévenir un bébé d'une brève absence, soit que le parent ait omis de le faire, soit que le sommeil de l'enfant en ait été le prétexte. Les enfants ayant reçu les informations langagières systématiques dans l'anticipation des séparations, qu'ils aient été endormis ou non, nous font la preuve par leur confiance et leur adaptabilité aux séparations de combien ce traitement en les respectant leur procure la sécurité qui leur est nécessaire au long de leur croissance.

On voit trop souvent les bébés séparés de leurs parents dans un climat d'angoisse où aucune parole ne sera adressée à personne. Les urgences néonatales ont tendance à faire oublier par la connotation morbide qui les entoure que la mort, c'est aussi du symbolique, et qu'à vouloir la résumer à du réel on risque d'y précipiter celui qu'on tentait de sauver, faute d'avoir reconnu que dans cette histoire il avait aussi son mot à dire. C'est le cas des bébés que la prématurité ou la pathologie néonatale conduit à être hospitalisés dans des services spécialisés où ils seront pris en charge dans des unités ou des centres hospitaliers plus ou moins éloignés de la maternité et parfois même du lieu de l'habitation familiale.

La réanimation néonatale

Les transferts de nouveau-nés dans des unités de réanimation néonatales se font la plupart du temps en urgence, très peu de temps après l'accouchement. Or il est très rare que quelqu'un, le père ou un soignant, la mère si elle a pu être mise en contact avec son enfant, se donne la peine de s'adresser au bébé afin de l'informer du sens de cette séparation. Les bébés ne parlent pas, ce qui ne les empêche pas de s'exprimer, et leurs modes d'expression sont nombreux. Certains ont pu ainsi quantifier le nombre de pleurs d'un nouveau-né laissé sur le ventre de sa mère en comparaison des pleurs de son congénère séparé de la sienne. Les chiffres parlent et nous traduisent combien le nouveau-né trouve son apaisement au contact maternel ! Question de bon sens, mais le monde médical semble parfois n'accepter de prendre le bon sens en considération que sous la forme de graphes.

Dans la violence du post-partum immédiat, le maintien des repères anténataux procure à l'enfant la sécurité qui lui permet d'affronter le bouleversement du passage à la vie aérienne. Lorsque ce lien est rompu, peut-on en minimiser la pathogénie ? Il n'est pas question de relativiser l'urgence médicale. Mais rien n'empêche d'adjoindre aux gestes les paroles adressées aux parents comme à l'enfant qui permettront à chacun de se situer à sa place et d'aborder le traumatisme de la séparation en position de sujet, acteur de sa propre vie.

L'accouchement sous X ou la rupture légale

Cette procédure permet à une mère d'accoucher sans donner son identité et d'abandonner son enfant à la maternité, qui se charge de le confier à une œuvre d'adoption publique ou privée. Elle peut le faire dans l'anonymat et décider de ne rien transmettre à l'enfant qu'elle met au monde de son histoire, de son passé, de son identité. C'est le prototype de la violence de la séparation traumatisante dans sa forme institutionnalisée, légale en France. On peut ainsi effacer toute trace de la filiation d'origine. Actuellement, environ 700 enfants naissent ainsi chaque année en France. Les différents aménagements de la loi n'ont pas encore abouti à sa suppression.

Or on sait que les humains nés dans de telles conditions souffrent très souvent et de façon intense de ce « trou ». Les adoptés sont souvent en quête de leur origine, de l'histoire qui pourra donner sens à leur vie, de leur mère, parfois de leur père. Ils sont tarabustés par la question : « Pourquoi m'a-t-on abandonné ? Etais-je si mauvais ? A qui je ressemble ? Qui est ma mère ? » L'accès au sens de l'abandon, à l'histoire de sa naissance, qui est toujours un drame psychologique, permet au sujet, et quel que soit son âge, de mieux se trouver en mesure, non seulement d'être adopté, mais aussi d'adopter lui-même une famille qui lui propose identité, affection et tutelle. La position adoptive réciproque est la condition minimale de la réussite possible de l'entreprise.

La loi donnant aux femmes qui accouchent au secret un délai de deux mois pour changer d'avis et récupérer leur enfant, les bébés, nommés de trois prénoms, sont contraints de passer ce temps minimum en placement collectif ou familial avant de rencontrer la famille adoptive qui aura été sélectionnée pour eux. Deux mois pour un nourrisson, c'est interminable ; surtout si pendant ce temps on ne s'est pas donné la peine de lui expliquer d'où il vient, pourquoi il doit attendre, quel sera son avenir, et si dans son avidité à créer du lien il se retrouve en pouponnière où, entre les trois huit et les trente-cinq heures, il passe de mains en mains, jusqu'à six intervenants différents par vingt-quatre heures se relayant auprès de lui.

Qu'en est-il de ces enfants nés après un accouchement au secret ? Que se passe-t-il pour le nouveau-né dont l'histoire ne peut pas se penser de façon transgénérationnelle ? A partir des grands-parents par exemple ? On assiste à l'ouverture d'une porte sur la psychopathologie prenant source entre des racines séquestrées et une histoire tronquée. Pour ces enfants, la naissance représente une coupure radicale de tout ce qu'ils connaissent. Leurs perceptions aériennes sont en totale disjonction des perceptions anténatales mémorisées : la voix de leur mère, son odeur, les bruits de son corps, éventuellement la voix du père s'il était présent pendant la grossesse, l'ambiance familiale, tout ce qui permet à un nouveau-né de se repérer dans les premiers moments de sa vie. La seule chose qui fasse lien, ce sont les paroles qui vont être prononcées à son adresse et qui donneront sens à ce qui lui est donné à vivre. Ce sont ces mots qui devraient servir de base à l'éducation de ces enfants afin qu'il ne leur soit à aucun moment demandé de se comporter comme s'ils étaient quelqu'un d'autre — l'enfant inconcevable d'un couple stérile qui n'en aura pas fait le deuil par exemple. L'adoption est un acte social ; lorsqu'elle doit se payer du prix de l'exigence de refoulement d'une partie de sa vie par l'enfant, s'agit-il encore d'un acte éthique ? L'enfant, lui, sait bien d'où il vient. L'amnésie infantile est parfois exploitée aux fins de réécrire leur histoire selon un fantasme social relatif à l'« intérêt de l'enfant » ou un fantasme familial narcissique. Au service de ces caprices, le bébé humain peut se retrouver objectivé dès le début de sa vie afin de mieux coller au moule prévu pour lui, dans le mépris de ce qu'il est et de ce qu'il a vécu. On lui demande ainsi de créer des trous dans son histoire, des censures qui reviendront probablement sous diverses formes symptomatiques tout au long de sa vie d'adopté. On peut d'ailleurs se demander si, en supprimant le délai de rétractation ou en le rendant optionnel, les adoptés ne se porteraient pas mieux.

On sait que la blessure de l'abandon est impossible à cicatriser, tant chez l'abandonné que chez l'abandonnante. Elle fonctionne comme une amputation bilatérale du moi. Les adoptions les plus réussies ne parviennent pas à effacer la trace consciente et inconsciente de cet événement, car cela reviendrait pour le psychisme du nouveau-né à devoir renoncer à une partie de lui-même. C'est dans le lieu même où se joue le drame, c'est-à-dire en maternité, que tout devrait être mis en œuvre pour en limiter les effets dévastateurs autant pour la mère que pour l'enfant.

Du côté des bébés, les avancées de la recherche en matière de compétences périnatales et de développement du psychisme ne cessent de nous montrer combien il est préjudiciable de séparer le nouveau-né de sa mère et de lui supprimer ainsi ses repères. On leur fait vivre un véritable chaos, le plus souvent sans liens de paroles entre leur vie pré- et postnatale, et cela définitivement. Ces ruptures sont dévastatrices et créent des blessures impossibles à cicatriser au sein de leur psychisme.

Cela pose la question de la vérité et de la révélation. Il semble indispensable de dire à un bébé né sous X d'où il vient, les raisons de l'abandon, où il est, qui sont ceux qui en ont la responsabilité, quel sera son futur, sans aucune censure. Ces paroles seront stockées dans son inconscient et lui permettront de construire son histoire sans rupture totale d'avec sa vie anténatale. Par la suite, si les parents adoptifs élèvent cet enfant dans sa vérité, il s'en accommodera avec ses propres forces. Certains y réussiront mieux que d'autres. Le contenu du dossier sera expliqué à l'enfant, par ses parents, en respectant son âge et sa capacité d'en intégrer consciemment les éléments les plus douloureux. Si certains semblent trop lourds à transmettre par les parents (il s'agit le plus souvent de viol ou d'inceste), c'est alors à la demande de l'enfant après sa majorité qu'un personnel formé les lui transmettra au cours d'un accompagnement respectueux. N'oublions pas que ces paroles lui auront déjà été dites à sa naissance et que l'amnésie infantile n'efface pas mais refoule pour les nécessités du développement psychique de chacun. La verbalisation du contenu du dossier ne doit être en fait qu'une confirmation de ce qu'il sait déjà plus ou moins consciemment. A lui de décider s'il souhaite ou non y avoir accès et quand.

Il est grand temps de ne plus faire passer les notions de charité religieuse ou humanitaire en priorité dans l'adoption, mais plutôt de privilégier les connaissances apportées par la science et la psychanalyse pour aborder les bébés et d'en tirer des conduites à tenir pour mieux les respecter.

La séparation, pour être vivante et non mortifère, doit pouvoir se vivre dans la position subjective active et désirante du « je me sépare ». Pour cela un certain nombre de précautions peuvent être prises, celles privilégiant la symbolisation du manque. Elles ont pour but de maintenir le sujet en position de penser, éventuellement à ce qui lui arrive, et de désirer. Le bébé est un être de langage, c'est à la condition de ne jamais l'oublier, lorsqu'on le côtoie, qu'il est possible de prétendre à un accueil humain. Les douleurs périnatales engrammées dans notre inconscient ne seront pas toujours décodables lorsqu'elles s'exprimeront sous forme de dépression, d'angoisses, de somatisations diverses, de sentiment d'insécurité ou d'envies suicidaires. C'est souvent à l'adolescence qu'elles se trouvent réactualisées car il s'agit là d'une nouvelle naissance, celle au monde adulte. Il faudrait pouvoir s'interroger au travers de certains troubles présentés par les adolescents si ce n'est pas d'une autre séparation qu'il est question pour eux à leur insu. Toute séparation renvoyant aux deuils et aux séparations antérieures mal cicatrisées, c'est tout au long de la vie que la fragilité peut se faire entendre, car, entre la vie et la mort, nombreuses sont les occasions de rencontrer leurs métaphores.

Bibliographie

I. LE BÉBÉ EST-IL UN EXCLU ?

Le fœtus exclu des perceptions (C. Dolto)

Damasio Antonio R., *L'erreur de Descartes*, Paris, Odile Jacob, 1995.

Dolto Françoise, *Au jeu du désir*, Paris, Seuil, 1981 ; *L'image inconsciente du corps*, Seuil, Paris, 1984 ; *Le sentiment de soi*, Paris, Gallimard, 1997.

Edelman G. M., *Biologie de la conscience*, Paris, Odile Jacob, 1992.

Eliacheff Caroline, *De l'enfant roi à l'enfant victime*, Paris, Odile Jacob, 1998.

Hochmann J. et Jeannerod M., *Esprit es-tu là ?*, Paris, Odile Jacob, 1991.

Prochiantz Alain, *La biologie dans le boudoir*, Paris, Odile Jacob, 1994.

Tassin Jean Pol, « Biologie et inconscient », in *Le cerveau dans tous ses états*, entretiens avec Monique Sicard, Paris, Presses du CNRS, 1991.

Trocmé-Fabre Hélène, *J'apprends donc je suis*, Paris, Editions de l'Organisation, 1989.

Veldman Frans, « Prolégomènes à une neurophysiologie de la phénoménalité haptonomique », in *Présence haptonomique*, n°2, Paris, 1990 ; *Haptonomie, science de l'affectivité*, Paris, PUF, 1999.

Le langage des bébés. Savons-nous l'entendre ?, ouvrage collectif sous la direction de Marie-Claire Busnel, Paris, Editions Jacques Grancher, 1993.

A propos de Freud et de la mémoire phylogénétique :
Cerf de Dudzeele Géraldine, « Se maintenir en vie dans l'humaine barbarie », in *La résistance de l'humain*, ouvrage collectif sous la direction de Nathalie Zaltzman, Paris, PUF, 1999.

Le bébé exclu de la vie (F. Authier-Roux)

Dolto Françoise, *Les chemins de l'éducation*, Paris, Gallimard, 1994 ; *Les étapes majeures de l'enfance*, Paris, Gallimard, 1994 ; *Tout est langage*, Paris, Gallimard, 1994.

Le bébé exclu de la parole (M. Szejer)

Balbo Gabriel, *Où en est la psychanalyse*, sous la direction de Claude Boukobza, Paris, Eres, 1999.
Bergès Jean et Balbo Gabriel, *Jeu des places de la mère et de l'enfant. Essai sur le transitivisme*, Paris, Eres, 1998.
Didier-Weill Alain, *Invocations*, Paris, Calmann-Lévy, 1998.
Szejer Myriam, *Des mots pour naître*, Paris, Gallimard, 1997, réédition 2003.
Szejer Myriam et Frydman René (dir.), *Le bébé dans tous ses états*, Paris, Odile Jacob, 1998.
Szejer Myriam (dir.), *Le bébé face à l'abandon, le bébé face à l'adoption*, Paris, Albin Michel, 1999, réédition 2002.
Szejer Myriam et Caumel-Dauphin Francine, *Les femmes et les bébés d'abord*, Paris, Albin Michel, 2001.
Tassin Jean-Pol, entretien avec Myriam Szejer et Caroline Eliacheff, inédit, 1997.

II. PROPOS SUR LA SÉPARATION

Éviter la séparation (E.N. Adamson-Macedo)

Adamson-Macedo E.N. (2000), « Pathways in the emergence of neonatal health psychology [NNHP], and its scope », *International*

Journal of Prenatal and Perinatal Psychology and Medicine, 12, 1, p. 15-39.

Adamson-Macedo E.N. (1997), « Neonatal psychoneuroimmunology : Emergence, scope and perspectives », *International Journal of Prenatal and Perinatal Psychology and Medicine*, 9, 4, p. 421-440.

Adamson-Macedo E.N. et Attree J. (1994), « TAC-TIC therapy : the importance of systematic stroking », *British Journal of Midwifery*, Juin, 2, 6, p. 264-269.

Anand K.J.S. et Scalzo F.M. (2000), « Can adverse neonatal experiences alter brain development and subsequent behavior ? » *Biology of the Neonate*, 77, p. 69-82.

Bellingham-Young, D.A. et Adamson-Macedo, E.N. (2000), « Birthweight. – Is it linked to minor illness in adulthood ? », *Neuroendocrinology letters*, 21, p. 469-474.

Burgio G.R., Lanzavechia A., Plbani A., Jayakar S. et Ugazio G. (1980), « Ontogeny of secretory immunity : Levels of secretory IgA and natural antibodies in saliva », *Pediatric Research*, 14, p. 1111-1114.

Brandtzaeg P., Bjerke K., Halstensen T.S., Hvatum M., Kett K., Krajci P., Kvale D., Muller F., Wilsson D., Roynum T.O., Scott H., Sollid L.M., Thrane P. et Valnes K. (1990), « Local immunity : The human mucosa in health and disease », in MacDonald T.T., Challacombe S.J., Bland P.W., Stokes C.R., Heatley R.V. et MclMowat A., éd., *Advances in Mucosal Immunology*, Londres, Kluwer Academic Publishers, p. 1-12.

Caplan G., Mason E.A. et Kaplan D.M. (1965), « Four studies in crisis of parents of prematures. Community Health », 1, 149, in Neligan G.A., Kolvin I., Scott D. Mcl. et Garside R.F., éd. *Born too soon or born too small, Clinic in Developmental Medicine*, n° 61, Londres, Heinemann.

Carson R. (1997), « The problem of prematurity : premature labour », *Modern Midwife* 7 (10), p. 8-11.

Frankenhauser M. (1983), « The sympathetic-adrenal and pituitary-adrenal response to challenge : Comparison between the sexes », in

Dembrowski T.M., Schmidt T.H. et Blumchen G., éd., *Biobehavioural Bases of Coronary Heart Disease*, New York, Karger, p. 91-105.

Fedor-Freybergh P.G. (2000), « Prenatal experiences and their relevance to prevention of psychological, emotional and physical disorders in postnatal life », paper presented at the Royal Society of Medicine, the Forum on Maternity and the Newborn on 23rd February.

Friedman M.G., Entin N., Zedka R. et Dagan R. (1996), « Subclasses of IgA antibodies in serum and saliva samples of newborns and infants immunised against rotavirus », *Clin Exp Immunology*, 103, p. 206-211.

Hayes J.A., Adamson-Macedo E.N., Perera S. et Anderson J. (1999), « Detection of secretory immunoglobulin A (sIgA) in saliva of ventilated and non-ventilated preterm neonates », *Neuroendocrinology Letters*, 20, 1, p. 109-113.

Hayes J.A., Adamson-Macedo E.N. et Perera S. (2000), « The mediating role of cutaneous sensitivity within neonatal psychoneuroimmunology », *Neuroendocrinology Letters*, 21, 3, p. 187-194.

Johnston M. (1994), « Current trends », *The Psychologist*, mars, p. 114-118.

Marmot M.E. et Wadsworth E.J.M. (éd.), « Fetal and early childhood environment : long-term health implications », *British Medical Bulletin*, 53(1), The Royal Society of Medicine Press Limited, London.

Monie I. W. (1963), « Influence of the environment on the unborn », *California Medicine*, 99, p. 323-327.

O'Leary A. (1990), « Stress, emotion, and human immune function », *Psychological Bulletin*, 108, 3, p. 363-382.

Solomon G.F. et Moos R.H. (1964), « Emotion, immunity and disease », *Archives of General Psychiatry*, 11, p. 637-674.

Tappuni A.R. et Challacombe S.J. (1994), « A comparison of salivary immunoglobulin A (sIgA) and IgA subclass concentrations in predentate and dentate children and adults », *Oral Microbiol Immunology*, 9, p. 142-145.

Whitelaw A. (1990), « Treatment of sepsis with IgA in very low birthweight infants », *Archives of Disease in Childhood*, 65, p. 347-348.

Zichella L. (1992), « Preterm labour : Disruption of a reproductive agreement », *International Journal of Prenatal and Perinatal Studies*, 4, 1/2, p. 53-59.

Attachement et séparation chez les mammifères non humains (M.-Cl. Busnel et P. Orgeur)

Les ouvrages de référence sont précédés d'un astérisque.

Ainsworth M.D.S., « Attachment as related to mother-infant interaction », *Adv. Stud. Behav.*, New York, Acad. Press, 1979, vol. 9, p. 1-51.

Alexander G., « What makes a good mother ? : components and comparative aspects of maternal behavior in Ungulates », *Proc. Aust. Soc. Anim. Prod.*, 1988, 17, p. 25-41.

Alexander G., Shillito, E. E., « The importance of odor, appearance and voice in maternal recognition of the young in Merino sheep (Ovis aries) », *Appl. Anim. Ethol.,* 1977, 3, p. 127-135.

Alexander G., Stevens D., « Recognition of washed lambs by Merino ewes », *Appl. Anim. Ethol.*, 1981, 7, p. 77-86.

Anand K., Scalzo F.M., « Can adverse neonatal experiences alter brain development and subsequent behavior ? », *Biol. Neonate,* 2000, 77, (2), p. 69-82.

Arling G.L., Harlow H.F., « Effets of social deprivation on maternal behavior in rhesus monkeys », *J. comp. Physiol. Psychol.*, 1967, 64, p. 371-377.

Bailey M.T., Coe C.L., « Maternal separation disrupts the integrity of the intestinal microflora of infant rhesus monkeys », *Develop. Psychobiol.*, 1999, 35, (2), p. 146-155.

Bayart F., Hayashi K.T., Faull K.F., Barchas J.D. et Levine S., « Influence of maternal proximity on behavorial and physiological responses to separation in infant rhesus monkey (Macaca mulatta) », *Behav. Neurosci.*, 1990, 104, p. 98-107.

Beach F. A., Jaynes J., « Studies of maternal retrieving in rats. I. Recognition of young », *J. Mammal.*, 1956, 37, p. 177-180.

Beauchamp A.J., Gluck J.L., « Associative processes in differentially reared monkeys (Macaca mulatta) preconditioning », *Dev. Psychobiol.*, 1988, 21 (7), p. 355-364.

*Bell R.W., Smotherman W.P. (éd.), *Maternal influences and early behavior*, New York, Spectrum, 1980.

Berkson G.B., « Abnormal stereotyped motor acts », in J. Zubin et H.F. Hunt (ed.), *Comp. Psychopathol.*, New York, Grune et Stratton, 1967, p. 76-94.

Blackshaw J.K., Hagels, A. M., « Getting-up and lying-down behaviours of loose-housed sows and social contacts between sows and piglets during day 8 after parturition », *Applied Animal Behav. Sci.*, 1990, 25, p. 61-70.

Boccia M. L., Pedersen C.A., « Brief vs long maternal separation in infancy : contrasting relationships with adult maternal behavior and lactation, levels of aggression and anxiety », *Psychoneuroendocrinol.*, 2001, 26, p. 657-672.

Boccia M.L., Pedersen C.A., « Animal models of critical and sensitive periods in social and emotional development », in D.B. Bailey et F.J. Symons (ed.), Baltimore Brookes, 2001, p. 107-127.

*Bowlby J., *Attachment and loss*, New York, Basic Books, 1969 ; éd. française : *Attachement et perte*, Paris, PUF, vol. 1 : *Attachement*, 1976 ; vol. 2 : *Séparation*, 1978.

Bolwby J., « Making and breaking of affectional bonds, aetiology and psychopathology in the light of attachment-theory », *J. Psychiatry*, 1997, p. 130, p. 201-210.

Busnel M.-C., Molin D., Dupont W., Bourgeois Ph., « Late postnatal effect on corticosterone blood level of an acoustical stimulation previously applied to mice during pre and early postanatal life », in G. Rossi (éd.), *Noise as a public health problem*, Centro Ricerche et Studi, Turin, 1983, p. 21-25.

Chappel P. F., Meier G. W., « Modification of the response to separation in the infant rhesus macaque through manipulation of the environment », *Biol. Psychiatry*, 1975, 10, 6, p. 643-657.

Coe C. L., Wiener S. G., Levine S., « Psychoendocrine responses of mother and infant monkeys to disturbance and separation », in L.A. Rosenblum et H. Moltz (éd.), *Symbiosis in parent — offspring interactions*, New York, Plenum Press, 1983, p. 189-214.

Coe C. L., Glass J. C., Wiener S. G., Levine S., « Behavioral but not physiological adaptation to repeated separation in mother and infant primates », *Psychoneuroendocrinol.*, 1983, 8, p. 401-409.

Coe C. L., Wiener S.G., Rosenberg L.T., Levine S., « Endocrine and immune responses to separation and maternal loss in non human primates », in M. Reite et T. Field (éd.), *The psychobiology of attachment and separation*, Acad. Press, New York, 1985, p. 163-200.

Coe C. L., Lubach G.R., Ershler W.B., Klopp R.G., « Influence of early rearing on lymphocyte proliferation responses in juvenile rhesus monkeys », *Brain Behav. Immun.*, 1989, 3, p. 47-60.

Coe C. L., Lubach G.R., Ershler W.B., « Le rôle immunologique de la mère », in M.C. Busnel (éd.), *Le langage des bébés,* Paris, Grancher, 1993, p. 61-84.

Coureaud G., Schaal B., Coudert P., Hudson R., Rideaud P., Orgeur P., « Mimicking natural nursing conditions promotes early pup survival in domestic rabbits », *Ethol.*, 2000, 106, p. 207-225.

Dantzer R., Auffray P., Signoret J.P., « Le comportement », in J. M. Perez (éd.), *Le porc et son élevage : bases scientifiques et techniques*, Paris, Maloine, 1986, p. 141-156.

De Passillé A. M., Rushen J., Hartsock T.G., « Ontogeny of teat in pigs and its relation to competition at suckling », *Canad. J. Animal Sci.*, 1988, 68, p. 325-338.

Fairbanks L.A., McGuire, « Long term effects of early mothering behavior on responsiveness to the environments in vervet monkeys », *Develop. Psychobiol*, 1988, 21, (7), p. 711-724.

Ferreira G., Terrazas A., Poindron P., Nowak R., Orgeur P., Levy F., « Learning of olfactory cues is not necessary for early lamb recognition by the mother », *Physiol. Behav.*, 2000, 69, p. 405-412.

Fleming A.S., Morgan H.D., Walsh C., « Experiential factors in postpartum regulation of maternal care », in *Adv. Stud. Behav.*, San Diego, Academic Press, 1996, p. 295-332.

Fleming A.S., Rosenblatt J.S., « Maternal behavior in the virgin and lactating rat », *J. comp. Physiol. Psychol.*, 1974, 86, p. 957-972.

Floeter M.K., Greennough W.T., « Cerebellar plasticity : modification of Purkinji cell structure by differential rearing in monkeys », *Sciences,* 1979, 206, p. 227-229.

Gonzalez C.A., Gunnar M.R., Levine S., « Behavioral and hormonal responses to social disruption and infant stimuli in female rhesus monkeys », *Psychoneuroendocrinol.*, 1981, 6, 1, p. 56-64.

Gonzalez A., Lovic V., Ward G.R., Wainwright P.E., Fleming A.S., « Intergenerational effects of complete maternal deprivation and replacement stimulation on maternal behavior and emotionality in female rats », *Dev. Psychobiol.*, 2001, 38, p. 11-32.

Gonzalez-Mariscal G., Poindron P., « Parental care in mammals : immediate internal and sensory factors of control », *Hormones, Brain and Behavior*, 2002, 1, p. 215-298.

Gubernick D. J., « Parent and infant attachment in mammals », in D. J. Gubernik et P. H. Klopfer (éd.), *Parental care in mammals*, New York, Plenum, 1981, p. 243-305.

Gunnar M.R., Gonzalez C.A., Levine G., Levine S., « Behavioral and pituitary-adrinal responses during a prolonged separation period in infant rhesus macaques », *Psychoneuroendocrinol.*, 1981, 6, (1), p. 66-75.

Hales D.J., Lozoff B., Sosa R., Kennel J.H., « Defining the limits of the maternal sensitive period », *Develop. Med. and Child Neurol.*, 1977, 19, (3), p. 454-461.

*Harlow H.F., « The nature of love », *Amer. Psychol.*, 1958, 13, p. 673-85.

Harlow H.F., Harlow M.K., « The Affectional Systems », in A.M. Serier, H.F. Harlow, F. Stollnitz (éd.), *Behavior of Non Human Primates*, New York, Academic Press, 1965.

Harlow H.F., Harlow M.K., « Social deprivation in monkeys », *Sci. Amer.*, 1962, 207, p. 137-146.

Harlow H.F., Suomi S.J., « Social recovery by isolation reared monkeys », *Proc. Nat. Acad. Sci.*, USA, 1971, 68, p. 1534-1538.

Hay M., Orgeur P., Lévy F., Le Dividich J., Concordet D., Nowak R., Schaal B., Mormède P., « Neuroendocrine consequences of very early weaning in swine », *Physiol. and Behav.*, 2001, 72, p. 263-269.

Hennessy M.B., Weinberg J., « Adrenocortical activity during conditions of brief social separation in preweaning rats », *Behavioral and Neural Biol.,* 1990, 54, p. 42-55.

Hennessy M.B., Kaplan J.N., Mendoza S.P., Lowe E.L., Levine S., « Separation distress and attachment in surrogate reared squirrel monkey », *Physiol. and Behav.*, 1979, 23, p. 1017-1023.

Hinch G. N., Lynch J. J., Elwin R. L., Green G.C., « Long term association between Merino ewes and their offspring », *Appl. Anim. Behav. Sci.*, 1990, 27, p. 93-103.

*Hinde R.A., *Biological basis of human social behaviour*, Cambridge Univ. Press, 1974.

Hinde R.A., Spencer-Booth Y., « Effects of brief separation from mother on rhesus monkeys », *Science*, 1971, 73, p. 111-118.

Hinde R. A., Spencer-Booth Y., « Towards understanding individual differences in rhesus mother-infant interaction », *Anim. Behav.*, 1971, 19, p. 165-173.

Hinde R.A., Davies I., « Removing infant rhesus from mother for 13 days compared with removing mother from infant », *J. Child psychol. Psychiatry,* 1972, 13, p. 227-237.

Hofer M. A., « Physiological responses of infant rats to separation from their mothers », *Science,* 1970, 168, p. 871-873.

— « The effects of brief maternal separations on behavior and heart rate of two week old rat pups », *Physiol. Behav.,* 1973, 10, p. 423-427.

— « Studies on how early maternal separation produces behavioral change in young rats », *Psychosom. Med.,* 1975, 37, p. 245-264.

— « On the relationship between attachment and separation processes in infancy », in R. Plutnick (ed), *Emotion, Theory, Research and Experience*, New York, Acad. Press., 1983, vol. 2, p. 199-219.

« Early relationship as regulators of infant physiology and behavior », *Acta Paediatr. (suppl.),* 1994, 397, p. 9-18.

Hofer M.A. et Shair H.N., « Sensory processes in the control of isolation induced ultrasonic vocalisation by two week old rats », *J. comp. Physiol. Psychol.,* 1980, 94., p.271-279.

Hofer M. A., « The organisation of sleep and wakefullness after maternal separation in young rats », *Develop. Psychobiol.*, 1976, 9, p. 189-206.

Hoff M. P., Nadler R. D., Hoff K. T., Maple T. L., « Separation and depression in infant gorillas », in *Develop. Psychobiol.*, 1994, 27 (7), p. 439-452.

Horrell I., Hodgson J., « The bases of sow-piglet identification. The identification by sows of their piglets and the presence of intruders », *Applied Animal Behav. Sci.*, 1992, 33, p. 319-327.

Hudson R., Distel H., « Nipple location by newborn rabitts : behavioural evidence for pheromonal guidance », *Behaviour*, 1983, 85, p. 260-275.

Hudson R., Schaal B., Bilko A., Altbäcker V., « Just three minutes a day : the behaviour of young rabbits viewed in the context of limited maternal care », in *6th World Rabbit Congr.*, Ass. Fr. de Cuniculture, Toulouse, Lempades, 1996, p. 395-403.

Kaler S.R., Freeman B.J., « Analysis of environmental deprivation : cognitive and social development in roumanian orphans », *J. Child Psychol. and Allied Disciplines*, 1994, 35, p. 769-781.

Kalin N.H., Shelton S.E., Rickman M., Davidson R., « Individual differences in freezing and cortisol in infant and mother rhesus-monkeys », *Behav. Neurosci.*, 1998, 112 (1), p. 251-254.

Kaufman I.C., Rosenblum L.A., « Depression in infant monkeys separated from their mother », *Science*, 1967, 155, p. 1030-1031.

Kaufman I.C., Rosenblum L.A., « Effects of separation from mother on the emotional behavior of infant monkeys », *Ann. New York Acad. Sci.*, 1969, 159, p. 681-696.

Kaufman J., Dennis Ch., « Effects of early stress on brain structure and function », *Develop. and psychopathol.*, 2001, 13, (3), p. 451-473.

Kay G., Tarcic N., Poltyrev T., Weinstock M., « Prenatal stress depresses immune function in rats », *Physiol. and Behav.*, 1998, 63 (n° 3), p. 397-402.

Kehoe P., Shoemaker W.J., Triano L., Callahan M., Rappolt G., « Adult rats stressed as neonates show exagerated behavioral responses to both pharmacological and environmental challenges », *Behavioral Neurosci.*, 1998, 112, 1, p. 116-125.

Kendrick K. M., Atkins K., Hinton M.R., Heavens P., Keverne E. B., « Are faces special for sheep ? Evidence from facial and object discrimination learning tests showing effects of inversion and social familiarity », *Behav. Processes*, 1996, 38, p. 19-35.

Kendrick K. M., Da Costa A. P., Broad K. D., Ohkura S., Guevara R., Lévy F., Keverne E.B., « Neural control of maternal behaviour and olfactory recognition of offspring », *Brain Res. Bull.*, 1997, 44, p. 383-395.

Kendrick K. M., Keverne E. B., Baldwin B. A., « Intracerebroventricular oxytocin stimulates maternal behaviour in the sheep », *Neuroendocrinol.*, 1987, 46, p. 56-61.

Kendrick K. M., Lévy F., Keverne E. B., « Importance of vaginocervical stimulation for the formation of maternal bonding in primiparous and multiparous parturient ewes », *Physiol. Behav.*, 1991, 50, p. 595-600.

Kraemer G.W., Ebert M.H., Schmidt D.E., McKinney W.T., « A longitudinal study of the effects of different social rearing conditions on cerebrospinal fluid, norepinephrine and biogenic amine metabolites in rhesus monkeys », *Neuropsychopharmacol.*, 1989, 2, p. 175-189.

*Krasnegor N.A., Bridges R.S. (éd.), *Mammalian parenting : biochemical, neurobiological, and behavioral determinants*, Oxford Univ. Press, 1990, 502 p.

Krehbiel D., Poindron P., Lévy F., Prud'Homme M. J., « Peridural anesthesia disturbs maternal behavior in primiparous and multiparous parturient ewes », *Physiol. Behav.*, 1987, 40, p. 463-472.

Kuhn C.M., Pauk J., Schanberg S.M., « Endocrine responses to mother-infant separation in developping rats », *Dev. Psychobiol.*, 1990, 23, p. 395-410.

Kuhn C.M., Schanberg S.M., « Responses to maternal separation : mechanisms and mediators », *Int. J. Develop. Neurosci.*, 1998, 16, 3-4, p. 261-270.

Laudenslager M. L., Harbeck R., Reite M.L., « Suppressed immune response in infant monkeys associated with maternal separation », *Behavioral and Neurol. Biol.*, 1982, 36, p. 40-48.

Laudenslager M. L., Held P. E., Boccia M. L., Reite M. L., Cohen J. J., « Behavioral and immunological consequences of brief mother-infants separation », *Develop. Psychobiol.*, 1990, 23 (3), p. 247-264.

Laudenslager M. L., « The psychobiology of loss : lessons from humans and non human primates », *J. Social Issues*, 1988, 44 (3), p. 12-36.

Le Neindre P., Murphy T., Boissy A., Purvis L., Lindsay D., Orgeur P., Bouix J., Bibé B., « Genetics of maternal ability in cattle and sheep », in *6th World Congress on Genetics Applied to Livestock Production*, Armide, Australie, 1998, p. 23-30.

Le Neindre P., Poindron P., Delouis C., « Hormonal induction of maternal behavior in non-pregnant ewes », *Physiol. Behav.*, 1979, 22, p. 731-734.

Levine S., Mendoza S.P., Coe C.L., Smotherman W.P., Kaplan J., « The pituitary-adrenal response as an indication of attachment in mother and infant squirrel monkeys », *Abstr. Am. Soc. Primatologists*, 1977, 1, p. 22.

Lévy F., Kendrick K. M., Keverne E.B., Piketty V., Poindron P., « Intracerebral oxytocin is important for the onset of maternal behavior in inexperienced ewes delivered under peridural anesthesia », *Behav. Neurosci.*, 1992, 106, p. 427-432.

Lévy F., Nowak R., Schaal B., « La mère et le jeune : échanges comportementaux et régulations physiologiques », in Ch. Thibault et M. C. Levasseur (éd.), *La reproduction chez les mammifères et l'homme*, Paris, éd. INRA, 2001, p. 638-654.

Lévy F., Poindron P., « Influence du liquide amniotique sur la manifestation du comportement maternel chez la brebis parturiente », *Biol. Behav.*, 1984, 9, p. 271-278.

Lewis M. H., Gluck J.P., Petitto J. M., Hensley L.L., Ozer H., « Early social deprivation in non human primates : long-term effects on survival and cell mediated immunity », *Biol. Psychiatry*, 2000, 47, 2, p. 119-126.

Lubach G.R., Coe C.L., Ershler W.B., « Effects of early rearing environment on immune responses of infant rhesus monkeys », *Brain Behav. Immun.*, 1995, 9, p. 31-46.

Main M., Cassidi J., « Categories of response to reunion with the parent at age six », *Develop. Psychobiol.*, 1988, 24, p. 415-426.

Martin P., « The meaning of weaning », *Animal Behaviour*, 1984, 32, p. 1257-1259.

Mason W. A., Berkson G. B., « Effect of maternal mobility on the development of rocking and behaviors in rhesus monkeys », *Develop. Psychobiol.*, 1975, 8, (3), p. 197-211.

Mason W.A., Capitanio J.P., « Formation and expression of filial attachment in rhesus monkeys raised with living and inanimate mother substitutes », *Develop. Psychobiol.*, 1988, 21, (5), p. 401-430.

Meaney M.J., Plotsky P.M., « Long term behavioral and neuroendocrine adaptations to adverse early experience », *Prog. Brain. Res.*, 2000, 122, p. 81-103.

Miller L.C., Nadler R.D., « Mother-infant relations and infant development in captive chimpanzees and orang-utans », *Int. J. Primatol*, 1981, 2, p. 247-261.

Mincka S., Suomi S.J., « Social separation in monkeys », *Psychol. Bull.*, 1978, 85, (6), p. 1376-1400.

Mitchell G., Harlow H.F., Griffin G.A., Moller G.W., « Repeated maternal separation in the monkey », *Psychosom. Science*, 1967, 8, p. 197-198.

Mc Cormick C. M., Kehoe P., Kovacs S., « Corticosterone release in response to repeated short episodes of neonatal isolation », *Int. J. Develop. Neurosci.*, 1998, 16, (3/4), p. 175-185.

Napolitano F., Annicchiarico G., Caroprese M., De Rosa G., Taibi L., Sevi A., « Lambs prevented from suckling their mothers display behavioral, immune and endocrine disturbances », *Physiol. Behav.*, 2003, 78, p. 81-89.

Neveu P. J., « Stress et immunité : apports de l'expérimentation animale à la clinique humaine », in *Stress et immunité : de la physiologie (intégrée) à la pathologie. Nouvelles voies de recherches*, Paris, Inserm, 2002, p. 64-66.

Noirot E., « The onset and development of maternal behavior in rats, hamsters and mice », *Adv. Stud. Behav.*, 1972, 4, p. 107-145.

Orgeur P., Mavric N., Yvoré P., Bernard S., Nowak R., Schaal B., Lévy F., « Artificial weaning in sheep : consequences on behavioural, hormonal and immuno-pathological indicators of welfare », *Appl. Anim. Behav. Sci.*, 1998, 58, p. 87-103.

Orgeur P., Bernard S., Naciri M., Nowak R., Schaal B., Lévy F., « Psychobiological consequences of two different weaning methods in sheep », *Reprod. Nutr. Develop.*, 1999, 39, p. 231-244.

Orgeur P., Hay M., Mormède P., Salmon H., Le Dividich J., Nowak R., Schaal B., Lévy F., « Behavioural, growth and immune consequences of early weaning in one-week-old large-white piglets », *Reproduc. Nutr. Develop.*, 2001, 41, p. 321-332.

Orgeur P., Signoret J. P., « Sexual play and its functional significance in the domestic sheep (Ovis aries L.) », *Physiol. Behav.*, 1984, 33, p. 111-118.

Penke Z, Felszeghy K., Fernette B., Sage D., Nyakas C., Burlet A., « Postnatal maternal deprivation produces long-lasting modifications of the stress response, feeding and stress related behavior in the rat », *Europ. J. Neuro. Sci.*, 2001, 14, p. 747-755.

Poindron P., Carrick M. J., « Hearing recognition of the lamb by its mother », *Anim. Behav.*, 1976, 24, p. 600-602.

Poindron P., Le Neindre P., « Endocrine and sensory regulation of maternal behavior in the ewes », *Adv. Stud. Behav.,* 1980, 2, 11, p. 76-119.

Poindron P., Lévy F., Krehbiel D., « Genital, olfactory and endocrine interactions in the development of maternal behavior in the parturient ewe », *Psychoneuroendocrinol.*, 1988, 13, p. 99-125.

Poindron P., Nowak R., Lévy F., Porter R. H., Schaal B., « Development of exclusive mother-young bonding in sheep and goats », *Oxford Rev. Reprod. Biol.*, 1993, 15, p. 311-364.

Poindron P., Lévy F., « Physiological, sensory and experimental determinants of maternal behavior in sheep », in N.A. Krasnegor, R.S. Bridges (éd.), *Mammalian Parenting : Biochemical, neurobiological and behavioural determinants*, New York, Oxford Univ. Press, 1990, p. 133-156.

Poindron P., Schaal B., « Les relations parents-jeunes chez les mammifères. Facteurs de contrôle et implications psychobiologiques », in Ch. Thibault et M.C. Levasseur (éd.), *La reproduction chez les mammifères et l'homme*, Paris, Ellipses Press, 1991, p. 516-537.

Pryce C.R., « Socialization, hormones and regulation of maternal behavior in non human primates », in J.S. Rosenblatt, Ch.T. Snowdon (éd.), *Adv. Stud. Behav.*, New York, Acad. Press, 1996, 25, p. 423-476.

Pryce C.R., Abbott D.H., Hodges J.K., Martin R.D., « Maternal behavior is related to prepartum urinary oestradiol levels in red-bellied tamarin monkeys », *Physiol. and Behav.*, 1988, 44, p. 717-726.

Rees S.L., Fleming A.S., « How early maternal separation and juvenile experience with pups affect maternal behavior and emotionality in adult postpartum rats », *Animal learning, behav.*, 2002, 30, (1), p. 66.

*Reite M., Field T. (éd.), *The psychobiology of attachment and separation*, Orlando, Floride, Acad. Press, 1985.

Reite M., Capitano J.P., « On the nature of social separation and social attachement », in M. Reite et T. Field (éd.), *The psychobiology of attachement and separation,* New York, Acad. Press, 1985, p. 223-257.

Reite M.L., Harbeck R., Hoffman A., « Altered cellular immune response following peer separation », *Life Science*, 1981, 29, p. 1133-1136.

Reite M.L., Kaufman I.C., Pauley J.D., Stynes A.J., « Depression in infant monkeys : physiological correlates », *Psychosom. Med.*, 1974, 36, p. 363-367.

*Rosenblatt J.S., Snowdon Ch. T. (éd.), *Parental care : evolution, mechanisms and adaptative significance*, New York, Acad. Press, 1996.

Rosenblatt J.S., « Landmarks in the physiological study of maternal behavior with special reference to the rat », in N.A. Krasnegor, R.S. Bridges (éd.), *Mammalian parenting : biochemical, neurobiological and behavioural determinants*, New York, Oxford Univ. Press, 1990, p. 40-60.

Rosenblatt J.S., « Psychobiology approach to maternal behaviour among primates », *in* P. Bateson (éd.), *The development and integration of behaviour*, Cambridge Univ. Press, U.K., 1991, p. 191-222.

Rosenblatt J.S., Lehrman D.S., « Maternal behavior of the laboratory rat », in H.L. Rheingold (éd.), *Maternal behavior in mammals*, New York, J. Wiley, 1963, p. 8-57.

Rosenblatt J. S., Siegel H. I., « Factors governing the onset and maintenance of maternal behavior among non primate mammals », in D.J. Gubernick et P.H. Klopfer (éd.), *Parental care in mammals*, New York, Plenum Press, 1981, p. 13-76.

Rosenblum L.A., Kaufman I.C., « Variations in infant development and response to maternal loss in monkeys », *Am. J. Orthopsychiatry,* 1968, 38, p. 418-426.

Rosenfeld P., Wetmore J.B., Levine S., « Effect of repeated maternal separations on the adrenocortical response to stress of preweaning rats », *Physiol. Behav.*, 1992, 52, p. 787-791.

Sackett G.P., « Abnormal behavior in laboratory reared rhesus monkeys », in M. W. Field (éd.), *Abnormal behavior in animals*, Philadelphia, Saunders, 1968, p. 293-331.

Sackett G.P., « A non human primate model for studying causes and effects of poor pregnancy outcomes », in S. Friedmann, M. Sigman (éd.), *Preterm birth and psychological development*, N.Y., Acad. Press, 1981, p. 47-63.

Sackett G.P., Holm R.A., Ruppenthal G.C., « Social isolation rearing : species differences », in « Behavior of macaque monkeys », *Develop. Psychobiol.*, 1976, 12, p. 283-288.

Sanchez M.M., Hearn E.F., Do D., Rilling J.K., Herndon J.G., « Differential rearing affects corpus callosum size and cognitive function in rhesus monkeys », *Brain Res.*, 1998, 812, p. 38-49.

Sanchez M.M., Ladd Ch. O., Plotsky P.M., « Early adverse experience as a developmental risk factor for later psychopathology : evidence from rodent and primate models », *Dev. and psychopathol.*, 2001, 13, p. 419-449.

Schaal B., Orgeur P., Arnould C., « Olfactory preferences in newborn lambs : possible influence of prenatal experience », *Behaviour*, 1995, 132, p. 351-365.

Scherer K. R., « On the nature and function of emotion : a component process approach », in K.R. Scherer et P. Ekman (éd.), *Approaches to emotion,* Hillsdale N.J., Erlbaum, 1984, p. 293-318.

Schmidt M., Okimoto D.K., Dent G.W., Gordon M.K., Levine S., « Maternal regulation of the hypothalamic-pituitary-adrenal axis on the 20 days-old rat : consequences of laboratory weaning », *J. Neuro-endocrinol.,* 2002, 14 (6), p. 450-457.

Scott J.P., Steward J.M., Deghett V., « Separation in dogs », in J.P. Scott (éd.), *Separation and depression,* Washington D.C., AAAS, 1973, p. 3-32.

Sehino G., Speranza L., Troisi A., « Early maternal rejection and later social anxiety in juvenile and adult Japanese macaques », *Develop. Psychobiol.*, 2001, 38, p. 186-190.

Seitz P.D., « Infantile experience and adult behavior in animal subjects : Age of separation from the mother and adult behavior in the cat », *Psychosom. Med.*, 1959, 21, p. 353-378.

Sevi A., Napolitano F., Casamassima D., Annicchiarico G., Quarantelli T., De Paola R., « Effect of gradual transition from maternal to reconstituted milk on behavioural, endocrine and immune responses of lambs », *Appl. Anim. Behav. Sci.*, 1999, 64, p. 249-259.

Shear K.M., Brunelli S.A., Shair H.N. et Hofer M.A., « The effects of 24 h. separation on blood pressure and vasoconstrictor tone in two weeks old rats pups », *Psychosom. Med.*, 1981, 43, p. 93.

Shillito-Walser E., « Recognition of sow's voice by neonatal piglets », *Behavior*, 1986, 99, p. 177-188.

Smith M.A., Kim S.Y., Van Oers H.J.J., Levine S., « Maternal deprivation and stress induce immediate early genes in the infant rat brain », *Endocrinol.,* 1997, 138, p. 4622-4628.

Smotherman W.P., Hunt L.E., Mc Ginnis L.M., Levine S., « Mother-infant separation in group living rhesus macaques : a hormonal analysis », *Develop. Psychobiol.*, 1979, p. 211-217.

Stanton M.E., Gutierrez Y.R., Levine S., « Maternal deprivation potentiates pituitary-adrenal stress response in infant rats », *Behavioral Neurosci.*, 1988, 102, p. 692-700.

Stone E., Bonnet K. et Hofer M.A., « Survival and development of maternally deprived rats : role of body temperature », *Psychosom. Med.*, 1976, 38, p. 242-249.

Suomi S.J., Harlow H.F., « Social rehabilitation of isolated reared monkeys », *Develop. Psychobiol.*, 1972, 6, p. 487-496.

Suomi S.J., Collins M.L., Harlow H.F., Ruppenthal G.C., « Effects of maternal and peer separations on young monkeys », *J. Child Psychol. Psychiatry,* 1976, 17, p. 101-112.

Suomi S.J., Harlow H.F., Domek C.J., « Effect of repetitive infant-infant separation of young monkeys », *J. Abnormal Psychol.*, 1970, 76, (2), p. 161-172.

Suomi S.J., « Social development in rhesus monkeys : consideration of individual differences », in A. Oliverio and M. Zappella (éd.), *The Behavior of Human Infants*, New York, Plenum Press, 1983, p. 71-92.

Suomi S.J., « Genetic and maternal contributions to individual differences in rhesus monkey biobehavioral development », in N. Krasnegor, E. Blass, M. Hofer et W. Smotherman (éd.), *Perinatal development : a psychological perspective*, New York, Academic Press, 1987, p. 397-419.

Terrazas A., Ferreira G., Lévy F., Nowak R., Serafin N., Orgeur P., Soto R., Poindron P., « Do ewes recognize their lambs within the first day postpartum without the help of olfactory cues ? », *Behav. Processes*, 1999, 47, p. 19-29.

*Thibault Ch., Levasseur M.-C. (éd.), *La reproduction chez les Mammifères et l'Homme*, Paris, INRA éditions, 2001, 928 p.

Trivers R.T., « Parent-infant conflict », *Anim. Zool.*, 1974, 14, p. 249-264.

Vallee M., Mayo W., Dellu F., LeMoal M., Simon H., Maccari S., « Prenatal stress-induced high anxiety and post natal handling induces low anxiety in adult offspring », J. *Neurosci.,* 1997, 17, 7, p. 2626-2636.

Van Oers H.J.J., de Kloet E.R., Levine S., « Early vs late maternal deprivation differently alters the endocrine and hypothalamic responses to stress », *Develop. Brain Res.*, 1998, 111, p. 245-252.

— « Persistent effects of maternal deprivation on HPA regulation can be reversed by feeding and stroking, but not by dexamethasone », *J. Neuro. Endocrin.*, 1999, 11, p. 581-588.

Vince M.A., « Newborn lambs and their dams : the interaction that leads to sucking », *Adv. Stud. Behav.*, 1993, 22, p. 239-268.

Worobec E.K., Duncan I.J.H., Widowski T.M., « Behavioural effects on piglets weaned at 7, 14 and 28 days », *Appl. Anim. Behav. Sci.*, 1999, 62, p. 173-182.

Zhang L.X., Levine S., Dent G., Zhan Y.T., Xiang G.Q., Okimoto D., Gordon M.K., Port R.M., Smith M.A., « Maternal deprivation increases cell death in the infant rat brain », *Develop. Brain Res.*, 2002, 133, (1), p. 1-11.

Présentation des auteurs

Elvidina Adamson-Macedo : chercheur en psychologie périnatale, enseigne à l'université de Wolverhampton, Royaume-Uni. Auteur de très nombreux articles sur les prématurés.

Frédérique Authier-Roux : psychologue clinicienne, psychanalyste, auteur de *Ces bébés passés sous silence : à propos des interruptions médicales de grossesse*, Érès, 1999.

Philippe Béague : psychologue, psychanalyste, cofondateur de la fondation Françoise Dolto et de l'association Re-Sources-Enfances à Bruxelles.

Micheline Blazy : gynécologue-obstétricienne, chef de service de soins en périnatalité de l'hôpital du Vésinet. A publié notamment « Femme enceinte en état de maltraitance : quel risque périnatal ? », *Journal de pédiatrie et de puériculture*, EMC, vol. 14, n° 6, Paris, 2001 ; « Filiation, transmission, inceste », in *Filiation à l'épreuve* (avec A. Debourg), Érès, 2002 ; « Héroïne, cocaïne : conséquences sur le fœtus, la grossesse et le nouveau-né », in *Les toxicomanies*, Les rencontres Inserm/RISQ EDK, Éditions médicales et scientifiques, Paris, 2003 ; « Grossesse et accouchement sous X : aspect médical », in *Champs psychosomatiques*, 1996, n° 8, Scènes d'accouchement.

Marie-Claire Busnel : docteur ès sciences, chercheur à l'Institut national de la recherche agronomique puis à l'université Paris-V, d'abord en communication acoustique animale, puis en audition fœtale et relation mère-fœtus chez l'animal comme chez l'humain.

Liliane Daligand : professeur de médecine légale à l'université Claude-Bernard-Lyon-I, psychiatre au Centre hospitalier Lyon-Sud, responsable d'une structure d'accueil des enfants victimes, expert près la cour d'appel de Lyon, présidente de la Société française de victimologie. Coauteur de *Violence et victimes* (avec D. Gonin), Méditions, Lyon, 1993 et 2000, et d'*Enfants victimes de violences sexuelles : quel devenir ?* (sous la direction de Carole Damiani), Hommes et Perspectives, 1999.

Paul De Reu : sage-femme à Boxtel, Pays-Bas, a publié de nombreux articles sur l'échographie, la prévention de la mortalité périnatale et l'histoire des sages-femmes en Europe.

Michel D'haene : sociologue, conseiller technique à l'Établissement public départemental de soins, d'adaptation et d'éducation du Nord, a dirigé durant dix ans le Centre d'accueil familial de Roubaix.

Catherine Dolto : médecin, haptothérapeute, présidente de l'association Archives et documentation Françoise-Dolto, enseigne l'haptonomie au Centre international de recherche et de développement de l'haptonomie. A publié le CD audio *L'Haptonomie périnatale*, Gallimard, coll. « À voix haute », 1999, et de nombreux livres pour les enfants.

Brigitte Dumont : assistante sociale au C.A.M.S.P. de Roubaix, fondatrice de l'association ESPER.

Caroline Eliacheff : pédopsychiatre, psychanalyste, vice-présidente de La Cause des bébés, auteur notamment d'*À corps et à cris. Être psychanalyste avec les tout-petits*, Odile Jacob, 1994, et *Vies privées. De l'enfant roi à l'enfant victime*, Odile Jacob, 1997.

Christiane de Halleux : psychologue-psychanalyste, cofondatrice de La Maison ouverte de Bruxelles, attachée à la fondation Françoise-Dolto.

Hervé Hamon : magistrat, vice-président du tribunal de grande instance de Paris, président du tribunal pour enfants.

Marie-Thérèse Hermange : député européen, auteur de *L'Enfant soi-disant roi*, Albin Michel, 1999, et de *Les enfants d'abord : cent propositions pour une nouvelle politique de l'enfance*, La Documentation française, 2003.

Louise L. Lambrichs : écrivain, secrétaire de La Cause des Bébés. A publié et collaboré à de nombreux ouvrages, dont *L'Art de faire autrement des enfants comme tout le monde*, de René Frydman, Robert Laffont, 1994, *Le Journal d'Hannah*, roman, L'Olivier, 2003, et de *À ton image*, roman, L'Olivier, 1998.

Marie-Christine Laznik : docteur en psychologie, psychanalyste, attachée au Centre Alfred-Binet à Paris, a publié *Vers la parole*, Denoël, 1995, et *L'impensable désir*, Denoël, 2003.

Pierre Lequien : professeur de pédiatrie à l'université de Lille-II, chef du service de médecine néonatale à l'hôpital Jeanne de Flandre au sein du CHRU de Lille, secrétaire de la Fédération nationale des pédiatres néonatologistes de 1998 à 2003.

Didier Lett : agrégé d'histoire, maître de conférences en histoire médiévale à l'université de Paris-I-Sorbonne, spécialiste de l'histoire de l'enfance, de la famille et de la parenté. A publié notamment *L'enfant des miracles, enfance et société au Moyen Age (XIIe-XIIIe siècle)*, Aubier, 1997 ; *Les enfants au Moyen Age (V^e^-XVe siècle)* (en collaboration avec D. Alexandre-Bidon), Hachette, 1997 ; *Famille et parenté dans l'Occident médiéval (V^e^-XVe siècle)*, Hachette, 2000, et *Histoire des frères et sœurs*, La Martinière, 2003.

Dominique Leyronnas : pédiatre néonatologiste, SMUR, Clamart.

Pierre Orgeur : docteur ès sciences, chargé de recherches à l'INRA dans l'unité mixte INRA/CNRS/université de Tours - Physiologie de la reproduction et des comportements. Spécialiste du comportement animal, il étudie particulièrement les conséquences comportementales et physiologiques de la séparation mère-jeune chez les ovins et les porcins.

Myriam Szejer : pédopsychiatre, psychanalyste, présidente de La Cause des bébés, attachée à la maternité de l'hôpital Antoine-Béclère à Clamart auprès des nourrissons en difficulté et de leurs parents. Auteur de *Ces neuf mois-là* (avec Richard Stewart), Laffont, nouvelle édition 2002 ; *Des mots pour naître*, Gallimard, 1998 ; *Les femmes et les bébés d'abord. Pour une médicalisation raisonnée de la maternité* (avec Francine Dauphin), Albin Michel, 2002.

Maurice Titran : pédiatre, praticien hospitalier, directeur technique du CAMSP de Roubaix. Auteur de *Vies de famille, un autre regard sur l'exclusion* (avec Thérèse Potekov), Gallimard, 1996.

« La Cause des bébés »

Fondée en octobre 1995 par des professionnels d'horizons divers (psychanalystes, gynécologues, sages-femmes, pédiatres, chercheurs, pédopsychiatres, haptothérapeutes, etc.) qui, tous, se sentent concernés par l'accueil fait au nourrisson, l'association « La Cause des bébés » a pour objectif de développer une connaissance toujours plus approfondie de la sensorialité et de la sensibilité du fœtus jusqu'à la naissance, puis du bébé dès sa venue au monde. Par la diffusion de ces connaissances, elle entend œuvrer pour que soit faite à l'enfant la place d'être humain à part entière qui lui revient, autrement dit pour qu'il soit traité, non comme un objet virtuel, quantifiable et mesurable, mais avec le respect dû à sa dignité de sujet.

Dans la même collection

Où commence la violence ? Pour une prévention chez le tout-petit
Danielle Dalloz

La Magie du nouveau-né
Dr Marshall Klaus et Phyllis Klaus

Carnets d'une obstétricienne
Dr Evelyne Petroff

Des bébés et des hommes. Tradition et modernité des soins aux tout-petits
Catherine Rollet et Marie-France Morel

Les femmes et les bébés d'abord. Pour une médicalisation raisonnée de la maternité
Myriam Szejer et Francine Dauphin

Le bébé face à l'abandon, le bébé face à l'adoption
sous la direction de Myriam Szejer

Naître… et naître encore
un texte de Louise L. Lambrichs
sur des photos de Sarah Ney

Bébé rentre à la maison
Alice Neumann, avec Isabelle Thomas

et pour les enfants

Moi, je connais bien les bébés
Myriam Szejer et Monique Czernicki

Composition Nord Compo
et impression Imprimerie Floch sur Roto-Page
en octobre 2003.

N° d'impression : 58392
N° d'édition : 21651
Dépôt légal : novembre 2003
Imprimé en France